陈越光 主编

中国文化书院导师名作丛书

中国文化要义

梁漱溟 著

海南出版社
·海口·

图书在版编目（CIP）数据

中国文化要义 / 梁漱溟著. -- 海口：海南出版社，2024.12. --（中国文化书院导师名作丛书 / 陈越光主编）. -- ISBN 978-7-5730-2089-5

Ⅰ．K203

中国国家版本馆 CIP 数据核字第 2024JG6036 号

中国文化要义
ZHONGGUO WENHUA YAOYI

作　　者：	梁漱溟
主　　编：	陈越光
策 划 人：	吴　斌　彭明哲
特约编审：	江　力
责任编辑：	吴宗森
执行编辑：	车　璐　王桢吉
责任印制：	郄亚楠
印刷装订：	天津联城印刷有限公司
读者服务：	张西贝佳
出版发行：	海南出版社
总社地址：	海口市金盘开发区建设三横路 2 号
邮　　编：	570216
北京地址：	北京市朝阳区黄厂路 3 号院 7 号楼 101 室
电　　话：	0898-66812392　010-87336670
电子邮箱：	hnbook@263.net
经　　销：	全国新华书店
版　　次：	2024 年 12 月第 1 版
印　　次：	2024 年 12 月第 1 次印刷
开　　本：	880 mm × 1 230 mm　1/32
印　　张：	14.5
字　　数：	310 千字
书　　号：	ISBN 978-7-5730-2089-5
定　　价：	100.00 元

【版权所有，请勿翻印、转载，违者必究】
如有缺页、破损、倒装等印装质量问题，请寄回本社更换。

"中国文化书院导师名作丛书"编辑委员会

主　　编：陈越光
副 主 编：江　力
编　　委：（以姓氏笔画为序）
　　　　　干春松　　王守常　　江　力　　李　林
　　　　　李中华　　杨立华　　吴国盛　　佟晓滨
　　　　　张　军　　张会军　　陈越光　　纳兰正秀
　　　　　苑天舒　　林　娅　　荣新江　　倪晓红
　　　　　董晓萍　　薛　镭　　魏常海

组织编辑：中国文化书院

致敬大时代狂飙中迎风而立的几代学人

——"中国文化书院导师名作丛书"总序

陈越光

2024年,中国文化书院成立40周年。

20世纪80年代"文化热"中涌现的中国文化书院,集合了一批在文化学术界卓有声望的导师。导师,是中国文化书院标志性的存在。创院院长汤一介先生说:"对中国文化书院来说,也许最为宝贵的是,书院集合了一批有志发展和创新中国文化的老中青三代学者。"①

10年前,我在中国文化书院30周年庆典致辞中做了这样的概括:中国文化书院是80年代有全国性重要影响的民间文化团体中唯一保持活动至今的,它在今天代表了80年代精神和思想的延续;中国文化书院是80年代文化热中唯一提出以中国文化为本位的全国性文化团体,它代表了一个历史的维度;中国文化书院汇聚了一批五四以来历尽动荡与政治风霜的学术老人和老中青三代

---

① 汤一介:《〈师道·师说:梁漱溟卷〉总序一》,载《师道·师说:梁漱溟卷》,东方出版社,2013年1月第1版,第1页。

学者，它体现了中国知识分子坚守学术尊严与梦想的传承。

在代际意识凸现的20世纪80年代，中国文化书院建构了一种跨代际文化的集合，在文化书院的发起人和最早的导师队伍里，年龄跨度整整60年，正好呈现三代人的架构：以"创院五老"梁漱溟、冯友兰、张岱年、季羡林、任继愈为代表的老先生一代，诞生于十九世纪末至二十世纪二十年代前；以汤一介、庞朴、李泽厚、乐黛云、孙长江等为代表的中年一代，诞生于二十世纪二三十年代；以李中华、魏常海、林娅、王守常、鲁军等为代表的青年一代，诞生于二十世纪四五十年代。

这三代知识精英，如何在80年代创建中国文化书院的过程中融汇于时代，完成一次跨代际的文化结集呢？

经历了五四，经历了抗战，在新中国成立前已有了自己的学术和社会根基的老一代学人，当20世纪40年代末中国大地上摧枯拉朽的新的时代风暴席卷而来时，他们或赞同，或反对，或观望，或接受，无论怎样，表达的是他们的态度，他们自己的根还是扎在原来的土壤里。即使后来，曾经反对的成为赞成，以前观望的改为拥护，依然是对有的事心服，对有的事口服，偶尔还有心口皆不服的。80年代来了，他们从自己的根基上直起腰来，将完成一次伸展。中国文化书院与其说是他们的舞台，不如说是他们在自我伸展中愿意照应的一片绿林。

在青春的前半期目睹抗战胜利后国民党统治的腐败与无能，倾心左翼意识形态，在青春的后半期投身于火红岁月的中年一代，他们在时代飓风来临时随风而去，他们当时还没有扎根，就企图让自己的根生长在风暴里，让自己成为时代风暴的一分子。

但风暴不是土壤，他们多被风暴抛弃。80年代，他们大多已过天命之年，少数耳顺之际，对他们中的大多数人来说，真正属于自己的学问生命之根这时候才开始扎下，汤一介说："走了30年的弯路，把最可能有创造力的时光白白度过。我想，这不是我一个人遇到的问题，而是一两代学人遇到的问题。正如冯友兰先生所说，他在20世纪50年代之前的学术历程中是有'自我'的，但在50年代后则失去了'自我'，只是到80年代又找回了'自我'。因此，严格地说，我是80年代才走上学术研究的正轨。"① 正是在这种学术生命的意义上，他们属于80年代，他们是80年代的人。中年一代是中国文化书院的中流砥柱，80年代的中国文化书院是他们的舞台。

对于当时的年轻一代来说，时代风暴不是外来物，它是诞生他们的母体，又是他们生命成长的摇篮，他们就是风暴之子。他们还"时刻准备着"以生命和热血掀起新的风暴。然而，就一代人的整体来说，这一代人的自我觉醒，往往比中年一代更早。对于80年代，他们有一种特殊的认同，他们理解为是他们的时代。在80年代的中国文化书院，他们不是这个舞台上最辉煌的舞者，但他们融演者和观者为一体，他们是衔接未来的建构者。

今天，老一代导师均已作古，中年一代已渐行渐远，当年的年轻一代也多入耄耋之年。生命之路每一步都是远去，历史行程中尚未解答的问题却不随时间消失。我们依然面对贯穿20世纪

---

① 汤一介：《汤一介集·第一卷·哲学家与哲学工作者》，中国人民大学出版社，2014年4月第1版，第1页。

中国学人的三大命题：传统文化创造性转化的现代性转型，通人之学到分科立学的学术范式转型，传统士人到现代知识分子的身份转型。

只要我们还没有真正实现传统文化的创造性转化和创新性发展，我们就依然难免在传统的传续或叛逆间失重；只要我们还没有拿出全球视野里令人敬畏的学术成果，我们就依然要寻思中国学术的现代范式如何确立；只要我们还没有树立现代社会公民个体的主体自觉，还不能在传授知识和开展社会批评外，承担对人的终极关怀和社会应然理想建设的使命，我们就依然要问："何谓知识分子？"

然而，一百年过去了，中华民族踏出其世界化进程中独特的现代化之路，成长中的新一代学人，又将如何面对前辈探索者的累累伤痕和他们留下的丰富遗产？在对待历史遗产的问题上，被法国大革命的火光照亮的几代社会变革者，在全球范围内都留下过遗憾，中国并不例外。历史哲学家柯林武德认为，历史"进步并不是以好的代替坏的，而是以更好的代替好的"，在这里"最困难的事，就莫过于要使在一个变动着的社会中正以自己的新方式生活着的某一代人，同情地进入前一代人的生活里面去"。① 这种"同情地进入前一代人的生活"，在学术传承中就是共情地理解前辈的人生，从而真正懂得他们的境界和学问。

为此，我们组织编辑中国文化书院导师名作丛书，精选数十

---

① ［英］R.G. 柯林武德：《历史的观念》，何兆武、张文杰译，中国社会科学出版社，1986年，第369页。

位导师有代表性、有影响力的作品，每人一册，附以导论和学术年谱，每年一辑，4年出齐。这套书由大家所著、名家导读，名为"中国文化书院导师名作丛书"，经时间洗礼，历风云变迁，以回望20世纪中国文化冲撞、反思、传承与重建的百年史，以致敬在大时代的狂飙中迎风而立的几代学人。

2024年6月 北京

导 言
"认识老中国，建设新中国"

马 勇

《中国文化要义》是梁漱溟先生极具代表性的一部学术名著。他的《东西文化及其哲学》《中国民族自救运动之最后觉悟》《乡村建设理论》等好几本书中的观点，都在这本《中国文化要义》中得到了集中阐释。梁漱溟先生最突出的几个学术观点，像中国社会没有阶级，中国资本主义不可能获得发展，中国既不应该走资本主义的路，也不应该走社会主义道路等，都在这本书中有系统阐释。

不过遗憾的是，这本书在过去的研究中没有受到学术界的足够重视。因为过去几十年，也就是改革开放的年代里，知识界的关注点都被"文化热"所吸引，梁漱溟的《东西文化及其哲学》遮蔽了《中国文化要义》。研究者的精力、兴趣，都在古今中西文化问题。几十年过去了，回头看，梁漱溟最有价值的思想其实还是对中国社会的分析，对中国历史文化的认知，用他在这本书中具有广告性的一句话来说，就是"认识老中国，建设新中国"。这篇导言将集中讨论梁漱溟先生的这部名著《中国文化要义》的写作背景、写作主旨，以及若干重要的论点。

一、梁漱溟先生之为人

要讲清楚梁漱溟这部书的意义，还是应该读其书而知其人，从梁漱溟的家庭家族，以及他那不一样的人生经历说起。

梁漱溟原本并不姓梁，他是地地道道蒙古人的后裔，而且是蒙元帝国宗室最正宗的传承。

大蒙古帝国兴起于成吉思汗铁木真。大蒙古帝国第五位可汗，就是元朝创建者忽必烈。忽必烈第五子和克齐，和克齐有子也先帖木儿。至元十七年（1280），也先帖木儿袭封云南王，后改封营王。这位也先帖木儿为"梁氏始祖"。当然，他们此时还不姓梁。

元亡，蒙元宗室重臣大都随元顺帝逃回漠北，然也先帖木儿一系滞留河南汝阳，无意北归。他们不愿北归其实也很好理解，毕竟他们已经在中原生活了上百年，晚近一两辈甚至就生于南方、长于南方，早已习惯于农业文明、山清水秀，而不甚熟悉草原文明，更不愿意重回祖辈颠沛流离的游牧生活。于是，明初留居中原蒙元宗室后裔纷纷落地生根，更名改姓，一从汉人。也先帖木儿一系五世成公便以所居之地汝阳旧属魏都大梁之故，遂取"孟子见梁惠王"一语以梁为氏。也先帖木儿就被后来梁氏族人视为始祖，五世成公始入明，改姓始于成公。始祖也先帖木儿，实为此时梁氏族人之追封。

梁成在明初官至钱塘县尉，其实只是维持地方治安的官员。梁成有三个儿子，长子铭，次子镛，三子鉴。

六世梁铭当靖难之役，追随燕王朱棣征战，积功为都督金事，后任参将，出镇宁夏。《明史》本传称其英勇善战，以典兵建功封保定伯。

梁铭有子梁珤，也就是梁氏七世祖。梁珤继承乃父封爵，从小兵至副总兵，参与镇压邓茂七起事。景泰二年（1451），又以"平蛮将军"名义镇压湘贵苗民起事，进爵保定侯。

梁成二子梁镛从河南汝阳移居四川保宁阆中，并在那里繁衍出阆中梁氏。梁镛移居此地时，据说乃父梁成也一并迁移到四川，而梁成老伴则随三子梁鉴迁居江宁葛仙乡。此后梁氏家族在四川、江宁等地代代繁衍，人丁兴旺，族姓大蕃。

清乾嘉年间，梁氏第十八代兆鹏为广东永安县令。兆鹏三子梁譞始自江宁迁居广西桂林。此后其子宝书、其孙承光、其曾孙梁济等皆以桂林籍得中顺天乡试。

梁譞之子宝书为梁漱溟曾祖父，1840年进士，历任直隶定兴、正定、清苑等知县，以官定兴最久。

梁宝书之长子承光，1849年十八岁应顺天乡试中举，任内阁中书，委署侍读。承光娶妻刘氏，直隶通永道贵州毕节刘延熙之女，通书史，能学问，惜毕生未育。承光后续娶侧室陈氏，没有多少文化，但为梁家生有一男，即梁漱溟尊人梁济。

梁济生于咸丰八年（1858），字巨川，光绪时举人，历官内阁中书、民政部主事。1918年投水自杀，留有长篇遗书，引起广泛争议，《新青年》有集中讨论。

很多时候，许多人一说到中国，好像都是纯粹的汉人。如果仔细分辨，或者像排比梁漱溟的家族史，就可以看到，其实早就没有什么纯粹的汉人了。不论是底层，还是高层，生活基本上就是随遇而安，在婚姻、家庭等问题上，人们依据的是直觉，而不是算计，追根溯源，问清来路。就其大要而言，在中国这块土地上，来来往往各族群多得不得了。雁过留声，走过的也就留下来种子，因此中国事实上并不存在非常严格的种族、民族，各个部落、人群之间的通婚普遍而自然，特别是蒙古人入主中原之后这几百年更是如此。所以到了梁漱溟这一代，如果不是读书人，不是刻意究心于自己的身份，很多人并不知道，也不必要弄清自己的来路。从这个观点讨论梁漱溟，我们很容易认同他自己的判断，他们这一系久已融合了中国境内各族群的因子，兼具南北文化的特征。

梁漱溟的家庭背景当然很好。贵族出身，几百年持续不断的官宦、读书人传承。因而也使梁漱溟在很小的时候就显得很奇特，有点"小大人"的感觉，或者说做事总是深思熟虑，一直充满焦虑感，不自觉地思考不属于自己这个年龄的所谓人生问题、中国问题。还在读顺天中学堂时，他的同学、亲戚，就感觉到这个小孩的异样：他显得像个"圣人"一样，总是皱着眉头想问题。

梁漱溟生于甲午前二年，与毛泽东同龄。甲午战争是中国历史的分水岭，后世所谓"三千年未有之巨变"，其实就是指甲午战争将中国历史前后期截然分开。之前的中国为东半球的中心、宗主、领头羊；之后的中国，则长时期陷入游弋、彷徨，找不到方向。特殊的时代，让这些敏感型人物有了发挥余地。所谓乱世出英雄，并不只是草莽，也包括思想巨人、学术巨匠。承平时代，无须深度思考，即便有文化繁荣，也不过诗词歌赋、棋琴书画，而不可能有思想大家。

在梁漱溟青年时代，中国政治在急剧变化，革命、改良，突变、渐变，都在激烈竞争。梁漱溟在这个时代也深刻介入了政治运动，当清廷意识到问题，准备变革时，梁漱溟就是一个改良主义者，站在朝廷一边，期待以最小的代价换取中国的进步；当清廷犹豫徘徊、瞻前顾后时，梁漱溟就站在了革命党一边，主张不变革就换人，甚至换掉政府，废掉一个王朝。很显然，时代进步，已经让这一代人不再具有传统的忠君意识，亡国与亡天下，在他们的概念中已经越来越清晰而不可动摇。

中国资本主义在甲午战后因《马关条约》的签订而打开了闸门，不几年，资本主义按照普遍规律必然要发生政治变革。资本就是实力，资本家要分享政治权力天经地义，因此中国的资本家阶级尽管力量很弱小，但也像英国资产阶级革命时期一样，要求政治上的权力分享，要求自由，要求权利保障。从这个观点研究甲午后中国政治变动，就很容易理解。

要自由，要权利保障，就要有言论自由，有独立的媒体，有独立的知识人。梁漱溟、毛泽东以及比他们长一辈的梁启超、严复，都有可以选择自己人生道路的自由机会。他们不必在科举独木桥上继续煎熬，他们凭借自己的才华办报写文章，不仅可以养家糊口，而且可以成名成家，过上体面人的生活。

走出顺天中学堂，梁漱溟就进入了这样的大时代。他很快成为报业新秀，做了《民国报》的新闻记者，出入总统府、国务院，见到过甚至交往过那些大人物。也因此，梁漱溟对中国问题的思考也就更进一步，渐渐有了自己不一样的政治主张，当然还不能说已经有了坚定立场。事实上，那时的政治也存在各种可能性，按照中国资产阶级的立场，他们所推动的变革当然应该是立宪主义的，甚至是君主立宪。这大概在清帝退位之前那些年，是绝大多数中国人的基本看法，所以在这个时候，梁漱溟的政治主张，其实也就是资产阶级立宪，大概类似于英国。

然而，中国政治变化太无常了。中国在踏上君主立宪变革之路不几年，就遇到了巨大困难。清廷同意君主立宪，但是清廷并不愿意赦免那些革命者。不赦免那些流亡的革命者，所谓立宪改革也就只是一句空话，清廷没有办法消弭革命，没有办法将那些革命者引到议会进行和平的辩论。革命与改良的讨论是梁漱溟在中学堂读书时最热闹的事情，关心国事、关切中国问题的梁漱溟也就在这些问题上不断地来回跑。清廷愿意推动改革了，梁漱溟那班人就成为君宪主义者，主张落实梁启超给出的方案，实行和平变革；一旦清廷犹豫徘徊了，梁漱溟这班人又成为"孙黄"的信徒，相信孙中山、黄兴等人领导的革命，是解决中国问题的良方。像梁漱溟这样的年轻人，应该是中国青年人的主体，就并没有一定的革命定见，也没有一定的改良定见。哪一个方针对中国好，他们就倾向于哪种方向。而清廷的改革又总是进一进、退一退，就是没有一个整体性的制度设计和未来替代，特别是到最后，清政府继续犹豫徘徊，让革命势力等来了机会。

当此时，梁漱溟先是参加京津同盟会，并为京津同盟会报纸《民国报》充当记者、编辑。因此，梁漱溟开始有了自己的社交圈，甚至对他毕生都有很大影响。一些人际关系，从这里开始慢慢衍生出来。

报馆生涯让梁漱溟风光一时，但为时不久，民国二年

(1913),梁漱溟前往西安省亲,在他哥哥那儿住了一段时间,结果又激活他内心深处出家当和尚的旧念。出家不成,但梁漱溟从此素食,直至生命终结,长达七十余年。在思想上,梁漱溟开始有了很大的不一样,去读佛学的书,出入佛学的一些场所,也写了一些有关佛学的文章,如《谈佛》。

《谈佛》发表在《正谊》上,影响不是很大。最具影响且改变梁漱溟人生道路的要数《究元决疑论》。这篇文章发表在1915年《东方杂志》上,写作背景据梁漱溟自己说是因为他的朋友,当时最负盛名的记者黄远庸的惨死,引发梁漱溟对人生无常、世间悲苦的感触,尝试以佛学义理解读人间社会,化解心结,是梁漱溟诚心向佛的宣誓。

《究元决疑论》的研究主旨,就是究元,究宣元真,论证佛学真如实在,探究宇宙本体,揭示佛法的根本无性,以为无性就是无自性,世间万事万物都是因缘和合,并没有可以决定其自身独立的自体自性,是从究竟意义上体察宇宙人生真相。

所谓决疑,就是佛学方便论,讨论幻象假有,以究元所得佛法之宇宙人生真谛去认识世界,指导现实。究元可以说是梁漱溟佛学思想之本体论,决疑则类似于梁漱溟将佛学本体论基础上形成的人生观、价值观表达出来,以为陷于精神困境的人们之参考。在梁漱溟看来,本体是根本,不究元,不解决根本问题,人生就没有落实处,人生之意义也就无从谈起。

梁漱溟《究元决疑论》这篇文章后来影响非常大。因为这篇文章,蔡元培请梁漱溟到北大。由于梁漱溟去北大教书,与读书人整日"厮混",又深刻影响了他的佛教观、人生观、价值观,由此引发一系列变动。历史的因果关联在这里表现得最为突出。一篇文章改变了一个人的人生轨迹，进而影响了大历史的进程。

蔡元培校长因人介绍而邀请梁漱溟执教北大，而赏识梁漱溟则因为《究元决疑论》。蔡校长请梁漱溟为北大开设"印度佛教哲学"，一开始也让梁漱溟莫名惊诧。梁漱溟只是托人找个事情做，让他到北大正儿八经讲佛教，还是佛教哲学，确实出乎梁漱溟的预想。梁漱溟表示自己文凭不硬、佛学不精，但蔡元培的劝慰却凸显了大教育家的气势、心胸。梁漱溟的人生道路因此而改变。他原本准备出家当和尚，遁入空门，不问世务，不想结婚，然而到了北大之后和知识人在一起争强好胜，开始有了功利、名利思想影响。因为他这时候见到的都是陈独秀、李大钊、胡适这一拨人，在他们的影响下，梁漱溟就觉得似乎并不一定要出家当和尚，他开始觉得在现实社会还是可以有所作为的，于是1920年决定放弃出家的念想，回到现实生活中。稍后，他的好友伍庸伯将自己的妻妹黄靖贤介绍给梁漱溟，当年他们就成了婚，先后有子培宽、培恕。十四年之后，黄靖贤因难产而去世。又十年，梁漱溟再娶陈淑芬。这都是后话。

北大生活改变了梁漱溟的生活轨迹，也改变了梁漱溟的思想。他不仅不再热衷于为释迦牟尼弘法，反而倾心于孔子、儒家和刚刚传入中国的社会主义。从信奉佛教转向社会主义有其内在逻辑，普度众生、救苦救难，原本就是佛教的基本理念。而中国资本主义自甲午战争之后兴起于中华大地，因为迅猛，因为制度滞后，因而更充分体现了资本主义残忍的一面。孙中山发誓超越资本主义，寻找第三条道路，李大钊、陈独秀等人转向共产主义、社会主义，都应该从中国早期资本主义的残忍、贪婪，急于超常规发展方面寻找原因，决不是顿悟、临时立意，更不是投机。

梁漱溟具有天生的慈悲心，佛教、社会主义自然成为他的选择。他后来之所以倾心于中国共产党，在事实上接受社会主义，实际上与这个思想进路有很大的关联。这一点，只要读读他老先生在1949年之后的文章、著作，很容易找到其内在逻辑。

然而，梁漱溟理论上的社会主义信仰很快因为江亢虎因素而结束。江亢虎是梁漱溟家的亲戚，是中国社会主义思想、运动的倡导者、推动者之一，江亢虎因宣传社会主义而成为标志性的社会主义者。这对梁漱溟肯定具有一定影响。但稍后梁漱溟从内心对江亢虎的做派、学问、思想很不以为然，也因为讨厌江亢虎而放弃对社会主义的宣扬和追求。当然，如果从思想层面说，梁漱溟直至最后，其思想仍与社会主义具有相同或相近的倾向。在信仰社会主义这个时期，梁漱溟留下一个《社会主义粹言》小册子，主要内容是抄写、阐释社会主义的一些基本原理，反映了他这一时期的思考。

佛教生活放弃了，社会主义不讲了，梁漱溟转而为孔子、儒家说法，替他们鸣不平，实际上是与当时正盛行的反传统主义，即新文化运动主流相反对。梁漱溟登报征求孔子、儒学研究者一起读书、讨论，开设了一个孔子哲学、儒家思想的系列演讲。

其实，就教育程度而言，梁漱溟的早期教育并没有接受过传统文化的熏染，并没有像胡适、蒋梦麟等人那样自幼只读圣贤书，四书五经，程朱理学。梁漱溟的父亲梁济先生属于那个时代的弄潮儿，受其父执辈影响，梁济并不让他的两个孩子继续埋首于旧学问，为科举考试而忙乎，而是利用北京特殊的资源环境让梁漱溟较早接受了西方教育,对西方的东西有所领略,而对孔子,对儒学,用梁漱溟的话说,"童年时代竟未一读"。

童年时代对西学有一定理解的梁漱溟成年之后成为传统主义者,一如"生在南洋,学在西洋,婚在东洋,仕在北洋"的辜鸿铭,而自幼熟读孔子语录、儒家经典的胡适则反是,成为坚定的世界主义者、全盘西化论者、现代主义者。近代中国这些现象值得仔细探究,是什么原因让他们踏上不同的路。

新文化运动让陈独秀,特别是胡适暴得大名,但陈胡等人的思想文化主张也有其偏激、不甚妥帖之处,特别是陈独秀彻底反传统,不认同孔子,不认同儒学,痛批儒家伦理,非孔、非儒、非孝,传统的东西一切皆坏,要不得;西洋的东西,一切皆好,中国要接受西洋文明,走上现代化道路,就必须整体上接受西洋文化,而不是有检择地接受,分出好坏,只要好的,不要坏的。陈独秀的整体文化观有其意义,但在当时的中国却不可避免地引发许多争议。梁漱溟的思考与言说,显然站在陈独秀、胡适的对立面,属于黑格尔所说的"正反合",属于独树一帜,反潮流。这一思想特征贯穿梁漱溟的毕生,一样的逻辑是"就是要不一样"。一样的,就不必说了。

梁漱溟为孔子、儒家说法,确实是新文化运动中的一股清流,确实在一定程度上阻断了一味地反传统、一味地西化。在之前的半个多世纪,也就是从1860年洋务新政开始,中国人从学西方逐步激进,本来是中体西用,渐渐地接受东洋的维新、西洋的宪政,进而要求全盘西化。在这股时代潮流中敢于表达不一样也委实需要勇气、学识。

1914年欧战爆发，最先鼓励中国人学西方的严复又是最早开始怀疑西方的人。他在"欧战"期间与弟子的通信中一再表示，资本主义的三百年发展除了"寡廉鲜耻，杀人利己"八个字之外，一无所有。严复主张重回孔孟，重回儒家伦理。

接续严复，更多人基于欧战带给人类的巨大灾难，主张应该放弃工业革命、资产阶级启蒙运动以来的价值观。这不仅有西方的杜威、罗素、斯宾格勒等一代哲人、智者，更多的是中国那些一直鼓吹西化、鼓吹学习西方的思想先驱。康有为、梁启超、章太炎等人，都有类似的表达。西学似乎已是强弩之末，三十年河东、三十年河西，未来世界在他们眼里就是东方文明的天下，或世纪。正是在这样一种思想背景下，梁漱溟提出了自己的《东西文化及其哲学》的新主张。

《东西文化及其哲学》是梁漱溟1917—1919年这几年在北京、济南等地的演讲，由学生陈政、罗常培等记录整理，也曾在《北大日刊》等媒体上连载。这本书让梁漱溟一炮打响，像胡适的《文学改良刍议》一样暴得大名，成为五四新文化运动中的"右翼"，开启此后所谓"新儒家"之先河，奠定了梁漱溟的历史地位。

与胡适那些留洋归来的学院派相比，梁漱溟有自己的优势。他的经历，他的几度转移的学术兴趣，让他在知识面上远广于那些画地为牢的学院派。梁漱溟应蔡元培邀请去北大讲佛教哲学，使他对印度佛教思想有了自己的理解；江亢虎的社会主义，以及严复以来西方近代思潮进入中国，让梁漱溟对于西方近代学说也有了自己的理解。现在，梁漱溟又集中精力研究孔子儒家，使他对儒学也有了自己的理解。基于这样的特殊机缘，梁漱溟的《东西文化及其哲学》就是以最宏阔的视野评说中、西、印三方学说之得失。这样的题目，对于学院派来说显然不敢轻易去做，但对梁漱溟来说，则又有势必如此的意思。

梁漱溟是一个勤于思考、善于思考的人，也是格外注意思想独特性的一个人，他毕生不会人云亦云，但他很注意对方的立论，注意对方的论证及其证据。梁漱溟通过比较研究对中、西、印三方的哲学文化有了自己的理解，他的这个理解在胡适等人看来可能并不完全能够成立，但从学术史的观点而言，又确实可以自圆其说，自成一家。当然，如果从方法论角度观察，梁漱溟的新颖见解主要得益于他的反叛性格：你们不是鼓吹中国的出路在西方吗？我却认为西方已经出了大问题；你们不是竭力批评中国旧文化吗？我却认为世界的出路在东方，在中国，在儒家文明。这样的讨论今天疏解之后觉得不过如此，但在当年确实是一个石破天惊的新颖主张。这是梁漱溟非常了不起的地方。

通过《东西文化及其哲学》这一部书，梁漱溟充分凸显了他独立的文化品格，叛逆、反叛，和主流不一致。当时的文化主流当然是陈独秀、胡适这些向往西方文明的人，如果执意站在陈胡等人的文化立场对立面批判，毫无疑问就沦为逆流。而梁漱溟的《东西文化及其哲学》并没有否认中国向西方学习的必要性，而是从两个方面补充了陈胡等新文化运动主流派的不足。所以，正如梁漱溟自己所认识的那样，"陈胡认为我是他们的反对派，而我认他们为同一战壕的同志、战友"。

梁漱溟的认识是对的，冯友兰在梁漱溟去世之后也著文认为梁漱溟并不是新文化的反对派，而是新文化的"右翼"，是从右的方面修补新文化运动的不足。西方文化有其意义，但也有缺点；中国文化有许多问题，但也深藏足以弥补西方不足的文化因子。如此分析，梁漱溟当然属于新文化的阵营。

《东西文化及其哲学》为梁漱溟赢得了巨大的学术名声，但是为时不久，梁漱溟却义无反顾地离开了他的"福地"——北京大学，选择了一条更为艰辛的路。尽管梁漱溟没有胡适、傅斯年、蒋梦麟等人那样的洋文凭，但以他的思想独特性、学问广博性，如果持久地坚持北大，相信也是一尊学术大神。

然而，梁漱溟还是离开了北大，据他自己说是因为他看到了北大这些新教育机构的根本缺陷。梁漱溟认为西方传来的教育制度有着根本缺陷，师生之间格外隔膜，老师和学生之间只是一个传承知识的关系，而不像传统中国书院制度，师生在一起共学，同吃同住同学习。因此梁漱溟想恢复书院讲学制度，注意知识传承，更注意身心建设，以书院旧形式讲新内容，同时保留书院师生更为紧密、更为亲近的关系，而不是新教育体制中冷漠的师生关系，只管知识传授，不管身心建设。这是梁漱溟这个时候一个很重要的主张，在某种程度上也确实击中了新教育的要害。

梁漱溟将这些主张转化为实践，大约是在20世纪20年代中晚期。

那时，山东、山西等地经常请梁漱溟去讲学、办教育，特别是山东的王鸿一，更是利用自己在山东教育界的职权，邀请梁漱溟参与创办重华书院，主持山东第六中学，开始自己的教育实验。

在北京，梁漱溟也招募一些追随者以为学员，在什刹海、大有庄，恢复书院制度，实行朝会制度，师生同吃同住同学习，天不亮即起,像寺庙僧侣做法事一样,由梁漱溟向各位讲说各种道理。这是一种特殊的教育制度,梁漱溟自认很有意义。

北伐开始,广州成为"革命大后方",李济深奉命留守后方主持大局,梁漱溟等一批朋友应声前往,期望借助李济深的力量从事某些改革。经讨论,他们一致认同中国问题固然千头万绪,但根本原因是中国在西方工业化冲击下农业逐渐破产,因此中国问题的关键是重振农业、复兴农村。梁漱溟更认为中国文明,中国的产业,中国的现代化,因为西方因素而走了一个弯路。新教育只是一个知识传授的场所,是批量生产学生的车间。学生得不到老师的身心、人格上的启示、感化,因而梁漱溟觉得这样的新教育机构固然新,但并不理想。他的理想是将新教育与中国社会变革同步进行,寓教育于乡村社会重组之间。梁漱溟后来成为乡村建设的领袖人物,其起点就在这里。

梁漱溟认为,西方刺激让中国有了自己的工业化,但中国走的工业化道路完全亦步亦趋地学西方,这并不是一个很正当的选择。这点认识今天或许觉得了无新意,但在当时令人深思,别具一格。梁漱溟基于他对中、西、印历史道路的研究与理解,开始意识到中国现代化的路可能从一开始就走错了,中国的农村衰落是个事实,工业化的冲击是事实,但是中国的农业怎么振兴、怎么重新走出困境,他就不认为西方给出的路是对的。

在1920年代,梁漱溟就中国问题写过一组系列文章,认为西方资本主义对于中国而言是一条走不通的路。梁漱溟的论证很详尽,这对他后来讨论中国文化要义提供了一个非常重要的观察视角。同时,面对那时全球汹涌而至的社会主义运动,以及中国许多青年、政治家对苏联社会主义的赞美,曾经醉心于社会主义理论与实践的梁漱溟更是胸有成竹,并不认为中国可以像苏联那样走上社会主义道路。社会主义并不适合中国,而中国有自己既定的道路。适合中国的路径,应该从中国传统中找出来,之后再结合现在世界发展,结合西方的东西,走出一条新路。这是梁漱溟在20世纪20年代讨论中国现代化问题所给出的答案,从传统出发,结合中西,走出自己的现代化道路,用梁漱溟的话说,就是走出中国"新治道"。

应该说,从现代化史角度看,梁漱溟的这些讨论是非常有意义的,从而让梁漱溟从讨论中西文化的教育家顺利转身为社会运动的领导者、思想者,并在社会改革领域中渐渐有了自己的名望。借助李济深的支持,梁漱溟在广东尝试进行"乡治"改革。广东局面因北伐迅速改变后,梁漱溟又和他的朋友转往河南,在韩复榘支持下进行村治改革。在因中原大战,政治格局重新洗牌,梁漱溟又和他的那批朋友应韩复榘之邀前往山东,在邹平等地从事了长达六七年乡村建设运动,轰轰烈烈、扎扎实实,赢得了地方官民欢迎认同,也确实造福于地方,为中国现代化找到了一个方向。一个城市的读书人脱掉长袍马褂,住进乡下,与目不识丁的农民打成一片,这确实是一个值得大书特书的事件。梁漱溟因此而获得"乡建专家"的美誉。他和其他乡村工作同道合作,将乡村建设事业推向全国,并获得政府认同、加持,这是梁漱溟后来成为国共两党之外第三方面领袖的一个最直接的资本,也是梁漱溟重新认识中国文化的实践基础。

如果从中国现代化史的视角进行观察,近代中国所面临的一个重要问题，就是在西方工业化冲击下，农业破产，工业发生，然后再振兴农业，促进各个产业协调发展。这个过程几乎伴随着中国现代化进程始终。

在乡村建设问题上，梁漱溟有一套完整的理论，与众不同，独树一帜，逻辑自洽。更重要的是，梁漱溟还是一个坐而言、起而行的实干家，他在广东、河南、山东等地的实践，让他有别于那些纸上谈兵的思想者。唯一遗憾的是，历史留给他实践的时间太少了。山东实验开始第二年，"九一八"事变发生，中国进入准战时状态。梁漱溟依然主张沉着应对，继续坚守乡村建设。又六年，卢沟桥事变爆发，中日全面冲突。梁漱溟投身抗日救亡事业，他在山东的乡村建设实验不得不鸣锣收兵。当时的批评者或以为梁漱溟乡村建设理论与实践属于资产阶级改良主义运动，缺少革命意味，因而注定失败。这样的评论当然经不起推敲，因为战争打断了梁漱溟的实验，不是结果证明这个实验不合乎需求，这是两个不同的概念。

抗日战争全面爆发，和平建设已经不可能。梁漱溟也不可能像国共两党那样凭借力量占据一块地盘，继续进行自己的实验。于是，梁漱溟近乎彻底放弃了这样很有意义的实验，相当一部分乡建同仁投身于抗日前线，梁漱溟也开启为国事奔走的新阶段，转型为国共两党之外的政治家。先以乡村建设领袖参加国防最高参议会，为参议员；继则为国民参政会参政员；再因国共冲突，梁漱溟与黄炎培、左舜生、张君劢、张东荪等人筹组统一建国同志会，后改组为中国民主政团同盟，梁漱溟逐步转型为一个政治人，成为名副其实的政治家了。

二、《中国文化要义》这本书

我们过去习惯说"八年抗战",这些年又改说"十四年抗战"。这些说法各有道理,如果具体分疏,我比较倾向于十四年战争,八年抗战,真正的激战,短兵相接,大约还可以细究。

十四年战争,当然是指"九一八"至日本宣布无条件投降。"九一八"意味着中日进入战争状态,中国即便没有力量迅速收复失地,但也不会宣布放弃东北地区,不论是日本直接控制,还是采取代理方式,中国领导人都不敢贸然宣布接受现状,放弃东北。此后,中日之间的战事在长城一线断断续续进行,日本主要支持所谓"满洲国"军队作战,当然差不多就是日军。而中国的注意力也因此而北向,相对忽略了内部整理,团结起来,一致对外。持续十年的国共厮杀因中日关系而稍缓,中国共产党赢得了战略缓解。

中国共产党面对"九一八",积极呼吁抗日救亡,殊死抵抗,在道义上绝对碾压执政的国民党,赢得了国人同情,国共之间的十年厮杀因此而告一段落,两党之间渐渐重开和局,携手合作,共赴国难。长城抗战、西安事变,都在酝酿全民族团结一致对外的气氛。在某种意义上说,蒋介石因此才敢于在卢沟桥事变发生后不久宣布"地无分东西南北,年不分男女老幼,皆有守土抗战之责",强调对日全面抵抗,决不妥协的立场。这当然是一个关键性的转变,从此开启了中日之间漫长的八年之战。

八年抗战之第一年最为惨烈。日军全面进攻,中国军队全面抵抗,但中国的实力实在不敌日本,短短一年间,尽管中国军队英勇抵抗，作出巨大牺牲，也收获相当胜利，但总体而言，一年间耗尽了之前十年的准备，大片国土沦陷，相当国人成为日本人的俘虏。不计东北，国民党所控制的中华民国一分为三，东部及北部中国，成为日本人或其代理人所控制的地盘，先是几个大小不等的"维新政权"，诸如"冀东防共自治政府""蒙古军政府"等，后被汪精卫整合成一个"中华民国国民政府"，或称"汪精卫政权"、南京国民政府等，控制着东部、北部中国大片富庶之地。蒋介石的中华民国政府则在日军追击下不断后撤，直至困守大西南，或曰大后方。至于共产党，则在全面抗战爆发前，就因反围剿失败，遂从中央苏区全面撤退，北上抗日，直至西北地区建立自己的抗日民主根据地。

至此，中日之间的战争如毛泽东所讲，进入僵持阶段，战争态势，也如毛泽东、梁漱溟所说，进入持久战。换言之，中国在中日战争期间进入一个分治时期，各个区域的政治架构并不一致，因而不可能对战争有共同的记忆。但有一点，从1938年起，战争慢慢转为次要的东西，各个区域都开始了自己的政治实践、社会重建。对于绝大多数中国人而言，速胜不能、投降不愿，只能苦撑待变，等待国际格局的变化，看能不能爆发一次大规模战争，之后中国有机会选边站。

就在这个过程当中，从香港撤退回内地的梁漱溟并没有闲着，他接续过去的思考，以为国内政治发展，必须充分注意文化因素，于是有《中国文化要义》之作。

梁漱溟是一个高产写作者，他的好多作品都是讲出来的。《东西文化及其哲学》《乡村建设理论》《中国文化要义》等，似乎都是先讲后写，这是他与胡适那些学院派很不一样的地方。由于他这样的工作方式，因而显得他在民国这一代学者当中属于高产的。

《中国文化要义》是梁漱溟毕生所思所想的理论总结，是他对中国社会与文化的整体认识与分析，是接续《东西文化及其哲学》《中国民族自救运动之最后觉悟》《乡村建设理论》之后发表的一部最重要的著作，也是接续之前这几部作品的集大成者。他将先前几部书中的很多研究集中起来讨论，提出很多重要见解，有相当多的讨论直至今日依然颇具魅力，毫不夸大地说，深刻影响了后来历史学、社会学等不同学科对中国历史文化的看法。比如关于中国古典的观察、关于阶级问题，梁漱溟都有很多不一样的看法，其中一些看法也是他后来受到毛泽东批评的原因。

毛泽东的批评从今天的立场看，并非不可商榷。他们之间由于观察中国问题的基点、视角不一样，因而有分歧，甚至冲突。比如毛泽东认为中国社会阶级冲突应用斗争的方法去解决，而梁漱溟则认为中国社会没有毛泽东说的那些阶级，更没有什么阶级冲突。

关于古典中国，当然是一个见仁见智的问题。即便都是社会学家，费孝通的看法就与梁漱溟很不一样，至于其他学者更是如此。他们的研究，对于我们重新认识古典中国，对于我来说，都具有各自的意义，都一定程度上影响了我的思考，有很不一样的启发。

梁漱溟的《中国文化要义》在他的作品中，属于"有意识"要去写的一本书，有意识要构架出来一个与众不同的理论体系，而且梁漱溟这本书确实有很多重要的创见，比较集中表达了梁漱溟对中国历史文化、对中国未来的一些思考。其意义不言而喻。

《中国文化要义》成书也有一个过程，它实际上是在经过了新文化运动冲洗之后对文化问题的再思考，也是1920年代中国社会重整、乡村建设问题的再思考之后的一个接续性思考。这本书在1941年开始构思，开始写作，稍后因在香港办报而中断。太平洋战争爆发，返回内地，重新开始写作，直至1949年成稿，稍后由四川成都路明书店出版一个竖排本，此时大陆政权已经易手。

　　路明版出版于政治动荡之际，劳动力成本居高，因而校订不是那么仔细，错落很多，印刷不多，流传也不广。即便知道有这本书，但由于实际原因很多人并没有看到。

　　等到1987年，此时中国的改革开放已经走了近十年，出版政策也有了一些调整，开始允许一些学者自费出版。梁家利用这个机会，交上海学林出版社自费出版了梁漱溟好几部作品，《中国文化要义》就是其中之一。

　　1987年上海学林出版社《中国文化要义》新版本，对路明书店版做了很多订正。因为这个版本整理的时候，梁漱溟先生还健在，这个版本的校勘，必定含有梁漱溟和他的长子梁培宽先生的努力。

　　20世纪80年代是一个万木复苏、气象更新的岁月。北京大学哲学系几个青年学者借重冯友兰、张岱年、朱伯崑、汤一介等教授的盛名创办了中国文化书院，年迈的梁漱溟也被邀参与其事，并在沉寂了几十年之后登台给中国文化书院讲习班讲课。中国文化书院是那时最具号召力的民间机构，他们设计的一些讲习班招生动辄几百人上千人，放在今天觉得不可思议，但在当时确实是事实。记得我1986年毕业分配到中国社会科学院，曾经陪同一位老先生去给一个讲习班上课。黑压压一大片，上千或更多学员坐满了一个大礼堂。我没有去听梁漱溟先生的演讲，但根据现场感受可以推测其盛况。

重回读者视野的梁漱溟引起了知识界的轰动，而80年代的"文化热"又让最早介入文化问题讨论的梁漱溟格外引人注目。中国文化书院立项编辑《梁漱溟全集》，庞朴先生主持，我也有幸被邀参与其事。因为从1986年进到研究所不久，与梁家人有关系的刘志琴老师就建议我将梁漱溟先生作为一个研究重点，于是我那些日子差不多都在图书馆追踪旧报刊上梁漱溟的行踪，按照行踪和梁漱溟有关联的报刊，逐日查找出梁漱溟的文章。所以当庞朴先生约我参与其事时，我就将自己收集到的梁漱溟文章篇目交了出来。那时我刚毕业，又年轻，除了毕业论文，并没有做过什么课题，然庞先生仍然嘱我负责编辑梁漱溟早期散篇文章。这是一项很有意义的工程，对我后来的研究生涯起到了非常重要的作用。

庞朴先生主编的这套《梁漱溟全集》于1990年由山东人民出版社陆续出版。《中国文化要义》作为专著收在全集第三卷。这个版本应该说是截至目前最好的。

《中国文化要义》确实讲了很多重要的东西，是梁漱溟所有作品中最具体系，也最具学理的，只是因为《东西文化及其哲学》名头太大，让《中国文化要义》长时期没有得到应有的关注、研究。下面分章概要介绍这部作品的结构、意旨。

全书共十四章，另有自序、重印自序。自序比较细致地交代了此书写作背景、过程，以及作者的用意和目标。文末注明写作时间为1949年10月，也就是大陆政权易手之时。但这部书既不是为旧政权唱赞歌、唱挽歌，当然也不是待新朝来访而著明夷。仔细分疏梁漱溟的意思，他著此书就是想系统陈述自己对中国历史文化的根本看法。

重印自序作于1986年2月，只有一个自然段，说明此次重印主要是因为成都路明书店版"为数无多，却多错字落字"。此次订正重印，目的也只有一个，"从广其流通之中多得国人之赐教焉"。

序言之后第一章为"绪论"，其第一节"此所云中国文化"，阐释梁漱溟心目中的中国文化究竟是什么。梁漱溟开宗明义："文化，就是吾人生活所依靠之一切。"

第二节"中国文化个性殊强"，列举了梁漱溟所认为的中国文化七大特征，诸如中国文化独自创发，非从他受；中国文化自具特征，自成体系；中国文化绵延不绝；对外来文化包容吸收，而不为其动摇变更；中国文化非唯时间绵久，抑空间上之拓大亦不可及；秦以来之两千年，中国文化"殆不复有何改变与进步。似显示其自身内部具有高度之妥当性、调和性，已臻于文化成熟之境者"。梁漱溟的这个说法是其中国文化早熟说最简洁的表达，但今天看来这个说法未免显得草率。

与此相类，梁漱溟关于中国文化之最后一个即第七大特征为对外辐射影响力巨大，"更远如欧洲，溯其近代文明之由来，亦受有中国之甚大影响。……文艺复兴，实得力于中国若干物质发明（特如造纸及印刷等术）之传习，以为其物质基础"。至于西方18世纪启蒙时代之思想,梁漱溟接受他的朋友朱谦之的看法,以为得力于中国思想特别是儒家学说。这些说法,用胡适的话说,未免有自大狂倾向。

在第三节,梁漱溟试寻求中国文化之特征,于是得出这样几点:

(一)广土众民;

(二)偌大民族之同化融合;

(三)历史长久;

(四)中国文化之内在矛盾:一面明明白白有无比之伟大力量,一面又的的确确指不出其力量竟在那里;

(五)历久不变的社会,停滞不进的文化;

(六)几乎没有宗教的人生;

(七)家庭之重要;

(八)科学之缺乏;

(九)民主、自由、平等、法制之缺乏;

(十)道德气氛太重;

(十一)中国不是一般意义上的国家,或还不是一个国家;

(十二)无兵的中国;

(十三)孝的中国;

(十四)隐士。

凡此,都是梁漱溟对中国文化的重要看法,下一节再仔细分析。

《中国文化要义》第二章"从中国人的家说起",先是征引冯友兰的讨论,又强调冯友兰的说法并不全对。这一章梁漱溟提出对后来研究中国影响非常大的观点,即"伦理本位",强调家在中国文化中的意义。在梁漱溟看来，中国文化一个很重要的东西，就是家庭生活的意义。中国的家庭跟西方的家庭有什么不同，对中国社会影响究竟怎样？这一章集中讨论这些问题。

第三章讨论"集团生活的西方人"。西方人的集团生活意识，梁漱溟早在《乡村建设理论》中就有很集中的讨论，《中国文化要义》相关论述基本上是从那里抄过来的。梁漱溟就中西社会对照比较得出一个结论：中西社会文化的根本差别就是中国社会缺少集体生活，家庭好像一个很大的单元了，家庭到家族再到乡党，很显然缺少一个社会层面的东西——缺少社会集团生活。他在从事乡村建设时不断讲，中国应该学习西方人的集团生活。

在第四章，梁漱溟讨论中国社会重建，就是如何引进西方人的"集团生活方式"，这也是他从事乡村建设的理论依据，更是目标之一。梁漱溟规划的乡村建设最重要的方式是通过村学、乡学把农民组织起来从事建设，组织生产合作社、购销合作社。梁漱溟强调把农民组织起来是为了建设、为了生产，而不是共产党动员农民、组织农民从事革命，不是打地主、分田地。而且在梁漱溟知识视野里，中国社会特别是农村阶级分化一直不严重，不存在所谓"大地主"。梁漱溟的依据就是他对中国传统制度安排的分析，所谓长子继承、诸子均分的制度安排，基本上遏制了土地、财富的高度垄断。共产党组织农民革命，推翻地主，建立新的社会组织，梁漱溟在这一点与共产党分歧很大，他们都重视农民问题，共产党要领导农民革命，梁漱溟要组织农民发展，要进入一种集团生活形态。这是第四章讨论重点。

第五章，梁漱溟集中讨论中国社会的本质，或性质。梁漱溟的看法极为独特，但也确实发人深省。他认为中国社会就是一个"伦理本位"的社会，"伦理本位，职业分途"是梁漱溟在这本书中提出的一个很重要的看法，这是理解中国社会的一把很重要的钥匙。伦理本位，到处充满人情气息，家国一体；职业分途，就是中国并没有什么阶级不阶级，中国人的差别只在职业，职业就是身份。而士农工商，就是亘古不变的四大职业，也是中国人社会身份最直观的标识。

伦理本位的起点，是儒家的正心、诚意、修身、齐家、治国、平天下。儒家伦理给出的这个秩序不能改变，必须从自我开始向外推，而不是胸怀天下，更不是大公无私。可以将这些理解为费孝通的"差序格局"，儒家的理论就是五服，用这个远近亲疏的差序去处理家族、人际关系。梁漱溟这里讨论的就是伦理之于政治、伦理之于经济究竟起到怎样的作用。进而，政治也是伦理的政治，并不是"普遍王权"下的政治，君父、父母官等，都是典型的案例，都足以表明中国政治的伦理形态。这是第五章的主题。

第六章的主题为"以道德代宗教"。梁漱溟认为，中国原本没有宗教生活，这和西方很不一样。但是中国有周孔教化，周孔教化在很大程度上就是中国人的宗教，是一种非宗教的文化。中国并没有很强的宗教意识，而是以道德代宗教，中国的道德起到一种宗教功能。

第七章为"理性——人类的特征"。梁漱溟的中国文化观中，格外重视中国文化的理性精神，他后来有一本专门讨论理性问题的书，即《中国——理性之国》，仅标题就可以概见他对理性的推崇，对中国文明的推许。

第八章为"阶级对立与职业分途"。这是梁漱溟对中国传统社会的根本认识，也是他的政论的学术理据。梁漱溟不认为中国社会有阶级，更不认为有剧烈的阶级冲突，只有职业分途。士、农、工、商四大阶级只是职业上的差别，不是20世纪新理论分析的阶级。梁漱溟不承认中国有大规模的土地兼并，土地自由买卖并不导致单向土地兼并。而且由于传统中国长子继承、诸子均分制度，让财富、土地过度集中及垄断成为不可能。

第九章讨论如章题，"中国是否一国家"。语气虽为虚拟，但梁漱溟的意思很清楚，中国并不是西方意义上的现代国家，中国是一个不像国家的国家。这也是很值得注意的一个看法。

第十章"治道和治世"。其主要有五个内容：一是中国社会的构造，二是向里用力的人生，三是中国文明之一大异彩，四是士人的功用，五是治道与治世。大概意思如此。

在第十一章梁漱溟讨论中国社会另一奇特现象，那就是"循环于一治一乱而无革命"。梁漱溟认为，中国两千年的历史，只是周期性的乱，而不见革命。政治革命之不见，产业革命亦不见。两千年只有一治一乱之循环。

这个看法显然与毛泽东的中国历史观察很不一样，这也是梁漱溟与毛泽东分歧之思想根源。毛泽东认为，中国社会就是阶级斗争推动了进步。马克思也认为革命是推动社会进步的根本动力。梁漱溟认为中国社会演化中没有革命，只有周期性的动乱，一个王朝兴起了，一个王朝衰落了。这种周期性循环是两千年的常态，新王朝起来旧王朝就结束。

梁漱溟没有看到19世纪后半期洋务运动带给中国的变化，

但他认为中国没有引发产业革命的判断大体不错。中国虽然在19世纪晚期兴起了一些工业，但仍然没有像英国工业革命那样引发自己的产业革命。

梁漱溟这一系列看法并不全错。我现在也不认为中国社会的变化是革命导致的，中国历史上的王朝更迭亦不是革命。中国的王朝可以看作一个集团和另外一个集团冲突的结果，与人民、与什么阶级似乎无关。我们讨论明朝和清朝的更迭，不会觉得和人民有什么直接性关联，而是朱明王朝与爱新觉罗家族、八旗王爷之间的冲突争夺，人民并没有选择的可能性。从这个意义上讲，中国历史上王朝更迭莫不如此。朱元璋夺得了天下，并不是代表了人民，朱元璋实际上是代表了一个集团。这个集团就是淮河流域的一个利益集团，打天下坐天下，在中国历史上有其正当性，这是理解中国历史的一个关键。

中国历史之演变，可能并不是阶级冲突导致的，真实的情形就是一个集团和另外一个集团的利益冲突，不是阶级冲突，而是利益冲突。以明清易代为例，满洲人原为明朝治下的一个部族，是大明帝国的一部分，但后来慢慢脱离并取而代之，这很难讲是一个阶级和另外一个阶级的冲突。

这样讨论中国史，实际上是受梁漱溟的启发。中国社会不只有阶级斗争和冲突，很多王朝更迭，实际上以禅让为主。我们从三代往下看，汉魏晋隋唐宋元，都明显感觉到并不以斗争为主。这就是梁漱溟说的一治一乱循环而不是革命。这是《中国文化要义》第十一章的讨论。

第十二章"人类文化之早熟"。梁漱溟集中讨论回答了中国为什么没有民主,民主、人权、自由为什么在中国迟迟无法实现,民主制度为什么与中国无缘等问题。梁漱溟将这些现象归结为中国文化早熟。因为早熟,就有自己的社会运作方式,成熟且稳定且合理,因而就不需要西方近代以来的自由、民主、人权。这个讨论又延伸至第十三章。

第十三章讨论"文化早熟之后的中国"。由于文化早熟,由此遂无科学,长于理性而短于理智,陷于盘旋不进。在这一章,梁漱溟列出中国文化的"五大病",很值得思索:

(一)幼稚;

(二)老衰;

(三)不落实;

(四)落于消极亦再没有前途;

(五)暧昧而不明爽。

第十四章为结论。

梁漱溟反复强调中国文化理性、早熟,因而就很难接受西方近代的文化。这是一个很重要的看法。这对于理解近代中国的困境极具启发意义。

三、《中国文化要义》几个重要观点

梁漱溟是现代中国政治史思想史上一个非常特殊的人物,他的特殊性在于他有一套完整的逻辑自洽的解释能力,因而从他出道直至生命晚年,梁漱溟从来不愿附和别人,而是提出一套新颖别致的意见。这些意见并不一定都对,其价值在于引起人们进一步思考。在他那些最具个性的理论建构中,对中国传统社会的认知无疑最具理论意义,是其一整套理论的基石。几十年过去了,重新思考梁漱溟的这些讨论,依然可以感到其思想的敏锐及魅力。这些最具个性的论点,差不多都见诸这部《中国文化要义》。

阶级分野与职业分途

中国传统社会,即秦汉以来迄于清中叶这一时期的社会性质究竟为何?这一貌似纯学术的问题在20世纪中国特殊政治背景下,几乎从一开始提出这一问题以来,就不是那么简单。它不独触及对中国传统社会性质的基本评估,而且在实际上构成各个政治派别、思想派别从事政治活动、思想活动的基本出发点。

按理说,中国社会,尤其是中国传统社会的性质,既为已经消逝的过去,便具有不易变化的性质,人们于此应该建立共识,并在此共识的基础上,引发各自的政治理念和政治主张。然而遗憾的是,20世纪中国政治背景毕竟过于复杂,各家各派不是先对相对不变的社会性质建立共识,然后再引发各自的政治理念,而是以各自的政治理念为指导去认识中国社会。于是乎,相对不变的社会性质在各家各派的眼里便五花八门,不一而足。只要稍微了解一下30年代关于中国社会性质及社会史的论战,便很容易明白此言不诬。

在对中国社会性质的认识上,梁漱溟的看法素来比较特殊,特别是在中国社会是否存在阶级及阶级斗争的问题上,梁漱溟的看法就不仅仅是特殊或标新立异,而是与上层的意识形态,及

"一切革命问题的基本的前提"明显相左,故而他尽管可以成为毛泽东的座上客和中共的挚友,但双方在政治理念上的互不信任与信服便必不可免。毛泽东在后来与梁漱溟发生冲突时曾明白地说:"我同他(梁漱溟)比较熟,没有一次见面我不批评他的错误思想。我曾当面向他说过,我是从不相信你那一套的。什么'中国没有阶级',什么'中国的问题是一个文化失调的问题',什么'无色透明政府',什么'中国革命只有外来原因没有内在原因',这回又听见什么'九天九地'的高论,什么'共产党丢了农民','共产党不如工商联可靠'等等高论,这一切能使我相信吗?不能。我对他说过:中国的特点是半殖民地和半封建,你不承认这点,你就帮助了帝国主义和封建主义。"

梁漱溟的一生是否在帮助帝国主义、封建主义,不必在此讨论。但从梁漱溟思想实际来看,他确实从来不相信毛泽东对中国社会特点所作的"半殖民地、半封建"的判断。即使在他遭到舆论界严厉批评后,他仍然坚信他对中国社会性质的分析,尤其是"中国社会缺乏阶级"的判断是正确无误的。他说:"我向以伦理本位,职业分途两句话,点出秦汉后中国社会结构之特殊。在此结构中,阶级对立的形势被隐没、被缓和、被分散,因而我一向强调中国缺乏阶级。但我的话仍然从两面而来说的,试检旧著便知。旧著中说缺乏阶级自是中国社会的特殊性,而阶级之形成于社会间则是人类社会的一般性;凡不能指明其特殊性而从其一般性以为说者,不为知中国。但中国其势亦不能尽失其一般性,故其形成阶级之趋势二千年间不绝于历史。特殊性与一般性迭为消长,表见为往复之象。这几句话现在看去仍不失于正确。"也就是说，梁漱溟并不否认阶级社会存在的一般性，但在涉及秦汉以来的中国社会性质时，他则断然拒绝和反对阶级性及封建性的判断。

无须讳言，梁漱溟确实相当长时期地怀疑中共革命的合法性与合理性，其基本论据之一便是中国社会不是一个完全的阶级社会。他说："我们便要看像共产党所凭借的那种准机械的力量，在中国社会有没有。照马克思所设想，共产革命应以近代产业工人的无产阶级为其革命的基础力量——共产党的社会基础即是无产阶级。因此中国的革命家亦常喜欢谈他们自家的基础问题。本来要摹拟共产党的手法办党来革命，这自是根本的必要啊！革命就是阶级斗争，哪里没有阶级基础的革命党？总要比拟着寻个根据才是。然而如近世的产业在中国又有几何？由此而来的无产阶级其于全社会的比例当然微乎其微，简直可以回答没有那种准机械力量可资凭借。好在中国革命家原不过窃取其义，亦不须拘执如此。"

不过，中共毕竟不是一个幼稚的小党，它更不会因为有人对其行为、主张说三道四而自动放弃革命。中共之所以为中共，就在于掌握、运用马克思主义的阶级分析方法观察社会，以阶级斗争手段求得中国问题的根本解决。因此，不要说梁漱溟以这种刻薄的文字加以讥讽无法改变共产党人的信念，即便是他当面与毛泽东争得面红耳赤，毛泽东也不可能接受梁漱溟的观点。尤其具有讽刺意味的是，当梁漱溟正在论证阶级斗争必然是一条不通的路，中国问题的根本解决不可能凭借阶级斗争这种手段的时候，中共领导的革命在经过二十八年奋斗后以迅雷不及掩耳之势取得了全国胜利，建立了新政权，面对这一既成事实，梁漱溟又要作何感想与解释呢？

中共的胜利确曾使梁漱溟一度感到尴尬，也确曾使他一度怀疑自己先前的理论可能是有什么不周或错误之处。但从根本上，他仍坚持认为，中共以阶级斗争为手段所取得的胜利固为不移的事实，然他先前关于中国社会缺乏阶级的判断似乎依然没有错。他指出："中国人缺乏阶级意识（阶级自觉），尤不习于阶级观点（本于阶级眼光分析事物），与其社会之缺乏阶级的事实是分不开的，亦是迭互为影响的。并且二千年的老社会亦就是借着这样而过日子。但是从前是需要的，是只能如此的；在求着解决中国问题，改造中国社会的今天，便恰恰不适用了。中国共产党今天所以成功，恰在前面说过我所一直不同意于他的那一点：以阶级眼光观察中国社会，以阶级斗争解决中国问题。我现在觉悟到尽管中国社会有其缺乏阶级的事实，仍然要本着阶级观点来把握它，才有办法。"如果我们理解不错的话，梁漱溟的这段话反过来似乎也合他的本意，即中国社会完全可以而且应该以阶级观点来把握，但中国社会之缺乏阶级则为任何人都无法否认的事实。故而在他一再表白自己的思想已经或即将转变到中共方面来的时候，中共的舆论宣传依然认为他这种转变并不彻底，并不能从根本上解决梁漱溟的认识问题。当时一篇署名文章说，梁漱溟虽然表示承认阶级观点，但他只是主张以阶级观点去对待"缺乏阶级"的中国社会，"这又有什么用呢？这不是无的放矢吗？所以，这不但不是什么唯物观点，相反的，恰是不折不扣的唯心观点"。

诚哉斯言。梁漱溟在20世纪50年代初的思想转变确实只是极表面的东西，他对中国社会本质的认识并没有因为共产党从阶级斗争夺取政权而发生改变。尤其是在阶级、阶级斗争方面,他的所谓部分地承认中国社会阶级之存在,但在根本点上,他对中国社会阶级分野的估计仍未超出他多年来的一贯判断。他重申:"阶级的本质在这一部分人占有那部分人的劳动,即剥削那部分人,但剥削必借一种秩序以行,而这种秩序却没有不依靠一大强制力的;此即所谓国家阶级在各地方均有其程度差异,亦许是的,只怕没有像中国这样不像一个国家而只像一社会的地方。我常说它是融'国家'于'社会',以'天下'而兼'国家',其义非一言可尽。在前曾有'旧中国在封建社会的门里门外打转'的话,在此又可说它是在'国家'的门里门外打转转。离国家而有阶级,如果不易想象,那么,中国之阶级问题之不同乎一般,亦就可以知道了。"于此问题可见,梁漱溟是如何地固守他的一贯信仰、观念。

就其思想本质而言,梁漱溟并不是一个固执己见的人,他一生中几次重要的思想变化,不仅迅即,而且彻底。唯一的条件是,引起这种变化的原因与理由必须充分,必须与其内在追求与困惑密切相关。也就是说,假如你的理由足以说服梁漱溟,他也会点头称是,尽弃其学而学焉。否则,便是他后来曾宣称的那样:"三军可夺帅,匹夫不可夺志。"由此反观梁漱溟在中国社会性质问题上之所以迟迟不愿向中共的分析点头称是,建立认同,唯一的原因与背景是中共以阶级分析的方法辨析中国社会,虽有其合理之处,但并不足以解开他所认定的中国之"谜"。易言之,意识形态宣传家还不足以驳倒他对中国社会的素来判断。

梁漱溟认为,阶级的存在是人类社会进入文明阶段的一般现象，用阶级的观点去分析任何社会都能得出一般性的规律性的认识，由此分析中国社会也是如此。然而问题的症结在于，任何一个社会都有其一般性，也有其特殊性，如果只认识一般性，而不认识其特殊性，就无法区分此社会与彼社会的差别。如同"一个人都有他的一般性（例如他是成年人），你只说他是成年人，没有点出他的特殊性（例如他是个学问家），就等于没有说一样。所以你如果不指出中国社会的特殊之处，就等于没有说一样了"。如果我们不先考虑梁漱溟后面的结论，我们应该承认他的这种分析也自有其道理在。

那么中国社会的特殊性究竟何在呢？梁漱溟强调，中国社会之特殊性主要在于中国社会虽然存在着阶级分野的现象，但其自始至终都未能构成俨然对峙、利益根本冲突的两大阶级，"故其形成阶级之趋势，二千年间不绝于历史。同时，其特殊性亦不断发扬。二者迭为消长，表见为往复之象，而未能从一面发展去"。究其原因，即在于中国社会没有像列宁所分析的那样，有一个阶级处于社会经济结构中的绝对地位，"其中一个集团能够占有另一个集团的劳动"。具体而言，一是在中国传统社会中，土地可以自由买卖，人人可以得而有之，无法形成高度垄断，造成一部分人占有生产资料，而另一部分人不得不出卖劳动力；二是中国传统社会中的遗产非长子继承制，也不利于财产集中；三是中国传统社会中的生产力极端落后，也无法造成资本垄断之势。无垄断即无阶级，生产者各自拥有自己的工具，可以自行其生产。"各人做各人的工，各人吃各人的饭，只有一行一行不同的职业，而没有两面对立的阶级。所以中国社会可称为一种职业分途的社会。在此社会中非无贫富、贵贱之差，但升沉不定，流转相通，对立之势不成，斯不谓之阶级社会耳。"这便是梁漱溟之所以迟迟不愿认同中共对中国社会分析的根本原因之一。

伦理本位，职业分途

梁漱溟关于中国传统社会无法构成俨然对立的两大阶级的说明并非全无道理。关于第一点，我们还可以为他补充点论据，那就是在中国传统社会中，统治者不断采取均田之类的措施，在一定程度上遏制了土地的高度垄断。然而，也正从此点不难推论出，土地垄断的趋势是如何严重而不得不由最高统治者不断采取"均田""限田"等措施。大量资料表明，自唐宋以迄明清，土地垄断一直呈上升趋势，大量皇田、庄田正是土地高度垄断的象征。土地自由买卖虽为事实，不过也正是这种自由买卖政策加速了土地垄断的进程，遂使"富者田连阡陌，贫者无立锥之地"。至于中国古来相传的"遗产非长子继承制"，确实在一定程度上阻止了社会财富的集中和垄断，但也不能不看到，遗产均分也只是家族内部的均分，而不是全社会的均分，因此，这一措施的实际效用可能要比梁漱溟所估计的小得多。所以说，梁漱溟关于中国社会没有形成真正意义上的阶级的判断，虽然敏锐地看到了中国社会之不同于西方社会的特殊性，但对于这种特殊性的深层原因的揭示，似乎也并不合乎中国社会的实际。

当然，梁漱溟这一理论的关键，并不在于中国社会是否存在阶级对立，而着重在于他认为中国社会是一个"职业分途"的社会。这种职业分途不仅表现在经济上，亦且表现在政治上。就政治而言，中国传统社会，不似西方中世纪政权垄断于贵族，而较早采用了以科举取士的文官制度。各级官吏上至宰相，下至县令亲民之官，大抵是士人通过考试而来，这不仅在一定程度上遏制了贵族专权，使政权开放给众人，让大家都能得到参政的机会，而且使士人与农、工、商并为四民，禄以代耕，实际上不过是一种职业，为构成此职业社会所不可缺少的成分而已。

中国历史上的实际情况或许完全是另外一个样子，然而梁漱溟把包括政治在内的一切社会分工均作为一种职业的想法亦实有其合理之处。他认为，在传统的中国社会中，各人所从事的职业决无高下优劣之分，而只是职业"分立"之不同，各级官吏从国库中领取俸禄，这不仅难以造成与民众相对抗的另一阶级，而且使官吏们较能顾全大局，主持公道，无偏无党地为公众办事。包括官吏在内的全体社会成员，在根本点上不是受制于法律和各种规章制度，而是受制于充满诗情画意的各种伦理情意和道德约束。因此，梁漱溟毕生坚信中西社会之不同，中国社会之特殊性，除了中国社会自始至终没有形成俨然对立的两大阶级之外，另一个最为重要的原因便是中国社会理性早熟而带来的伦理色彩。

梁漱溟指出，在中国传统社会结构中，自古以来就缺少一种"集团生活"，因而也就无从映现社会与个人之间的问题。个人与社会这两个极端均非中国人所具备，而中国人所有的恰好是这两个极端的中心环节即"伦理关系"。伦理关系始于家庭，家庭在中国人的人际关系中处于极为重要的地位。当然，家庭关系是人类进入文明社会的普遍现象，绝非中国人所独有，然则何以在中国人那里占有重要地位？梁漱溟认为，这是因为中国人向来缺乏集团生活的训练，严格地说，"西洋人从前的宗教后来的国家，在我们都是没有的。中国的宗教不像宗教，或原不是宗教；中国的国家不像国家，或原不是国家"，由于社会团体与个人之间关系松弛，因而家庭关系便在中国社会结构中异常突出地显露出来。"中国古代社会与希腊罗马古代社会，彼此原都不相远的。但西洋继此而有之文化发展，则以宗教若基督教者作中心；中国却以非宗教的周孔教化作中心。后此两方社会构造演化不同，悉决于此。周孔教化'极高明而道中庸'，于宗法社会的生活无所骤变（所改不骤），而润泽以礼文，提高其精神。中国遂渐以转进于伦理本位，而家族、家庭生活乃延续于后。西洋则由基督教转向大团体生活，而家庭以轻，家族以裂，此其大较也。"

显而易见，以家族、家庭生活为主要特征的中国社会必然与西方社会存在明显的不同，而这种不同便决定着西方的进步与发展可能更多地凭借集团之间的合作或斗争，而中国的进步与发展则别有途径，不与西方的手段相同似可肯定。

应当承认，梁漱溟关于中国传统社会结构中侧重于家庭伦理关系的分析，较阶级斗争的方法更为准确地把握了中国传统社会的特征。

在中国传统社会中，人与人都处在相互关系的网络中，人一生下来就有与他相关系的人，且一生都将始终在与人的相互关系中而生活。儒家经典中的所谓"五服说"似可从一个方面清楚地证明这一点。既在相互关系中生活，彼此便自然发生了情谊，所谓父慈、子孝、兄友、弟恭等道德规范正是中国传统社会结构在观念意识层面的投影。对于这些众所周知的事实，自汉儒、宋儒以迄"五四新文化运动"的思想家们,都作过大量的描述与分析,或持严厉的批评态度,或以此为中国社会优于其他民族、国家的突出例证。

认识老中国,建设新中国

梁漱溟关于中国社会伦理特征的判断如同他的职业分途的判断一样,或许是一种本然事实,或许更合乎历史真相。然而如同我们前已提及的那样,梁漱溟毕竟不是在对中国社会进行纯学理的研究,且他的学术兴奋点毕竟一直围绕着他所关心的"中国问题",即他所常说的,"认识老中国,建设新中国"。因此,他的学术理念只是他政治理念的思想基础,是他进入实际政治操作层面的思想工具。于是,他以否定阶级和阶级斗争为主要目的的学术分析,不论其学术价值如何,便不可避免地与20世纪中国另一个重要思潮和实际政治运动——中国马克思主义——相冲突。

与中国马克思主义相冲突,也是一种本然事实,梁漱溟对此也从不否认。他曾郑重其事地宣布:"中国革命,不出于其社会内容观事实的要求,而实发动于少数人意识上的先见;即所谓以先觉觉后觉领导之民族自救运动是也。此其性质上与欧洲革命为其社会内部问题爆发者大异。故欧洲人之问题或得以斗争解决之,而中国则天然的必当从理性解决。抑又当知者,中国于历史上为世界最尚理性,最有理性之国民,甘于服善,而耻于用暴。吾民族今后而果有新生命之辟造也,其必自此精神之发挥以得之。乃国人为共产党所误,亦欲以斗争解决中国问题,是有乱而已,不能有积极的结果也。今其事亦既可验;国人宜可以猛省而改途矣乎！"

在20世纪中国，尤其是20世纪上半叶的中国，反对马克思主义与中共的思想流派和政治派别并不在少数，也并不需要多大的勇气。问题亦不在于这种反对的论调是否合情合理，而关键之点则在于这些反对者所提出的正面主张是否能够解决中国问题。换言之，他们的这些主张如果得以实现，是否较中共的主张更合理、更理想，所遗留的问题更轻、更少？

历史无法假设。

历史研究的复杂性还不仅仅在于如何证明胜利者取得胜利之手段的合法性、合理性，历史研究似乎还应当说明那些被证明破产的理论之所以破产的深厚原因、内外背景。我们知道，梁漱溟之所以否认以阶级斗争为手段能够根本解决中国问题，之所以强调中国社会"伦理本位，职业分途"的特殊性，其最根本的目的，用他自己的话来说，就是不想通过分化、斗争的手段完成中国社会的转型，而期望以中国社会特殊性的基础，利用中国的特殊性，走出一条既不是西方经典模式，又不是苏俄模式的现代化道路。

遗憾的是，梁漱溟的这些主张由理论转化为实践，不仅受到极大的区域性限制，能够说得上的也只是山东实验区的个别县。而更重要的是，他的那些实验为时甚短，未及深化、未及结果便因中日战争全面爆发而中断。因此，全面评估梁漱溟这些主张的实际价值，更多的恐怕不是"已经怎样"，而是"应该怎样"的理论分析。

唯物史观与中国社会

由于复杂的内外背景，梁漱溟的理论设计最终并没有转化为政治实践。他以反对阶级斗争、阶级分化为宗旨的"伦理本位，职业分途"的中国社会分析框架，也终于被信奉阶级斗争学说的中国马克思主义者在胜利前后批得体无完肤。甚至连梁漱溟本人面对中共胜利的事实，也偶尔流露出对自己既往理论分析的些许怀疑。梁漱溟的理论分析似乎已成为不值一提的"历史笑料"。

然而，如果我们不是以成败论英雄的话，我们也应当承认梁漱溟在《中国文化要义》等作品中关于中国社会性质的理论分析并非全无道理。事实上，他虽然一贯反对以阶级的观点、阶级分析的方法去分析中国社会，但在实际分析过程中，他之所以得出"伦理本位、职业分途"的结论，却也无疑在于他心目中先存了一个阶级斗争的"戒心"。这样，他的分析结论虽与中共阶级斗争的结论相左，然而实在说来只是一个事物的两个方面，或不同侧影。换言之，从梁漱溟看中共，中共可能夸大了中国社会的阶级分化与阶级斗争的实际情况，故而期望以阶级斗争来解决中国问题；然而从中共看梁漱溟，梁之所以夸大中国社会的特殊性，强调"伦理本位，职业分途"的特征，其根本原因似乎也在于他并不懂得中国社会，尤其是中国农村中的阶级矛盾和阶级冲突，不了解中国社会与西方社会所具有的同一性、普遍性，过分夸大了中国社会的特殊性。总而言之，双方之间的相互不满与指责，似乎都在于只见树木，不见森林，滞于一偏。故而梁漱溟和他的那班追随者在实际运动中的做法、做派，不仅处处与高层无异,而且确曾狂妄地自信他们所从事的诸如乡村建设运动等项事业,要比中共的主张与做法高明得多。他们说,中共试图通过中国社会,尤其是农村的分化斗争来解决中国问题,而他们自己则着重于使中国社会,尤其是农民走上联合的道路来完成中国社会的转型。梁漱溟和他的那班追随者自信地宣称:"如果中国今后有所谓的农民运动,那一定是乡村建设的联合运动,而不是引发农民斗争的分化运动。"

梁漱溟的自信与狂妄当然不像他自己所宣称的那样有着充分的理由、道理,然而他对过分夸大中国社会的一般性,企图以阶级斗争的手段步趋西方国家和俄国后尘而完成中国社会转型的指责,虽然也滞于一偏,并非辩证、全面,但也确曾看到了中共理论框架中的某些趋向,并非全无道理。我们知道,不论是马克思的"亚细亚生产方式",还是后来的"有中国特色的社会主义",或当代新儒家所津津乐道的"东亚模式对西方的挑战",它们一个最基本的理论立足点,都是中国社会的东方特色可能与西方社会的基督教文明迥然相异,即便这种相异或许并不在于"伦理本位、职业分途"与阶级斗争的分野上,而中国社会不同于西方社会的特殊性似是一个不必怀疑的本然事实。这一点是各方各派均应接受的共识。

如果从理论发展史的观点看,中共并不是自始至终坚持中国社会的一般性,而忽略其特殊性的。然而毕竟由于民主革命时期中共特殊的目标与任务的限定,中共在相当长的一个时期里确曾不愿考虑中国社会的特殊性,而过分强调其一般性。后来成为中共重要理论家、宣传家的郭沫若于1929年在充满诗意的文字中写道：

> 对于未来社会的期待逼迫着我们不能不生出清算过往社会的要求。古人说前事不忘，后事之师。认清楚过往的来程也正好决定我们未来的去向。
>
> 只要是一个人体，他的发展，无论是红黄黑白，大抵相同。
>
> 由人所组成的社会也正是一样。
>
> 中国人有句口头禅，说是我们的国情不同。这种民族的偏见差不多各个民族都有。
>
> 然而中国人不是神，也不是猴子，中国人所组成的社会不应该有什么不同。
>
> 我们的要求就是要用人的观点来观察中国社会，但这必要的条件是需要我们跳出一切成见的圈子。
>
> ……
>
> 谈"国故"的夫子们哟！你们除饱读戴东原、王念孙、章学诚之外，也应该知道还有马克思、恩格斯的著作，没有辩证唯物论的观念，连"国故"都不好让你们轻谈。
>
> 然而现在却是需要我们"谈谈国故"的时候。
>
> 我们把中国实际的社会清算出来，把中国的文化，中国的思想，加以严密的批判，让你们看看中国的国情，中国的传统，究竟是否两样！

正如后来众所周知的那样，包括郭沫若在内的那一辈中国马克思主义理论工作者依据唯物史观作为指导而研究中国社会所得出的结论，便是中国社会与西方社会不应该有什么不同，阶级冲突与斗争同样是中国社会的普遍现象。

我们无意贬低那一辈中国马克思主义者的理论贡献，但我们从后来的事实也不难看出，这些马克思主义者所得出的阶级斗争普遍化的结论，不只是无视了中国社会的特殊性，而且一来曲解了唯物史观，将唯物史观丰富而实在的内容抽空，二来也为后来民主革命胜利之后的阶级斗争扩大化留下了伏笔，提供了一种并非正确的理论准备。

按照恩格斯的经典解释："正像达尔文发现有机界的发展规律一样，马克思发现了人类历史的发展规律，即历来为繁茂芜杂的意识形态所掩盖着的一个简单事实：人们首先必须吃、喝、住、穿，然后才能从事政治、科学、艺术、宗教等等；所以，直接的物质的生活资料的生产，因而一个民族或一个时代的一定的经济发展阶段，便构成为基础，人们的国家制度、法的观念、艺术以至宗教观念，就是从这个基础上发展起来的，因而，也必须由这个基础来解释，而不是像过去那样做得相反。"以此反观中国马克思主义者对中国社会的分析，我们不难感到他们那样执着于阶级斗争的理论，除了现实政治和阶段目标的需要外，似乎总有点无视中国社会发展的特殊性。故而梁漱溟批评说："所谓共产党其物者，从其所以解决政治问题、社会问题的方向来看，则诚然一变于欧洲之故，而从其所有出发的人生态度来看，则正是从来西洋人根本精神赤裸裸地表现，最彻底地发挥。沿着'功利主义''自由竞争'的理想，而出现的资本主义社会，演到大家都受不了的时候，自然要从个人本位主义翻转到社会本位思想；然当社会本位的经济将现未现之时，则正是经济抬到最高位，人们视线所集中，摆开阵营大事决斗之际。以'唯利是视'解释人类行为,以经济一事说明社会一切现象的'唯物史观',就成了人们的指针。而共产党便是最擅长以战阵攻取之略,巧用之人群社会的。人类'有对性'的发挥,因非此不算到家,而西洋人所耍的把戏,这也就为其极轨。乃不谓夙讲理义是非,最耻言利,夙爱礼让和平,最恶相争的中国民族,亦抛丧他视宗高尚伟大精神,跟着人家跑,而不复知耻。"

阶级斗争的泛化固然不足取,它给20世纪中国所带来的灾难人们也记忆犹新。仅就此点而言,我们应该承认梁漱溟对中国马克思主义者关于中国社会性质的分析所作的讨论并非全无道理。然而问题在于,处在20世纪特殊背景下的中国,如果排除了阶级斗争的手段来完成社会转型究竟是否可能?答案无疑不能非此即彼。但有一点似乎又是可以肯定的,即在中国共产党夺取政权之前或许不可能,但在中国共产党夺取全国政权后,似乎应该尽快抛弃阶级斗争的手段,尽早回归到中国社会发展的本来轨道上而推动中国社会的前进,因此也正是从这个意义上说,梁漱溟关于中国社会"伦理本位,职业分途"的判断虽然并不合乎中国共产党在民主革命时期的口味,虽然也存在诸多内在的矛盾与问题,但其致思倾向无疑是正确的,无疑是企图把握中国社会有别于西方社会之特殊性的智者之见。

四、普适性与特殊性

梁漱溟《中国文化要义》的一个基调,就是认为中国文化和其他文化不一样，中国文化个性特强。这个想法当然是渊源有自。中国从与外面接触，就总是强调中国的特殊性。

其实，中国的马克思主义者在这个时间点，更多的还是强调普遍性、普适性，承认这个发展道路或许会有些自己的不一样，但就其总体而言逃不出人类社会发展的一般规律。而梁漱溟的看法则不然。他一直在讲中国文化个性特强，跟别人不一样。马克思主义者讲普遍性原则，承认中国和西方一样，虽然具有东方特征，比如亚细亚生产方式，但其未来趋势则具有普遍性，不可能永久完全不一样。

在《中国文化要义》这本书里，梁漱溟强调的一个问题就是中国文化的个性特强，他认为中国文化独自创发，慢慢形成，非从他受，不是从其他地方传来的，不像日本的文化、美国的文化从外部传输。梁漱溟这个说法对后世中国影响很大，我们至今主流话语就是强调中国文化独立发展、源远流长，不是由外面传入。但过去一百多年考古学的研究、历史学的研究，依据事实大致承认中国文化是世界中的文化，中国文化还是有一些外部因素的，并不完全都是本土发生、衍生的，更不是唯一独自创发的。

梁漱溟《中国文化要义》等强调中国文化的独创、本土，自然有其意义。因为在那之前很长时间，中国学术界相当一部分确实相信西方近代考古学研究：中国文明来自西方，来自中亚、西亚，是从两河流域、从中亚地区传来的。而梁漱溟在这部书中确认中国文化不是外来的，而是独创的，有自家精神与内容。其实我们今天并不能简单这样讲。

梁漱溟《中国文化要义》认为日本文化、美国文化是外来的。这个说法表面上有其道理，但现在也受到挑战。日本文化确实受到中国文化深刻影响，受到西方文化影响，好像日本就没有原创、没有根的样子。这个说法现在也受到挑战，日本并不是没有自己的文化、自己的根。日本有悠久的本土传统，同时从中国汲取了大量的东西。到了近代汲取西方，独创了现在的日本文化，不论俗雅、生活方式，日本文化的样式、特征，都非常明显，本土传统也相当明显。

至于美国也是这样。美国土著印第安人文明，现在当然很淡了。美国文化基本上是外来的，但美国文化的外来性并不是背离传统，而是从英伦三岛传承希腊，接续了希腊文明，具有西方最久远的历史。从现代学术立场看，梁漱溟《中国文化要义》中的论证还是不太严谨。

梁漱溟当然并不是要研究日本、美国，他的目的还是要论证中国文化的独特性、本土性、独创性。梁漱溟也举出许多实实在在的例子，像文字构造的特殊性、法学体系的特殊性。只是这种说法也是经不起推敲的。此文化与彼文化之间并无本质差异，梁漱溟在《东西文化及其哲学》以及《中国文化要义》中比较中、西、印三大文化之间的差异，就当时的认知而言有其意义，但只是梁漱溟那个时代的认识。与梁漱溟年岁差不多的英国历史学家汤因比（1889—1975）在《历史研究》这部巨著中将6000年全球文明分成26个文明形态，显然比梁漱溟的中、西、印三家更为精细。

中国文化当然有自己的不一样，但作为文化，任何一种文化都有不可回避的原初问题，这些问题大致与人们最直接的生活有关，即"衣食住行，生老病死"八个字。所以，过分考虑文化的独特性，忽略文化的普遍性、普适性，可能也会不自觉夸大了文化的差异。比如所谓东方法系、西方法系，固然其差异性不能忽略，但他们的共同性都是社会管控、社会治理。方法可以有差别，目标诉求应该无别。现在更多的研究一方面承认各自文化的不一样，同时也必须肯定差别性并不能漠视问题的原初性，所有文化都要从人类最初的、本能的问题入手。比如我们研究游牧、渔猎和农业文明的差别，就是生存条件的差别导致精神生活的不一样，这些差别、不一样，并不是问题不一样，问题都是要解决人们的衣食住行、生老病死，但是自然条件的差异让各个文明体的解决方式不一样。所以文化研究一方面承认差别、特色，另一方面一定要注意普遍性、普适性原则。

渔猎族群靠捕鱼，靠水产；游牧就靠森林，靠草原。这都是来自自然的人类文明。具有更多创造性的是农业文明，因为只有农业文明才有发现、创造的需求和冲动。冲积平原形成农业，农业有了天象观察、动物驯化、植物选种育种的需求和可能。游牧、渔猎、农业的差别是天然环境、生存环境。

人的体质改变也是如此。黄人、白人、黑人差异，其实根本原因就是外部环境的差别。外部环境改变了，肤色也就渐渐靠近，如果再配合着通婚，肤色，生活习俗，进而文化的差异性必然减弱，最终一定会出现一个具有最普遍意义的文化形态。梁漱溟将文化差异性固化，显然忽略了文化融通融合。

在讨论中国文化特征时，梁漱溟还有一个观点值得注意。他认为中国文化是历史上绵延不绝的，与中国文化若前若后的古代文明，像古埃及文化、古巴比伦文化，古印度、古波斯、古希腊等或夭折或转移、或失去独立自主之民族生命,唯有中国文化能够以其自创之文化至今岿然独存。梁漱溟这个说法对于后来影响非常大,今天中国知识人中,相当部分认为其他文明都有一个中断过程,特别是梁启超讲的所谓四大文明,三个都中断了,唯独中国文化不断更新、不断延存,是唯一没有中断的文明。

其实这个说法似是而非。中国文化是不是有过断层,有过中断?我们怎么理解北部族群进入?匈奴、契丹进入,蒙古人横扫天下,把中国完全征服了近百年,中国文化有没有断层?没有断层,为什么又有人说崖山之后无中国?接续明朝,满洲人入主中原三百年,孙中山说这是一个殖民的历史。如果强调中国文化从未中断,如何理解蒙古、满洲这两段历史?

至于中国的疆域,梁漱溟认为是中国文化巨大的同化力、包容力,对外来文化包容吸收,容纳若干邻邦外族,而后融成后来之广大区域、广大族群、广大空间,东临太平洋,南临印度洋,西边越过葱岭,直达地中海,北边是北冰洋。

中国历史发展确实受到四至地理环境影响,这种格局使它并没有像地中海向四面八方容易辐射,中国文化向外辐射的难度很大,外部进入交流也不容易。我们现在讲丝绸之路,讲贸易通道,中国其实在贸易通道的末端,因此和其他文明的交往并不很充分。外来文明进入和中国文明溢出,方向非常单一,只能越过丛林往中亚去,进入地中海,在欧洲和其他地方交流,因为东面、南边是不可越过的太平洋、印度洋,人们只能沿着印太边缘地带去交流。所以中国文化对外族异邦的吸收究竟有多少,还是值得讨论的。

从中国以往的历史考证可以看到其文化同化他人的力量最为伟大，对于外来文化也能包容吸收。中国文化有自己的原则立场，可以包容外来文化，但根儿并没有变。梁漱溟的这个判断非常重要，因为中国接受了印度佛教文化，但佛教文化进入中国，加入中国文明架构，实际上完成了一个中国化的过程。到宋代，800年融入，佛教再传到东南亚、日本，实际上已是"中国佛教"，而不是印度佛教了。

当然，中国文化也吸收了外来文化，比如印度文化。最典型的是佛教进入中国后，对中国文化有结构性改造，导致出现了魏晋玄学。受其影响，中国文化之后就不再是纯粹的儒家文明、道家文明、法家文明，已经有很强的印度佛教的谈玄说理成分，有很强的逻辑。这都不是中国原来的样子。所以我们读魏晋、隋唐，特别是宋代作品，读张载、二程、朱熹这些人的作品，可以感到佛教思想扑面而来。特别是张载的作品，就不是纯粹的周孔儒学，已经接纳了外来东西。这是梁漱溟的发现，应该说是一个卓越的见解。

中国确实是包容了外来东西。有了对佛教文明的包容吸收，那么对于西洋文明，中国走的还是这条路，还是要包容吸收西方文明。西洋文明进入中国，一定和佛教文明一样完成"在地化"，成为中国文化的一部分。

通过梁漱溟的研究，对西洋文明进入中国应该保持很强烈的信心。在和西方接触三五百年后，历史也证明最早进来的西洋文化，如利玛窦、汤若望、南怀仁等带来的西洋知识，现在就在中国知识体系中。西洋绘画很快就被中国人接纳，西方医学也没有多大障碍，更不要说金鸡纳霜这样的特效药了。牛痘也是如此。康熙皇帝得以继位得益于此，西洋的东西进来更没问题。在中古时期也是如此，从中亚进来好多东西，中国人欣然用之，并没有刻意排斥，分出你我彼此。

从这个观点讨论，马克思主义进入中国也必将完成在地化，必须适应中国土壤。实际上从利玛窦到马克思主义都是这样，完成在地化，成为中国文化的一部分，并不是问题。

梁漱溟对中国文化的研究非常有意义，他讲出了中国文化的包容性可以和人类一致。人类继续发展下去，几大文明不可能各自保持互相敌视，不相来往，更不可能像亨廷顿讲的那样只有"文明冲突"。从梁漱溟文明包容性继续推导下去，就会走出一个人类新文明。这个新文明，不再是各家文明机械性拼盘，而是一个全新的文明体系。

在梁漱溟《中国文化要义》中，最重要的成就是对中国文化包容性的阐释。中国文化能够吸引邻邦外族，而后融为一个伟大的中华民族。中华民族从极小的区域开始，逐步完成中国化，将各地文化诸如齐鲁、宋楚、吴越、秦蜀、韩魏等区域文化融合于一炉。梁漱溟说中国文化时间绵延最久、空间拓展四至最大，从早期之万邦林立之小共同体，慢慢走向秦汉中央集权大共同体，甚至这个大共同体也没有包括全部中国。秦汉时期北部的匈奴，南北朝时期北部的契丹、鲜卑，隋唐时期的吐谷浑、吐蕃、南诏，宋元时期并立分治之辽夏金，明清时期之东北、西北、西南、东南，其实都是逐步进入中华民族这个大熔炉的。这个历史过程，就是孔子所谓夷狄之入中国则中国之。反过来，中国之入夷狄则夷狄之。中国的空间逐步扩大，充分表明中国文化并无种族壁垒。远人不服，则修文德以来之；既来之，则安之。这是最伟大的文化包容性。按照梁漱溟这个逻辑继续发展，可以相信中国的空间越来越大，包容的族群越来越多。这个过程到今天并没有完成，因为我们知道今天如东南亚一带，也和中国相似，很容易融合成一个族群。而且事实上，东南亚这个地方的许多族群，中亚地区许多族群，也是在大航海之后从中国溢出的。他们极大拓展了中国的文化空间，也为人类文化未来发展预留了巨大的想象空间。早期儒家所期待的世界大同，在梁漱溟看来并不是什么乌托邦，而是一个天才预言。

《中国文化要义》反复强调中国文化的早熟，以为中国的成败得失，都因这突出的特征而凸显。人们普遍认为中国文化在秦汉以来两千年不见进步。梁漱溟指出，不见进步是事实，但这意味着中国文化早熟，不需要进步，很多东西都解决了。我们今天可能不会认同这样的说法，因为现在的问题不再是秦汉以来两千年的问题，而是大航海、工业革命之后的新问题。梁漱溟强调中国文化之稳定性值得注意，由此拓展了我们对中国文化研究的空间。

重印《中国文化要义》自序

余一向以"认识老中国,建设新中国"为号召,因有《中国文化要义》之著述以求教于国人。初版由成都路明书店印行,为数无多,却多错字落字,兹用订正重印于沪上,从广其流通之中多得国人之赐教焉,是岂惟著者个人之幸邪!

1986年2月

梁漱溟

题　记

《中国文化要义》始作于1942年春，1944年中辍，1946年末重新写作，至1949年6月完成。1949年11月由成都路明书店正式出版。1987年6月上海学林出版社重印时，作者曾作校勘订正。今按学林出版社所出版本刊出，并据路明书店本在个别文字和编排上作了订正，增补了学林出版社重印时删去的文字。又，此书第一、二章曾于1947年在《观察》杂志上连载，个别文字与正式出版时略有出入。

自　序

这是我继《东西文化及其哲学》(作于1920—1921),《中国民族自救运动之最后觉悟》(作于1929—1931),《乡村建设理论》(作于1932—1936),而后之第四本书。先是1941年春间在广西大学作过两个月专题讲演。次年春乃在桂林开始着笔。至1944年陆续写成六章,约八万字,以日寇侵桂辍笔。胜利后奔走国内和平,又未暇执笔。1946年11月我从南京返来北碚,重理旧业,且作且讲。然于桂林旧稿仅用作材料,在组织上却是重新来过。至今——1949年6月——乃告完成,计首尾历时九年。

前后四本书,在内容上不少重见或复述之处。此盖以其间问题本相关联,或且直是一个问题;而在我思想历程上,又是一脉衍来,尽前后深浅精粗有殊,根本见地大致未变,特别第四是衔接第三而作,其间更多关系。所以追上去看第三本书,是明白第四本书的锁钥。第三本书一名《中国民族之前途》。内容分上下两部:上半部为认识中国问题之部,下半部为解决中国问题之部。——因要解决一个问题,必须先认识此一问题。中国问题盖从近百年世界大交通,西洋人的势力和西洋文化蔓延到东方来,乃发生的。要认识中国问题,即必得明白中国社会在近百年所引起之变化及其内外形势。而明白当初未曾变的老中国社会,又为明白其变化之前提。现在这本《中国文化要义》,正是前书讲老中国社会的特征之放大,或加详。

于此见出我不是"为学问而学问"的。我是感受中国问题之刺激,切志中国问题之解决,从而根追到其历史,其文化,不能不用番心,寻个明白。什么"社会发展史",什么"文化哲学",我当初都未曾设想到这些。从一面说,其动机太接近实用(这正是中国人的短处),不足为产生学问的根源。但从另一面说,它却不是书本上的知识,不是学究式的研究;而是从活问题和活材料,朝夕寤寐以求之一点心得。其中有整个生命在,并非偏于头脑一面之活动;其中有整整四十年生活体验在,并不是一些空名词假概念。

我生而为中国人,恰逢到近数十年中国问题极端严重之秋,其为中国问题所困恼自是当然。我的家庭环境和最挨近的社会环境,都使我从幼小时便知注意这问题。[①] 我恍如很早便置身问题之中,对于大局时事之留心,若出自天性。虽在年逾半百之今天,自叹"我终是一个思想的人而非行动的人;我当尽力于思想而以行动让诸旁人"。然我却自幼即参加行动。[②] 我一向喜欢行动而不甘于坐谈。有出世思想,便有出世生活;有革命思想,便有革命实践。特别为了中国问题,出路所指,赴之恐后;一生劳攘,亦可概见。[③]

---

① 具见于《我的自学小史》第四第五两节。
② 此指八岁时在北京市散发传单而说,事见《我的自学小史》。
③ 少年时先热心于君主立宪运动,次参预1911年革命,1927年以后开始乡村运动,1937年以后为抗战奔走,其中包含国内团结运动及巡历于敌后。至胜利后又奔走和平。

就在为中国问题而劳攘奔走之前若后,必有我的主见若心得。原来此一现实问题,中国人谁不身预其间?但或则不著不察;或则多一些感触,多一些反省。多感触多反省之后,其思想行动便有不得苟同于人者。纵不形见于外,而其衷之所存,未许一例相看。是之谓有主见,是之谓有心得。我便是从感触而发为行动,从行动而有心得,积心得而为主见,从主见更有行动;……如是辗转增上,循环累进而不已。其间未尝不读书。但读书,只在这里面读书;为学,只在这里面为学。不是泛泛地读,泛泛地学。至于今日,在见解思想上,其所入愈深,其体系滋大,吾虽欲自昧其所知以从他人,其可得乎!

说我今日见解思想,一切产生于问题刺激,行动反应之间,自是不错。然却须知,尽受逼于现实问题之下,劳攘于现实问题之中,是产不出什么深刻见解思想的;还要能超出其外,静心以观之,才行。

于是就要叙明我少年时,在感受中国问题刺激稍后,又曾于人生问题深有感触,反复穷究,不能自已。① 人生问题较之当前中国问题远为广泛、根本、深彻。这样便不为现实问题之所围。自己回顾过去四十余年,总在这两问题中沉思,时而趋重于此,时而趋重于彼,辗转起伏虽无一定,而此牵彼引,恰好相资为用。并且我是既好动又能静的人。一生之中,时而劳攘奔走,时而退处静思,动静相间,三番五次不止。② 是以动不盲动,想不

---

① 人生问题之烦闷约始于十七岁时,至二十岁而倾心于出世,寻求佛法。
② 过去完全静下来自修思考,有三时期:(一)在1912年后至1916年前;(二)在1925年春至1928年春;(三)在1946年退出国内和谈至今天。

空想。其幸免于随俗浅薄者,赖有此也。

就以人生问题之烦闷不解,令我不知不觉走向哲学,出入乎东西百家。然一旦于人生道理若有所会,则亦不复多求。假如视哲学为人人应该懂得一点的学问,则我正是这样懂得一点而已。这是与专门治哲学的人不同处。又当其沉潜于人生问题,反复乎出世与入世,其所致力者,盖不徒在见闻思辨之见;见闻思辨而外,大有事在。这又是与一般哲学家不同处。异同得失,且置勿论。卒之,对人生问题我有了我的见解思想,更有了我今日的为人行事。同样地,以中国问题几十年来之急切不得解决,使我不能不有所行动,并耽玩于政治、经济、历史、社会文化诸学。然一旦于中国前途出路若有所见,则亦不复以学问为事。究竟什么算学问,什么不算学问,且置勿论。卒之,对中国问题我有了我的见解思想,更有了今日我的主张和行动。

所以"我无意乎学问""我不是学问家""以哲学家看我非知我者"……如此累次自白(见前出各书),在我绝非无味的声明。我希望我的朋友,遇到有人问起:梁某究是怎样一个人?便为我回答说:

"他是一个有思想的人。"

或说:

"他是一个有思想,又且本着他的思想而行动的人。"

这样便恰如其分,最好不过。如其说:

"他是一个思想家,同时又是一社会改造运动者。"

那便是十分恭维了。

这本书主要在叙述我对于中国历史和文化的见解,内容颇涉及各门学问。初不为学者专家之作,而学者专家正可于此大有所资取。我希望读者先有此了解,而后读我的书,庶不致看得过高或过低。

"认识老中国,建设新中国"——这是我的两句口号。继这本书而后,我将写《现代中国政治问题研究》一书。盖近几十年来政治上之纷纭扰攘,总不上轨道,实为中国问题苦闷之焦点。新中国之建设,必自其政治上有办法始。此无可疑也。然一旦于老中国有认识后,则于近几十年中国所以纷扰不休者,将必恍然有悟,灼然有见;而其今后政治上如何是路,如何不是路,亦遂有可得而言者。吾是以将继此而请教于读者。

1949 年 10 月

漱溟自记

目　录

第一章　绪论　001

第二章　从中国人的家说起　031

第三章　集团生活的西方人　053

第四章　中国人缺乏集团生活　077

第五章　中国是伦理本位的社会　093

第六章　以道德代宗教　115

第七章　理性——人类的特征　149

第八章　阶级对立与职业分途　171

第九章　中国是否一国家　195

第十章　治道和治世　229

第十一章　循环于一治一乱而无革命　263

第十二章　人类文化之早熟　291

第十三章　文化早熟后之中国　　　　　　　　323

第十四章　结论　　　　　　　　　　　　　　349

梁漱溟学术年表（马勇）　　　　　　　　　　381

第一章 绪论

一、此所云中国文化

文化，就是吾人生活所依靠之一切。如吾人生活，必依靠于农工生产。农工如何生产，凡其所有器具技术及其相关之社会制度等等，便都是文化之一大重要部分。又如吾人生活，必依靠于社会之治安，必依靠于社会之有条理有秩序而后可。那么，所有产生此治安此条理秩序，且维持它的，如国家政治，法律制度，宗教信仰，道德习惯，法庭警察军队等，亦莫不为文化重要部分。又如吾人生来一无所能，一切都靠后天学习而后能之。于是一切教育设施，遂不可少；而文化之传播与不断进步，亦即在此。那当然，若文字、图书、学术、学校，及其相类相关之事，更是文化了。

俗常以文字、文学、思想、学术、教育、出版等为文化，乃是狭义的。我今说文化就是吾人生活所依靠之一切，意在指示人们，文化是极其实在的东西。文化之本义，应在经济、政治，乃至一切无所不包。

然则，若音乐戏剧及一切游艺，是否亦在吾人生活所依靠之列？答：此诚为吾人所享受，似不好说为"所依靠"。然而人生需要，岂徒衣食而止？故流行有"精神食粮"之语。从其条畅涵泳吾人之精神，而培养增益吾人之精力以言之，则说为一种依靠，亦未为不可耳。

此云中国文化，是说我们自己的文化，以别于外来的文化而言；这亦就是特指吾中国人夙昔生活所依靠之一切。文化本从传递交通而有，于此而求"自有""外来"之划分，殆不可能。不过以近百年世界大交通，中国所受变于西洋者太大，几尽失其故步，故大略划取未受近百年影响变化之固有者目为中国文化，如是而已。

又文化无所不包，本书却不能泛及一切。中国既一向详于人事而忽于物理，这里亦特就其社会人生来讨论，如是而已。

二、中国文化个性殊强

从文化比较上来看，中国文化盖具有极强度之个性，此可于下列各层见之：

（一）中国文化独自创发，慢慢形成，非从他受。反之，如日本文化、美国文化等，即多从他受也。

（二）中国文化自具特征（如文字构造之特殊，如法学上所谓法系之特殊，如是种种甚多），自成体系，与其他文化差异较大。本来此文化与彼文化之间，无不有差异，亦无不有类同。自来公认中国、印度、西洋并列为世界三大文化系统者，实以其差异特大而自成体系之故。

（三）历史上与中国文化若先若后之古代文化，如埃及、巴比伦、印度、波斯、希腊等，或已夭折，或已转移，或失其独立自主之民族生命。唯中国能以其自创之文化绵永其独立之民族生命，至于今日岿然独存。

（四）从中国已往历史征之，其文化上同化他人之力最为伟大。对于外来文化，亦能包容吸收，而初不为其动摇变更。

（五）由其伟大的同化力，故能吸收若干邻邦外族，而融成后来之广大中华民族。此谓中国文化非唯时间绵延最久，抑空间上之拓大亦不可及（由中国文化形成之一大单位社会，占世界人口之极大数字）。

（六）中国文化在其绵长之寿命中，后一大段（后二千余年）殆不复有何改变与进步。似显示其自身内部具有高度之妥当性、调和性，已臻于文化成熟之境者。

（七）中国文化放射于四周之影响，既远且大。北至西伯利亚，南迄南洋群岛，东及朝鲜、日本，西达葱岭以西，皆在其文化影响圈内。其邻近如越南如朝鲜固无论；稍远如日本如暹罗、缅甸等；亦泰半依中国文化过活。更远如欧洲，溯其近代文明之由来，亦受有中国之甚大影响。近代文明肇始于十四五六世纪之文艺复兴；文艺复兴，实得力于中国若干物质发明（特如造纸及印刷等术）之传习，以为其物质基础。再则十七八世纪之所谓启蒙时代理性时代者，亦实得力于中国思想（特如儒家）之启发，以为其精神来源。①

中国文化之相形见绌，中国文化因外来文化之影响而起变化，以致根本动摇，皆只是最近一百余年之事而已。

---

① 参看朱谦之著《中国思想对于欧洲文化之影响》，商务印书馆出版。

三、试寻求其特征

我们于此，不禁地愿问：何谓中国文化？它只是地理上某空间，历史上某期间，那一大堆东西吗？抑尚有其一种意义或精神可指？从上述中国文化个性之强来说，颇使人想见其植基深厚，故尔发挥出来的乃如此坚卓伟大；其间从本到末，从表到里，正必有一种意义或精神在。假若有的话，是不是可以指点出来，使大家洞然了悟其如是如是之故，而跃然有一生动的意义或精神，映于心目间？——本书《中国文化要义》就想试为进行这一工作。

我们工作的进行：第一步，将中国文化在外面容易看出的，常常被人指说的那些特异处，一一寻求而罗列起来。这种罗列，从最著者以次及于不甚重要者，可以列出许多许多。尽不必拘定其多少。不过，当你罗列之后，自然便看出某点与某点相关联，可以归并；某点与某点或竟为一事。如此，亦就不甚多了。第二步，拈取其中某一特点为研究入手，设法解释它的来由。前后左右推阐印证，愈引愈深；更进而解释及于其他特点。其他特点，假如因之而亦得解答，即再进而推及其他。总之，最后我们若能发见这许多特点，实不外打从一处而来；许多特征贯串起来，原都本于唯一之总特征；那就是寻到了家。中国文化便通体洞然明白，而其要义可以在握。

这不过大致计划如此，其余曲折，随文自详于后。

本书着笔于抗战之第五年（1941）。我们眼看着较后起的欧洲战争，几多国家一个接一个先后被消灭，真是惊心；而中国却依然屹立于其西部土地上。论军备国防，论经济、政治、文化种种力量，我们何曾赶得上那些国家？然他们或则几天而亡一个国家，或则几星期而亡一个国家，或则几个月而亡一个国家；独中国支持至五年了，还未见涯涘。显然对照出，不为别的，只是中国国太大而他们国嫌小而已。国小，没有退路，没有后继，便完了。国大，尽你敌人战必胜攻必取，却无奈我一再退守以后，土地依然甚广，人口依然甚多，资源依然甚富。在我还可撑持，而在敌人却已感战线扯得太长，时间拖得太久，不禁望洋兴叹了。平时我们的国大，自己亦不觉；此时则感触亲切，憬然有悟。

这自是祖宗的遗业，文化的成果，而后人食其福。但细想起来，食其福者亦未尝不受其累。中国之不易亡者在此，中国之不易兴或亦在此。譬如多年以来中国最大问题，就是不统一。例如中国只有广西一省这般大，不是早就统一了吗？局面太大了，领袖不易得人。可以为小局面领袖者，在大局面中未必能行。即令其人本质上能行，而机缘会合资望养成亦倍须时间，大非易事。且人多则问题多，局面大则问题大。一处有问题，全局受影响；中枢不就绪，各处难进行。尤其可注意者，在小团体中，每一分子可觉知他的责任。团体愈大，则团体中每一分子的责任感觉愈轻微；团体太大了，浸至于无感觉。一个大家庭的人，易于懒散；一个大家庭的事，易于荒废，就是为此。反之一小家人就很容易振作。若分析之，又可指出两面：一面是感觉力迟钝；一面是活跃力减低。从前广西有两年战乱遍全省，而在北京只我们和广西有关系的人知道，大多数人则无闻无睹。当东北四省为敌人侵占，邻近各省受到威胁，尚时时有所感觉；远处南方各省便日渐淡忘，而无所觉。这都是国太大，人们感觉迟钝之例。有时感觉到问题了，而没有解决问题的勇气与兴趣；或者一时兴奋，奔走活动而不能持久；则皆为活动力贫乏之证。犹如力气小的人，望着千钧重担不作攘臂之想；或者攘臂而起，试一试，终于废然。须知奔走活动，不怕遇着人反对，而怕得不到什么反应。得不到什么反应，便不想再干。在太大的国度内如中国者，却每每是这样。

国大，既足为福，又足为祸，必不容等闲视之；其所以致此，亦必非偶然。吾人正可举此为中国文化之一大特征，而加以研究。往日柳诒徵先生著《中国文化史》，就曾举三事以为问：

中国幅员广袤，世罕其匹；试问前人所以开拓此抟结此者，果由何道？

中国种族复杂，至可惊异。即以汉族言之，吸收同化无虑百数；至今泯然相忘，试问其容纳沟通，果由何道？

中国开化甚早，其所以年祀久远，相承勿替，迄今犹存者，又果由何道？

此三个问题，便是三大特征。再详言之：

（一）广土众民[①]，为一大特征；

（二）偌大民族之同化融合，为一大特征；

（三）历史长久，并世中莫与之比，为一大特征。

从以上三特征看，无疑地有一伟大力量蕴寓于其中。但此伟大力量果何在，竟指不出。

如吾人所知，知识实为人类文化力量之所在；西洋人"知识即强力"（Knowledge is power）之言极是。中国文化在过去之所以见优胜，无疑地亦正有知识力量在内。但中国人似非以知识见长之民族。此观于其开化甚早，文化寿命极长，而卒不能产生科学，可以知道，科学是知识之正轨或典范。只有科学，才算确实而有系统的知识。只有科学，知识才得其向前发展之道。中国人始终走不上科学道路，便见其长处不在此。

又如吾人所知，经济力量是极大的，今世为然，古时亦然。然试问其是否在此呢？无疑地中国过去之制胜于邻邦外族，正有其经济因素在内。然说到经济，首在工商业，中国始终墨守其古朴的农业社会不变，素不擅发财。如何能归之于经济力量？

然则是否在军事和政治呢？当然，没有军事和政治的力量，中国是不会存在并且发展的。不过任人皆知，中国文化最富于和平精神；中国人且失之文弱。中国政治向主于消极无为；中国人且亦缺乏组织力。若竟说中国文化之力量，在于其军事及政治方面，似亦未得当。

[①] 中国疆土为四百三十万平方英里，或一千一百一十万平方公里，大于欧洲全土。战前日本帝国面积，约为我百分之六；只我东北四省几已倍之。中国人口，据中央研究院社会科学研究所二十二年估计，为四万三千万人，居全世界人口五分之一。

恰相反地，若就知识、经济、军事、政治，一一数来，不独非其所长，且毋宁都是他的短处。必须在这以外去想。但除此四者以外，还有什么称得起是强大力量呢？实又寻想不出。一面明明白白有无比之伟大力量，一面又的的确确指不出其力量竟在那里，岂非怪事！一面的的确确指不出其力量来，一面又明明白白见其力量伟大无比，真是怪哉！怪哉！

即此便当是中国文化一大特征——第四特征。几时我们解答了这个问题，大约于中国文化要义亦自洞达而无所疑。

如我们所习闻，世界上人看中国为一不可解之谜，这是自昔已然，而因此次抗战更又引起来的。特别在好学深思的学者间，一直没有改变。惜中国人身处局中，自然不易感觉到此，而浅薄的年轻人则更抹杀中国文化的特殊。著者往年（1930）曾为文指出两大古怪点，指引不肯用心的人去用心。两大古怪点是：

（一）历久不变的社会，停滞不进的文化；

（二）几乎没有宗教的人生。

现在即以此为第五及第六特征，稍说明于次。

先说关于宗教一点。中国文化内宗教之缺乏，中国人之远于宗教，自来为许多学者所同看到的。从十七八世纪，中国思想和其社会情状渐传到西洋时起，一般印象就是如此。直至最近，英国罗素（B.Russell）论中国传统文化有三特点[1]，还是说中国"以孔子伦理为准则而无宗教"，为其中之一。固然亦有人说中国是

---

[1] 罗素在其所著《中国之问题》一书中，论中国传统文化特点有三：（一）文字以符号构成，不用字母拼音；（二）以孔子伦理为准则而无宗教；（三）治国者为出考试而起之上人，非世袭之贵族。

多宗教的[①]；这看似相反，其实正好相发明。因为中国文化是统一的，今既说其宗教多而不一，不是证明它并不统一于一宗教了吗？不是证明宗教在那里面恰不居重要了吗？且宗教信仰贵乎专一，同一社会而不是同一宗教，最易引起冲突；但像欧洲以及世界各处历史上为宗教争端而演之无数惨剧与长期战祸，在中国独极少见。这里宗教虽多而能相安，甚至相安于一家之中，于一人之身。那么，其宗教意味不是亦就太稀薄了吗？

自西洋文化之东来，国人欲以西洋军备代替过中国军备，欲以西洋政治代替过中国政治，欲以西洋经济代替过中国经济，欲以西洋教育代替过中国教育……种种运动曾盛起而未有已；独少欲以西洋宗教代替中国宗教的盛大运动。此正为中国人缺乏宗教兴味，且以宗教在西洋亦已过时之故。然由此不发生比较讨论，而中国无宗教之可异，乃不为人所腾说，则是一件可惜的事。关于此问题，第六章将予讨论，这里更不多及。

次言中国文化停滞不进，社会历久鲜变一点。这涵括两问题在内：一是后两千年的中国，竟然不见进步之可怪；再一是从社会史上讲，竟难判断它是什么社会之可怪。因为讲社会史者都看人类社会自古迄今一步进一步，大致可分为几阶段；独中国那两千多年，却难于判它为某阶段。两问题自有分别，事情却是一件事情。兹分别举例以明之。

例如冯友兰氏述《中国哲学史》，上起周秦下至清末，只划分为两大阶段。自孔子到淮南王为"子学时代"，历史时间不

[①] 参看王治心编《中国宗教思想史大纲》，中华书局出版。

过四百余年，自董仲舒到康有为为"经学时代"，历史时间长及二千余年。即中国只有上古哲学及中古哲学，而没有近古哲学，因为近古时期所产生的哲学，和中古的还是没大分别；尽管二千多年之长，亦只可作一段算。西洋便不然。近古哲学中古哲学不唯产生时代不同，精神面目亦异。这是中国没有的。冯氏并申论：中国直至最近，无论任何方面皆尚在中古时代。中国在许多方面不及西洋，盖中国历史缺一近古时代，哲学方面特其一端而已。① 此即前一问题之提出。所谓中国历史缺一近古时代，是说历史时间入了近古，而中国文化各方面却还是中古那样子，没有走得出来，进一新阶段。这种停滞不进，远从西汉直至清末，首尾有两千年以上。

往时严几道先生所译西洋名著中，有英人甄克斯《社会通诠》一书，算是讲社会发展史的。大致说人类是由图腾社会而宗法社会，由宗法社会而军国社会；至于拂特（封建）则为宗法与军国间之闰位。严先生根据其说来看中国，第一便感觉到长期停滞之可怪。他在译序中说：

> 由唐虞以讫于周，中间二千余年，皆封建之时代，而所谓宗法，亦于此时最备。其圣人，宗法社会之圣人也；其制度典籍，宗法社会之制度典籍也。物穷则必变，商君、始皇帝、李斯起，而郡县封域，阡陌土田，燔诗书，坑儒士，其法欲国主而外，无咫尺之势。此迹其所为，非将转宗法之故，以为军国社会者欤？乃由秦以至于今，又二千余岁矣。

---

① 见冯友兰著《中国哲学史》第495页，商务印书馆出版。

> 君此土者不一家，其中之一治一乱常自若。独自今籀其政法，审其风俗，与其秀桀之民所言议思惟者，则犹然一宗法之民而已矣。然则，此一期之天演，其延缘不去，存于此土者，盖四千数百载而有余也。

其次，他便感觉到难于判断中国究在社会史上哪一阶段。他只能说：

> 夫支那固宗法之社会而渐入于军国者，综而核之，宗法居其七，而军国居其三。

此即后一问题之提出了。

后一问题之提出，实以民十七至二十二年之一期间最为热闹。有名之"中国社会史论战"即在此时，论战文章辑印至四巨册，而其余专著及散见者尚多。这是出于讲社会史的更有力的一派——马克思派之所为。盖当国民党军北伐之后，革命理论发生争执，要追问中国社会是什么社会，方可论定中国革命应该是什么革命。因为照马克思派的讲法，若是封建社会便当行资产阶级革命；若是资本社会便当行无产阶级革命。从乎前者，则资产阶级为革命主力；从乎后者，则资产阶级为革命对象。一出一入之间，可以变成相反的主张。又非徒作历史学问研究，而是要应用于现前实际，关系真是太大。但中国究竟是什么社会呢？却议论不一，谁都认不清。从遥远在莫斯科指挥中国革命的第三国际，直到国内的共产党国民党一切革命家，聚讼不休，以此分成壁垒，演为派别。于是《中国社会史的论战》编辑者王礼锡氏，就有这样说话：

> 自秦代至鸦片战争以前这一段历史，是中国社会形态发

展史中之一段谜的时代。这谜的一段，亦是最重要的一段。其所以重要者，是因为这一个时代有比较可征信的史料，可凭借来解答秦以前的历史；并且这是较接近现代的一段；不明了这一段，便无以凭借去解释现代社会的来踪。这一段历史既是把握中国历史的枢纽，却是这个时代延长到二千多年，为什么会有二三千年不变的社会？这是一个迷惑人的问题。多少中外研究历史的学者，迷惘在这历史的泥坑！[1]
论者既不易判定其为什么社会，则谲诡其词，强为生解，如云"变质的封建社会""半封建""前资本主义时代""封建制度不存在而封建势力犹存"……种种不一而足。更有些学者（苏联的及中国的），如马扎尔（Madjer）、柯金（Kokin）等，则引据马克思曾有"亚细亚生产方法"一说，以东方社会（印度、中国等）为特殊之例。中国在近百年前，没有受西洋资本主义影响之整个时期皆属于此。[2] 而所谓东方社会，则长期停滞不前，固为其特色之一。

再则，中国的家族制度在其全部文化中所处地位之重要，及其根深柢固，亦是世界闻名的。中国老话有"国之本在家"及"积家而成国"之说；在法制上，明认家为组织单位。[3] 中国所以至今被人目之为宗法社会者，亦即在此。研究中国法制史者说：

　　从来中国社会组织，轻个人而重家族，先家族而后国

---

[1] 见王礼锡作《中国社会形态发展史之谜的时代》一文，《中国社会史的论战》第三辑，上海神州国光社出版。
[2] 参看岑纪译、柯金著《中国古代社会》，黎明书局出版。
[3] 见陈顾远著《中国法制史》第74页，商务印书馆出版。

家。轻个人，故欧西之自由主义遂莫能彰；后国家，故近代之国家主义遂非所风习。……是以家族本位为中国社会特色之一。（陈顾远著《中国法制史》，第63页）

研究中国民族性者说：

> 中国与西方有一根本不同点：西方认个人与社会为两对立之本体，而在中国则以家族为社会生活的重心，消纳了这两方对立的形势。（庄泽宣著《民族性与教育》，第560页）

凡此所说，大致都是很对的。而言之深切善巧者，又莫如卢作孚先生：

> 家庭生活是中国人第一重的社会生活；亲戚邻里朋友等关系是中国人第二重的社会生活。这两重社会生活，集中了中国人的要求，范围了中国人的活动，规定了其社会的道德条件和政治上的法律制度。（中略）人每责备中国人只知有家庭，不知有社会；实则中国人除了家庭，没有社会。就农业言，一个农业经营是一个家庭。就商业言，外面是商店，里面就是家庭。就工业言，一个家庭里安了几部织机，便是工厂。就教育言，旧时教散馆是在自己家庭里，教专馆是在人家家庭里。就政治言，一个衙门往往就是一个家庭；一个官吏来了，就是一个家长来了。（中略）人从降生到老死的时候，脱离不了家庭生活，尤其脱离不了家庭的相互依赖。你可以没有职业，然而不可以没有家庭。你的衣食住都供给于家庭当中。你病了，家庭便是医院，家人便是看护。你是家庭培育大的，你老了，只有家庭养你，你死了，只有家庭替你办丧事。家庭亦许依赖你成功，家庭欲亦帮助你成功。

你须用尽力量去维持经营你的家庭。你须为它增加财富,你须为它提高地位。不但你的家庭这样仰望于你,社会众人亦是以你的家庭兴败为奖惩。最好是你能兴家;其次是你能管家;最叹息的是不幸而败家。家庭是这样整个包围了你,你万万不能摆脱。(中略)家庭生活的依赖关系这样强有力,有了它常常可以破坏其他社会关系,至少是中间一层障壁。(卢作孚著《中国的建设问题与人的训练》,生活书店出版)

我们即以此列为第七特征。

就吾人闻见所及,一般谈到中国文化而目为可怪者,其事尚多多。例如中国开化既早,远在汉唐,文化已极高,学术甚富,而卒未产生科学,即一可怪之事。

中国人自古在物质方面的发明与发见,原是很多。在十六世纪以前的西洋,正多得力于中国这些发明之传过去。举其著者,如(一)罗盘针(二)火药(三)钞票(四)活字版印刷术(五)算盘等皆是,而(六)造纸尤其重要。威尔斯在其《历史大纲》第三十四章第四节 How Paper Liberated the Humen Mind 说得最明白:他以为欧洲文艺复兴,可以说是完全得力于中国造纸之传入。还有铁之冶炼,据说亦是中国先发明的。从这类事情说去,物质科学便在中国应该可以产生出来,何以竟不然?

《史记·扁鹊仓公列传》,曾说到古时俞跗的人体解剖术。《后汉书·华陀传》更清楚地说:

> 针药所不能及者,乃令先以酒服麻沸散,既醉无所觉,因刳破腹背,割积聚。若在肠胃则断截湔洗,除去疾秽,既而缝合,敷以神膏,四五日创愈,一月之间皆平复。

这明明是实地勘验的科学家之所为,如其还不够科学,也是科学所从出了。何以后世医家转不见有这事,而全部归入一套玄学观念的运用。

论理和数理,都是科学的根基。这种学问的发达与进步,都和其他自然科学社会科学之进步发达相应不离。中国讲论理在周秦之际百家争鸣的时候,倒还有些;后来竟无人讲起。算术虽不断有人讲,亦曾造于很高进步;但终不发达,而且后来亦鲜进步,甚至于失传。例如南北朝时候南齐人祖冲之的圆周率,据说"为第五世纪世界最精者,其时印度欧西皆所不及,足以睥睨天下"(见茅以昇先生《中国圆周率略史》一文,载《科学》杂志,第三卷第四期)。他的创见,据说"在西洋1573年德人Valentin Otto 始论及之,后于我一千年有余"(见李俨著《中国算学史》)。尽你如此高明,无奈空间上不能推广发达,时间上不能继续进步,亦就完了。类此退而不进的现象,当然是中国不能有科学成功之由来;但缘何有此现象,我们不能不怪而问之。

总上所说,中国学术不向着科学前进这一问题,我们列为第八特征。

继此又应指出民主、自由、平等一类观念要求,及其形诸法制如欧洲所有者,始终不见于中国,亦事属可异。自由一词,在欧洲人是那样明白确实,是那般宝贵珍重,又且是口中笔下行常日用不离;乃在中国竟无现成词语适与相当,可以翻译出来。最初传入中土,经严几道先生译成"自繇"二字,其后乃以"自由"二字沿用下来。张东荪先生近著《理性与民主》一书,其第五章论"自由与民主"有云:"我敢说中国自古即无西方那样的自由观念。……"他费许多研究证明中国只有"无人而不自得"的"自得"一词,似略可相当;此外便没有了。试问:若非两方社会构造迥异,何致彼此心思头脑如此不能相应?我们不能说这恰证明中国过去是封建社会,封建文化中当然没有近代之自由观念。西方自由观念更古之渊源不说,当中世纪人们向贵族领主以武力争取或和平购买自由,即成立了不知多少之宪章及契约,固非忽然出现于近代者。

况且中国若属封建社会,封建社会的人求自由如饥渴,则当清季西洋近代潮流传来,便应踊跃欢喜于解放之到临,何以中国人的反应竟大不然。严几道先生曾形容那时中国人"闻西哲平等自由之说,常口呿舌矫,骇然不悟其义之所终"[①]。我在《东西文化及其哲学》中,亦说过:

> 权利、自由这类观念,不但是中国人心目中从来所没有的,并且是至今看了不得其解的。……他对于西方人之要求自由,总怀两种态度:一种是淡漠得很,不懂要这个作什么;一种是吃惊得很,以为这岂不乱天下!

不唯当时一般人如此,尤可注意者,即翻译介绍自由主义之严先生〔小穆勒(J. S. Mill)《自由论》(*On Liberty*),严译《群己权界论》〕竟亦说"小己自由尚非急务"的话。且不唯维新派如此,即在中国革命唯一先导的孙中山先生的意见,亦竟相同。他还嫌中国人自由太多,而要打破个人自由,结成坚固团体。[②] 这

[①] 严复译、孟德斯鸠著《法意》第十九卷第十七章,商务印书馆出版。
[②] 见孙中山先生讲三民主义之民权主义中。

些意见之正确与否,非这里所及论;但至少可以证明自由之要求在历史上始终没有被提出过,足证中国社会之出奇。平等与民主二词亦非中国人所习用者;但平等精神民主精神,在中国却不感生疏。此其证据甚多,参看梁任公《先秦政治思想史》等书可得其概,不烦枚举。大约在古代,则孟子所发挥最明澈不过,如"民为贵,社稷次之,君为轻""君之视臣如草芥,则臣视君如寇雠""闻诛一夫纣矣,未闻弑君也"等。其在近世,则黄梨洲《明夷待访录》所发挥,更痛快透辟。因此,孟子就曾被撤废祀典,而《明夷待访录》则被清季革命党人大量翻印传播,以掀起革命思潮。虽然如此,却要晓得其所发挥仅至民有(of the people)与民享(for the people)之意思而止,而民治(by the people)之制度或办法,则始终不见有人提到过。更确切地说:中国人亦曾为实现民有民享而求些办法设些制度,但其办法制度,却总没想到人民可以自己做主支配这方面来,如举行投票表决,或代议制等。一时没想到犹可说,何以始终总想不到此?这便是最奇怪之处。若并民有民享意思而无之,根本相远犹可说,很早很早就已接近,却又始终逗不拢。假如不是两方社会构造迥殊,何致彼此心思头脑又如此不能相应呢?有人说:中国社会中国政治未尝反民主或不民主,只不过是民主之另一方式,西洋的叫作"德谟克拉西",这便可叫作"德谟克拉东"——此为十余年前林砺儒先生对我讲的话。虽云笑谈,亦可见中国社会之特殊,有识者大致都觉察到。

我们即以民主、自由、平等一类要求不见提出,及其法制之不见形成,为中国文化第九特征。然而合第八第九两特征而观之，科学与民主之不出现，正又不外前述第五特征所谓中国只有中古史而无近代史，文化停滞那一问题。所以这些特征分别来说亦可，归并起来亦可。如此可分可合之例，是很多的，以后仍要叙到。

当 1944 年美国华莱士副总统来中国游成都时，发表有《中国民主的前途》一文，译载于 6 月 26 日成都各报。文中指称中国原是西方民主政治的主要鼓励者，而且是间接的创造者。最初领导革命并建立立宪政府的美国人，其思想与行动的基础为西方政治思想家所奠定；而西方政治思想却是受到中国有力的启发。惜普通人不留心这段西洋史，当时对于他的话不免感到茫然。这是指欧洲十七八世纪的事情而说，那时欧洲人正是倾倒于中国文化的。读者取朱谦之著《中国思想对于欧洲文化之影响》一书，检看"启蒙运动与中国文化""中国哲学与法国革命""中国哲学与德国革命"各章可得其略。

现在我们且试看彼时欧洲人眼中所见中国文化之特点是什么。彼时欧洲人所醉心于中国者，固不止一方面；而中国的社会与政治，发生之刺激作用最大。在此社会与政治方面最引他们注意者，约为下列几点：

（一）政治之根本法则与伦理道德相结合，二者一致而不分，而伦理学与政治学终之为同一的学问——这是世界所知之唯一国家。

（二）此政治与伦理的共同基础，在于中国人所称之"天理天则"，理性于是对于君主的权利发生了不可思议的效果。

（三）他们看中国所谓天理天则，恰便是他们所说的"自然法",因而相信中国之文物制度亦与自然同其悠久而不变。

融国家与社会人伦之中,纳政治与礼俗教化之中,而以道德统括文化,或至少是在全部文化中道德气氛特重,确为中国的事实。"伦理学与政治学终之为同一的学问",于儒家观念一语道着。孟德斯鸠著《法意》,论及中国文物制度而使译者严先生不能不"低首下心服其伟识"者在此。梁任公先生著《先秦政治思想史》所为提出"德治主义""礼治主义"等名词者在此。其文甚繁,不去征引。我们再只要举征一件事——

法学家谈世界法系,或列举十六系九系八系,或至少三系四系,而通常则曰世界五大法系。不论是多是少,总之中国法系却必占一位置。这不止为中国法系势力所被之广大,更为中国法系崭然独立自具特彩。其特殊之点,据说是:

(一)建国之基础以道德礼教伦常,而不以法律;故法律仅立于补助地位。……

(二)立法之根据以道德礼教伦常,而不以权利。各国法律在保障人权,民法则以物权债权为先,而亲族继承次之。此法律建筑于权利之上也,我国则反是(以义务不以权利)。……

(三)法律即立于辅助道德礼教伦常之地位,故其法常简,常历久不变(从汉代以迄清末不变)。……①

说至此,我们尽可确言道德气氛特重为中国文化之一大特征。——我们列它为第十特征。

然而我们若回想前列第六特征——中国缺乏宗教——则将恍

---

① 见杨鸿烈著《中国法律思想史》第一章导言中,商务印书馆出版。

然第十第六两点，实为一事；不过一为其正面，一为其负面耳。即宗教缺乏为负面，道德特重为正面，又大可以归并起来。不过在进行研究上，分别亦有分别的好处。

第九特征第十特征，其内容皆涉及政治。因而使我们联想到中国人的国家。从前中国人是以天下观念代替国家观念的。他念念只祝望"天下太平"，从来不曾想什么"国家富强"。这与欧洲人全然两副头脑，虽不无古人伟大理想作用于其间，但它却是反映着二千年来的事实的。此事实之造成，或由于地理上容易形成大一统之局，又历史上除短时期外缺乏国际间的竞争，以及其他等等，此时尚难深究其故。总之，事实上中国非一般国家类型中之一国家，而是超国家类型的。自来欧美日本学者，颇有人见到此点，而在国内亦曾有人指出过。

德国奥本海默（Feranz Oppenheimer）的名著《国家论》，是从社会学来讲国家之发生和发展以至其将来的。他认为其将来趋势，要成为一种"自由市民团体"。那时，将无国家而只有社会。但中国从他看来，却早就近于他所谓自由市民团体了。①

友人陈嘉异先生在民十九年写给我的信，曾有下面一段话：

> 罗素（B. Russell）初至中国在上海演说时，即有冷隽之语曰"中国实为一文化体而非国家"。不佞骤睹此惊人之句，即默而识之，以为罗素眼光何深锐至此！其后，泛观欧西学者论吾国文化之书，始知此语已有先罗素而道之者。（见《村治月刊》，一卷一期）

---

① 参看陶希圣译、奥本海默著《国家论》第92页及第208页，新生命书局出版。

其后大约在民二十三年美国社会学家派克（Robert E. Park）在燕京大学讲学一年，临末出一集刊，亦见有类似的话。大意亦言中国不是一国家，而实为一大文化社会，如同欧西之为一大文化社会者然。

日本宿学长谷川如是闲，则说过一句妙语：

> 近代的英国人，以国家为"必要之恶"（necessary evil）；中国人自二千年之古昔，却早把国家当作"不必要之恶"了。（《东西学者之中国革命论》第152页，新生命书局版）

清华大学史学教授雷海宗先生，于其著作中则说：

> 二千年来的中国，只能说是一个庞大的社会，一个具有松散政治形态的大文化区，与战国七雄或近代西洋列国，决然不同。

他以为大家族制诚然是中国社会一牢固的安定力，使得它经过无数大小变乱仍不解体；然而却是与国家根本不并立的。中国自春秋以后，宗法衰落，乃见国家雏形；战国七雄始为真统一完备的国家；到汉代家族复盛，又不成一个国家了。①

近则又有罗梦册先生著《中国论》一书，强调中国为"天下国"。他说中国一面有其天下性，一面又有其国家性，所以是"天下国"。一民族自治其族者，为族国（民族国家）；一民族统治他民族者，为帝国；一民族领袖他族以求共治者，为天下国。天下国超族国而反帝国，是国家之进步的形式，亦或许是最进步的形式（他似以苏联属于此式）。凡以为中国"还不是一个国家"

---

① 见雷海宗著《中国文化与中国的兵》之"中国的家族"一篇，商务印书馆出版。

者，大错误；它乃是走得太远了，超过去了。①

关于此问题，我们后面要讨论，这里不再多叙。以上各家说法自必各有其所见，而其认定中国为一特殊之事，不属普通国家类型，却相同。我们即以此列为中国文化第十一特征。

上面提到的雷海宗先生，有《中国文化与中国的兵》一书出版。他根据历史，指出中国自东汉以降为无兵的文化。其所谓无兵的，是说只有流氓当兵，兵匪不分，军民互相仇视，或因无兵可用而利用异族外兵，那种变态局面。有兵的正常局面，大致分两种：一种是兵与民分，兵为社会上级专业，此即古之封建社会；一种是兵民合一，全国皆兵，近代国家类多如此。中国历史上这两种局面都曾有过，但后世却没有了，中国之积弱在此。虽然颇有人否认其说，但我们感觉亦值得注意研究。我们列它为第十二特征。

往年历史学教授钱穆先生曾有一论文，称中国文化为"孝的文化"。② 近则哲学教授谢幼伟先生，又有《孝与中国文化》一书出版。他强调说：

中国文化在某一意义上，可谓为"孝的文化"。孝在中国文化上作用至大，地位至高；谈中国文化而忽视孝，即非于中国文化真有所知。（谢幼伟著《孝与中国文化》，青年军出版社出版）

他于是从道德、宗教、政治各方面，分别加以论证以成其说，此

---

① 见罗梦册著《中国论》，商务印书馆出版。
② 三十年十一月重庆《大公报·星期论文》。

不征引。此书与前面雷氏一书,皆是些散篇论文之汇印本;可惜非系统的著作,殊不足以发挥这两大论题。然其问题之提出,总是有意思的。我们列它为中国文化第十三特征。

又有蒋星煜先生著《中国隐士与中国文化》一书出版。他指出"隐士"这一名词和它所代表的一类人物,是中国社会的特产;而中国隐士的风格和意境,亦决非欧美人所能了解。虽在人数上他们占极少数;然而中国的隐士与中国的文化却有相当关系。这些话不无是处,惜原书皆未能认真地予以论证发挥。我们今取它为第十四特征,而研究之。

如上之例,再去寻取一些特征,还可以有,但我们姑止于此了。

四、参考佐证的资料

在我们研究进程中,我们将以民族品性的优点及劣点,为参考佐证的资料。优点劣点有时不可分,我们亦非注意其优劣。不过通常被人指说时,总为其特优或殊劣而后引起来说它,正确地说就是特殊之点。民族品性上这些特殊之点,大多是由民族文化陶铸而成。所以最好用它来为论究文化之佐助,由因果印证而事理益彰。现在国内留心研究民族品性的,有两位先生:一位是从优生学上来用心的潘光旦先生,著有《民族特性与民族卫生》《人文史观》等书;一位是从教育学上来用心的庄泽宣先生,著有《民族性与教育》一巨册。两位都曾把外国人对中国人之种种看法(从体质到心理),加以搜集,供给我们不少资料。尤以庄著搜讨极勤,除罗列西洋人日本人中国人许多人士种种著作议论外,并就中国戏剧、小说、神话、谜语、谚语、格言、联语、歌谣等分析取征。有此一书,不啻得到许多书。又当日寇侵占华北欲继续征服中国时,曾作《支那人心理之研究》,印行些小册,供给其来华士兵及侨民之用,其中叙述亦系根据其多年经验体会之所得;于敌人深心之中,我们大足以自镜。此外坊间有内山完造、原惣兵卫、渡边秀方等各家著作之译本。①虽其意见已为庄著及敌寇小册所摘取,然原书仍值一阅。

今综合各方之所见,得其比较公认的特点约如下:

(一)自私自利 此指身家念重、不讲公德、一盘散沙、不能合作、缺乏组织能力,对国家及公共团体缺乏责任感,徇私废公及贪私等。

(二)勤俭 此指习性勤俭、刻苦耐劳、孜孜不倦、好节省以至于吝啬、极有实利主义实用主义之精神等。

(三)爱讲礼貌 此一面指繁文缛节、虚情客套、重形式,爱面子以至于欺伪;一面亦指宁牺牲实利而要面子,为争一口气而倾家荡产等。

(四)和平文弱 此指温顺和平、耻于用暴、重文轻武、文雅而不免纤弱、特喜调和妥协;中庸及均衡、不为已甚、适可而止等。

(五)知足自得 此指知足安命,有自得之趣,贫而乐、贫而无怨、安分守己、尽人事听天命、恬淡而爱好自然风景、不矜尚权力、少以人力胜天之想等。

(六)守旧 此指好古薄今、因袭苟安、极少进取冒险精神、安土重迁、一动不如一静等。

(七)马虎(模糊) 此指马虎优侗、不求精确、不重视时间、不讲数字、敷衍因循、不彻底、不大分彼此、没有一定规律等。

---

① 内山完造著《一个日本人的中国观》,尤炳圻有译本。渡边秀方著《中国国民性论》,高明译本,北新书局出版。原惣兵卫著《中国民族性之解剖》,吴藻溪有译本。

（八）坚忍及残忍　残忍指对人或对物缺乏同情；此最为西洋人所指斥谴责者。坚忍则谓自己能忍耐至甚高之程度。克己、自勉、忍辱、吃亏等皆属于此。对外对内两面实亦相连之事。

（九）韧性及弹性　韧性止于牢韧，弹性则并有弹力。此不独于其个人生命见之，全民族全历史恰亦证明如此。此不独其心理精神方面为然，于其体质及生理现象亦证明如此。因有"温炖汤""牛皮糖"等称喻。

（十）圆熟老到　此盖为中国民族品性之总括的特征，故列以为殿。其涵义有：悠悠然不慌不忙，稳健、老成持重、心眼多、有分寸、近情近理、不偏不倚、不露圭角而具有最大之适应性及潜力。

上来十点，约得其要。这既是中国文化所结之果，在我们论究中国文化要义时，应当把它本原都予抉通，要于其本末因果之间没有不洽不贯之处才行。

再则，我们的研究大体以社会人生为主，于外照顾未能周遍。例如中国语言文字之特殊，世界所重视，其为中国文化一大成分自无疑义。但著者自愧外行，却不敢加以论列。此外如文学，如逻辑，如哲学，如音乐，如绘画，雕刻、陶瓷、宫室建筑、园林布置，如医药，如体育拳术，如农业工业，以至种种方面，中国亦莫不自有其特殊之点。所有这些不同方面之许多不一类的特点，必与此所论究之社会人生的特点，皆有其骨子里相通之处。论起来，这些都是我们参考佐证的资料。假若都拿来互资印证，互相发明，必更可大有所悟，必于中国文化要义更见之的真。惜乎难得这样博学而无所不通的通人，大约是要靠群策群力，作集体研究来完成了。

总而言之，我相信全部中国文化是一个整体（至少其各部门各方面相联贯）。它为中国人所享用，亦出于中国人之所创造，复转而陶铸了中国人。它有许多许多特征，被世人指目而数说。这些特征究所从来，一一皆是难题，然而我企图解答这些难题——所有难题，我都想要解答。不但此，我并想寻得其总根源，以一个根本理由解答之。这本书即一初步之尝试。

第二章 从中国人的家说起

一、冯友兰氏的解释

我们于前章所列举中国文化十四特征中,可以从任一点入手,来进行研究。现在就以中国人的家在其社会组织中实际生活中之特见重要(第七特征),这一点上起始走。

家庭在中国人生活里关系特见重要,尽人皆知;与西洋人对照,尤觉显然。现在就是要追问其所以然之故。冯友兰先生近著《新世论》一书,有"说家国""谈儿女"等篇,似在解答此问题。他大致是本于唯物史观,以一方在产业革命前,一方在产业革命后,彼此生产方法不同来解释的。他先阐明:凡未经过产业革命的地方,无论这地方是东是西,生产方法在某一阶段内,都是以家为本位;是即谓之生产家庭化。在经过产业革命的地方,主要是用机器生产,即打破了以家为本位的生产方法,而是以社会本位行其生产;是即谓之生产社会化。于是他就说:

> 在生产家庭化的社会里,人之依靠社会是间接的。其所直接依靠以生存者,是其家。但在生产社会化的社会里,社会化的生产方法打破了家的范围。人之所直接依靠以生存者,并不是家,而是社会。

他随着又强调这是两套不同的文化:

在某种生产方法之下，社会必须有某种组织，人必须有某种行为。对于人此种行为之规定，即是道德。（中略）生产方法不是人所能随意采用者，因为用某种生产方法，必须用某种生产工具。如某种生产工具尚未发明，则即不能用某种生产方法，人亦不知有某种生产方法。所以生产方法随着生产工具而定，社会组织随着生产方法而定，道德随着社会组织而定。生产方法不是人所能随意采用者，所以社会组织及道德亦不是人所能随意采用者。

有以家为本位的生产方法，即有以家为本位的生产制度。有以家为本位的生产制度，即有以家为本位的社会制度。在以家为本位的社会制度中，所有一切的社会组织均以家为中心。所有一切人与人的关系，都须套在家的关系中。在旧日所谓五伦中，君臣、父子、夫妇、兄弟、朋友，关于家的伦已占其三。其余二伦，虽不是关于家者，而其内容亦以关于家的伦类推之。如拟君于父，拟朋友于兄弟。

（上略）我们可以说，所谓产业革命者，即以以社会为本位的生产方法替代以家为本位的生产方法，以以社会为本位的生产制度替代以家为本位的生产制度。（中略）因此，在经过产业革命的社会里，一个人不能在他家内谋生，他必须离了他的家去谋生。因此他的行动，即不能以家为本位，亦不必以家为本位。民初人对于这一点完全不了解，以为人可以随所意欲，愿行什么社会制度即行什么社会制度。对于中国人之以家为一切的出发点集中点，他们特加攻击，认为此是中国人的大短处大坏处。他们不知道，凡是在生产家庭

> 化的社会中的人，都是如此。这亦不是什么短处坏处；这是生产家庭化的社会所需要；这是生产家庭化的社会的制度，民初人不知将一套制度作一整个看，而只枝枝节节，看见不合乎他们的成见者，即指为不合。（下略）

当然地，在他看这两套文化，恰是一古一今，并非什么中西不同；中国今天正处在如何转入现代化之一过渡时代中。此即在前章所曾征引过的卢作孚先生书中，其见解亦复差不多。不过他没有用"生产家庭化""生产社会化"这种名词。他只解释说：

> 因为农业民族的经济单位，非常简单；简单到一个经济单位，只需要一个家庭。所以农业民族的社会生活，就是家庭生活。纵然有时超越了家庭范围，然而亦是家庭关系扩大的。

其所谓农业，是指旧日未曾工业化的农业，未曾现代化的农业而言；所以意思上都是差不多的。

二、反证冯说未尽是

冯卢两位的见解，自有一部分是处，且亦代表了时下一般人的见解。我们应予检讨者——

中国人特重家庭伦理，蔚成家族制度，虽相沿自古，但各时各地亦有变化不同。例如战国时代就有相当变动，特别是商鞅变法的秦国。据史书所载：

> 商君遗礼义，弃仁恩，并心于进取，行之二岁，秦俗日败。故秦人有子，家富子壮则出分，家贫子壮则出赘。父借耰锄，虑有德色。母取箕帚，立而谇语。抱哺其子，与公并踞。妇姑不相悦，则反唇而相稽。其慈子嗜利，不同禽兽者亡几耳。然并心而赴时，犹曰蹶六国兼天下，功成求得矣。（见《汉书·贾谊传》）

> 民有二男以上，不分异者，倍其赋。（见《史记·商君列传》）

> 令民父子兄弟同室内息者为禁。（同上）

当时商君的意思，是站在国家立场，实行军国主义，奖励耕战，用以对外。所以必要打破家族，而使个人直接国家。关于这一

点，证据甚多。例如他实行一种户籍法：①

  四境之内，丈夫女子皆有名于上，生者著，死者削。（见《商君书·境内篇》）

  举民众口数，生者著，死者削。（见《去疆篇》）

  以商之口数使商，令之厮舆徒重者必当名。（见《垦令篇》）

还有其他类乎后世保甲法者，类乎后世兵役法者，种种组织民众的办法，此不具引。看所谓商君作法自毙的"舍人无验者坐之"一句，似乎还有国民身份证之一物：其《农战篇》中固说："凡治国者患民之散而不可抟也，是以圣人作壹，抟之也"；又说明要"抟"才可以"强"。总之，无非是国家要直接掌握其人民。其势便不容家庭家族在中间横梗、牵掣而弛散其组织关系。明眼人当可看出，在欧洲亦正是这种情形；或说，这种情形正是欧洲的情形。生产工具生产方法之进步，绝不是使家庭家族解体的唯一因素。当时秦国的生产工具生产方法有无改进，现已无从详考，谁亦说不清。在我想冯先生怕亦不会固执地说，当时必然有改进的话罢！经济诚然可说是一切上层建筑（道德法制等）的基础；但必谓一切上层建筑都是被决定的，则亦不然。即如秦国当时，怕正是倒过来由上层建筑（新法）而促进其经济起大变化罢。

  再举第二个例。欧洲的瑞士于1907年新颁民法，颇重家庭

---

① 据陈启天著《商鞅评传》中说：世界历史上首先实行户籍法的国家，要推中国；中国首先创行户籍法的人即是商君。此话未知其可信否，故未以入吾文。陈启天著，商务印书馆出版。

制度。① 在其第三三一条以下，特置家权一节，其最重要为家产共有，且于亲权之外并立家长权。但我们却不晓得瑞士到这二十世纪来了，是不是还未曾经过产业革命呢？

还有第三个例是苏联。由于我平素爱留心之故，使我觉察近年苏联，在妇女问题上婚姻问题上家庭问题上是有变化了。在我手册所记下的，有下列各材料为证——

（一）1939年2月24日《大陆报》载《莫斯科的转变》一文（据《西风》节译），是新到过苏京的人所作报道。其第四条有云：家庭生活的重要性亦恢复了。十年前口号是"国家是最好的儿童保护人"，而今则莫斯科公立学校校长却公然对人说："儿童的教导者实在是家长而非学校。"

（二）1943年2月22日桂林《大公报》载一长篇关于苏联的报道，有这样的话：给人以深刻印象的，是清教徒式婚姻看法的恢复。离婚虽仍属可能，却并不容易了。工人农人中离婚者，更属绝无仅有。家庭又成了根深蒂固的组织，被认为民族生命的基石。

（三）1944年3月5日《纽约前锋论坛报》载苏联中央委员奥罗加·米希可娃访问记一篇，经张君劢夫人王释因女士译出，刊在重庆《民宪》第一卷第二期上，并附志了一段话："记得1932年我从德国回来，怀着思亲念子心情，经过莫斯科，看到最新典型的俄国妇女，又看到一切家庭社会化的机关，如托儿所、

---

① 瑞士之看重家庭制度，自必有其积极理由，我们还不清楚。在消极一面，亦许为瑞士是一永久中立国，不需行军国主义，时刻准备对外，有如商鞅在秦之所为罢。

如公共食堂等，给我精神上一种新刺激，使我起了莫名的怅惘。我觉得如果人类理想，单是社会主义与个人主义两个极端的发展，那么苏联社会制度之完全实现，即是人类生活之极端集体化与机械化，由于家庭制度之废除，将使人类天性之爱，夫妇亲子之情，皆不复存在；而人群生活之冷酷将不可以想象。"（下略）但事实没有如王女士所顾虑那样演下去，苏联终于转变了。那篇苏联女中央委员访问记，主要叙述苏联把女子教育和男子教育从小学到大学彻底分开。这是战前所决定者，虽德人侵苏，在战争中还要实行。米希可娃说："女人毕竟是一个女人。我们以前忽略了对女子所应有的特别教育，即她们如何成为贤妻良母所需要的教育。"

试问苏联这种转变——初时家庭几于可废，入后家庭制度又被看重而巩固起来——如冯先生之说，将又是随着其生产工具生产方法有什么更不同的变动而来呢？不待言，而知其不然了。

从上三个事例（秦、瑞士、苏联）来看，冯说之未尽是既甚明白。家庭在中国人生活里之所以特重，亦就非"生产家庭化"单这一点所能解释了。除此之外，冯卢两位还有一种错误。如卢说：农业的经济单位，非常简单；简单到一个单位只需要一个家庭。如冯说：生产家庭化的社会里，家是一个经济单位。它固亦不能离开别的经济单位（家）而存在，而可以彼此有种种关系，但不能融为一体。他们两位恰是以中国这样一家一家的小农小工小商，误会为中古经济之一般的方式。不知道事实恰相反，像中国这样情形实为世界他方所稀有。关于此层，看后面几章便明白。

三、文化之形成及其个性

中国一直是一个没有经过产业革命的农业社会；中国传统的风教礼俗，无疑地自要与它相适应。尤其有见于二千年文化颇少变革，更不难推想其间（经济基础与其上层建筑之间）相互适应已达于高度，上下左右扣合紧密。但我们没有理由可以遂行论断一切中国风教礼俗，就为这种经济所决定而形成。相反地，说不定中国生产工具生产方法二千余年之久而不得前进于产业革命，却正为受了其风教礼俗的影响。——此层随后可以谈到。

经济为人生基本之事，谁亦莫能外，则在全部文化中其影响势力之大，自不难想见。随着社会经济的变迁，而家庭制度不得不变，固亦人所共见之事实。但仍不能说它在文化中片面具有决定力。霍布豪斯（L.T. Hobhouse）著《简单民族中的物质文化与社会制度》一书，曾想设法求出社会制度和物质文化间的相关系数来，结果是相关系数并不大。民族学上的材料，显出文化的各部间可以有各种不同配合，其例不胜枚举。[1] 黄文山先生在其文

---

[1] 此据费孝通译、乌格朋（W.F.Ogburn）著《社会变迁》，商务印书馆出版。

化学（Culturology）建设论中[①]，引有吴景超先生的三句话：

（一）同样的生产方式，在不同时间与空间内，与不同的制度及思想并存；

（二）文化中别的部分有变动，而在其先找不到生产方式有何变动；

（三）在不同的生产方式之下，却找到相同的制度及思想。

黄先生又引人类学权威鲍亚士（Franz Boas）的话，指出"经济条件无疑地比地理条件与文化间之关系较密切，因为经济即构成文化之一部分；然它不是唯一决定者，它一方决定，一方被决定"。就在马克思、恩格斯，虽创为唯物史观，其持论亦并不如流俗所传那样。根据恩格斯给布洛赫的信（1890年9月），即明白指斥如以经济为唯一决定因素即属荒唐；而肯定经济虽为根基，但其上层建筑如政治宗教等一切，亦同样地在历史过程中，有着他们的作用；而且亦影响于经济，有着一种交互作用。假如是这样的话，那么，彼此间意见亦无甚不同。

经济不止无片面决定力，而且其势力将随着历史发展而渐减。我们可引杜根·巴兰努夫斯基（Tugan Baranovski）的话于下：

> 社会进化之初，社会一切生活与经济全然结合。（下略）社会进化渐高，社会行动便渐渐独立发达，放射线渐渐远离中心而行。要之，社会生活所造成之社会行动，很像一把梯子，其最下级全由直接生活的生产而成。升到高级，则经济的劳动对于各种社会行动之整体，其任务即渐渐减弱。因为

[①] 见黄文山著《文化学论文集》，中国文化学学会在广州印行版。

满足高等欲望之行动，不大靠着经济的劳动。所以高等社会行动即有脱离经济而独立的意义，而不能认为受经济支配的产物，或是经济单纯的反射。历史之进步，其意义正是人类的精神化之进步；是人类生活重心点，由维持下等生活之欲望，而移于高等精神之欲望。

费孝通译、乌格朋著《社会变迁》一书上说：文化中有几部分相互间有密切关联，亦有几部分较为独立些。"非物质文化"中比较密切适应于物质文化之一部分，可抽出来称之为"适应文化"（adaptive culture）。当物质文化变迁时，它应即随之而变。但其变迁亦不一定能同时，有的时候落后甚久。且此种落后，正可说是一现代问题。——这又是从另一面来说了。然而其告诉不要作机械的看法则无不同。

米勒利尔（F. Müller-Lyer）《社会进化史》上说："文化的原动力，显然在人的自身。"这因为文化中之一切，罔非出于人的发明与创造。而发明呢，经他胪陈许多事例之后，他结束说：

> 我们无论从哪方面考察发明的历史，都可以知道发明显然不是因为必要才有的。必要可以强迫人勤劳，但要闲暇才可以引起人的发明，发明不是像订货物一样，可以予定的。[①]

他又说："人的发明天才，不过就是其游戏本能。"我早在《东西文化及其哲学》上亦曾说过"文化这东西，点点俱是天才的创作，偶然的奇想；只有前后左右的缘，而没有因"。但我们初不否认必要与人之发明创造大有关系。必要会吸引人的注意力，让

[①] 米勒利尔著《社会进化史》第四卷第二章，陶孟和译本，商务印书馆出版。

这地方可有较多发明创造的机会；它又可以使那些似不相干的发明创造引用到这地方来而发扬之，不致被湮没掉。这都是许多发明创造往往随着必要而来的缘故。

却是我们不要以为文化就是应于人们生活所必要而来的——这是第一。必要亦不是客观的——这是第二。更不可把必要局限在经济这范围——这是第三。一切机械观所犯错误大抵不出此三点。明白这负面的三句话，而后再理会其正面原有的关系，自不落于机械观，方为善巧。

文化之形成，既非一元的，非机械的，因此所以各处文化便各有其个性。日本关荣吉著《文化社会学》一书，其全书的主张和立场，就是要以国民性、阶级性、时代性，去理解各个类型文化，而后于人类文化乃可得其正确的理解。我此处所云个性，盖相当于他所说之国民性。在他书内，曾就近代文化中之德谟克拉西，而指证英国人德国人法国人苏联人之间如何如何不相同。[①]此即他所谓国民性，我所谓个性之表见。请看今天战后世界，哪一国家不厌倦战争，谁个民族不相信民主？而卒之难得和合，深感龃龉，岂不为彼此文化间差异为之梗。而此文化差异，并不是文化程度问题，却是在文化个性上。关氏又指出此文化国民性之形成，其源于自然环境者固有之，但不足十分重视。譬如四面受海的包围，是英国和日本之所同；但当英国早已在海上称霸，而日本则一直到十九世纪中叶还未开海禁。

任何一处文化，都自觉个性；惟个性之强度则不等耳。中

[①] 见关荣吉著《文化社会学》第116页，张资平译本，上海乐群书店出版。

国文化的个性特强,前于第一章已经陈说。中国人的家之特见重要,正是中国文化特强的个性之一种表现,而非第为生产家庭化之结果,自亦非生产家庭化的社会之通例,如冯先生所谓"共相"者。日本稻叶君山曾有如下的话:

> 保护中国民族的唯一障壁,是其家族制度。这制度支持力之坚固,恐怕万里长城也比不上。一般学者都说古代罗马的家族制度精神之覆灭,是基督教侵入罗马之结果。但中国自唐代有奈思特留斯派(景教)传入以来,中经明清两代之传教以讫于今,所受基督教影响不为不久,其家族制度却依然不变。且反转而有使基督教徒家族化之倾向。佛教在中国有更长久之历史;但谓佛教已降服于此家族制度之下,亦不为过。此真世界一大奇迹!我们说中国和欧美社会之间横划着一鸿沟,全不外这些事实。①

再从太虚法师的文章里,② 又可证实了上面关于佛教一部分的话:

> 佛教的僧伽制度,本为平等个人和合清众的集团,但到中国亦成中层家族的大寺院及下层家族的小庵堂;只有家族的派传,无复和合的清众。此可见家族化之普及与深入。

还有史学家雷海宗教授亦说过:

> 佛教本是反家族的或非家族的,但传入中国后,就很快地中国化。(中略)超度七世父母的盂兰盆会,在一般人意识中,是佛教的最大典礼。至于与家族无关的佛学奥义,并非

---

① 稻叶原作似刊于日文杂志。《东方杂志》载之,题为《中国社会文化之特质》。此据双流刘鉴泉先生所著《外书》第二册转引。

② 此据黄文山先生《文化学论文集》第180页转引。

一般信仰所在。把一种反家族的外来宗教，亦变成维持家族的一种助力。（见《智慧周刊》第四期《时代的悲哀》一文）

据我们所知佛教基督教都是家族制度的敌人，本是不相容的（详见后文），乃竟如此。此可见中国家族制度之强固为何如，因此，黄文山先生在其《从文化学立场所见的中国文化及其改造》一文中，就郑重地说：

> 我深信中国的家族伦理，实在是使我们停留在农业生产，不能迅速地进入资本主义生产之唯一关键。（黄文山著《文化学论文集》，第181页）

照黄先生的话，则中国所以没有产业革命不能生产社会化者，正在此。那就是说，中国家族制度实在决定了中国社会经济的命运，乃至中国整个文化的命运！这话是否足为定论，今且不谈。总之，中国人的家是极其特殊的，从我的引证这许多话里可以看出了。冯先生把它看成了平常事，看成是产业革命前各处的通例，那一面是昧于本国文化，一面并且弄错了外国历史。

四、阶梯观与流派观

严几道先生译甄克斯《社会通诠》而信其说，便欲在所谓图腾社会、宗法社会、军国社会三阶段中，为中国寻一位置。寻求不到适当位置，则对中国社会史不胜其怪讶，而终不自疑其所信是否可靠。近年人们又必欲把中国在封建社会资本社会二者间，安插下去。这都是对于人类社会进化误于"独系演进论"，误于一种"阶梯观"，现在冯著《新事论》一套说法，恰亦是轻信了这简单思想。

独系演进论（unilinear development）是说文化演进各处都循着一条路线，其表现之不同等，便是代表此一条路线的各阶段。各阶段是固定的，而在时间上则有些民族进得快，有些进得慢；但他们总都会逐段前进，不会越级突过。阶段之划分，则学者间各有其说法。或则就整个文化划分阶段；或则就文化之某部门而划分之。大体说，这在今日看来已是四十年前乃至五十年前的旧观念。从近二三十年民族学和人类学之探究，他们的假说几乎已全被否认。不但整个文化难以划分为阶段，便是文化之某部门亦不能断其有一定阶段。例如：母系氏族未必先于父系氏族；乱婚亦不是最初社会现象；群婚亦不是以前的普遍制度；家族亦不是氏族以后的产物。宗教的演进阶段，不论是拉卜克的六阶段，斯宾塞的鬼魂崇拜，涂尔干温德的图腾阶段说，亦都不成立。艺术方面则几何体与写实体并没有先后次序。经济方面，狩猎、畜牧、农业三种生产方法，石、铜、铁三种器具，其次序亦都不是没有例外。①

这样的社会演进观念，实由十九世纪人类文明之突飞猛进，及达尔文进化论之影响，使得一些学者兴奋忘其所以，急于要寻出普遍规律，以解释人类是怎样由低级粗陋的原始生活，进步到灿烂的十九世纪文明顶点。一半猜谜，一半穿凿武断，急就成章；其方法实在是演绎的主观的，而非归纳的客观的，于科学不合。稍后出的学者，发觉其不对，乃一反其所为，只求了解某一小单位的真相，注意个别特殊情形，谨慎从事，不敢建立普泛原则理论。此即所谓批评派或历史派（Critical or Historical School）。（本书大体上亦取这种就事论事的态度，将我所见到者说出来为止。）

有几种迷误见解，这里必须予以点醒：

一种是把一切人类不分种族不分地域，都看成相同的。如所谓"只要是一个人体，它的发展无论红黄黑白，大抵相同。由人所组成的社会，亦正是一样。中国人有一句口头禅，说我们国情不同。这种民族偏见，差不多各个民族都有。中国人不是神、不是猴子，中国人所组成的社会不应该有什么不同"②。这完全是闭

---

① 林惠祥著《文化人类学》第 42 页，商务印书馆出版。
② 语见郭沫若著《中国古代社会研究》自序；吕振羽《中国古代史》亦采其说。

着眼睛说的话，不看事实；事实证明恰不然。

一种是对各处社会文化的不同，不容否认时，则持大同小异之说，以为不足重视。要知道问题就在小异上。在有机组织，其间一点不同，便全盘两样；在动的趋势上，则所谓"毫厘千里"是也。就如生物界中，植物动物亦只是大同小异而已；从生理解剖来看，猫狗和人更是大同小异。但这样混同起来，那么，什么学问亦不必讲了。

一种是恒进步论，以为历史总是前进的，一天一天都在前进中，动辄说"历史车轮"如何如何。这直是笑话。①除是把全人类历史作一整体看，另当别论外；各时各地的历史何尝如此。进固有，退亦常有，盘旋而不进不退者亦有；那种种情态，简直难说得很。事例太多，随在可见，不烦枚举。如前第一章谈到中国古代颇有科学萌芽，后来转退化不见，即其一例。照我的论证，中国后二千年历史即陷于盘旋不进之中。设想任何民族，任何时期，都在日进无已，没有这事。

一种是循序渐进观，曾未意识到有躐等越级，或突变，或尚有他途难料度之事。此其自己虚构无据，如前已明。要知生命创进不受任何限制，虽然可能有其势较顺之顺序，却并无一定不易之规律。

照我们的见解，又是如何呢？

人类社会之进化，不外乎是沿着生物进化来的；二者同为宇

---

① 潘光旦著《人文史观》，有论姓氏婚姻家庭存废问题一篇，曾讥笑说古时人相信有运命鬼，十八世纪后半以后的欧洲人美洲人和今天的中国人却相信了一个进步鬼，可参看。

宙大生命之表现，前者实为后者之继续。在根本原理上，盖不少相同或相通之处。在生物界中，并非有进无退；人类社会亦然。在生物界中，虽不妨有高下之第，却无必进之阶。譬如动物中有高等动物；高等动物中有灵长类；而人类又居其顶点。其间高下自是不等；但所有各类系各种别之在进化程中，则好似树上枝干分出横生，并非一条线上的各阶段。进化论上是说人猿同祖，即两枝来自一干脉。说猿猴更进即为人类，那是没知识人的话。猿猴已自走向另一路去，何能再进化到人。纵观世界人类各族，此一文化，彼一文化，于形形色色不同之中，又浅深高下不等，正亦犹是。不可误以流派为阶梯。

然而文化界与生物界，亦有大不相同处。物种衍至今日，已属先天遗传之事，创新之机泯没难见。即以人工育种，改良之度至为有限。而人类文化虽根于本能却大体出于吾人后天之制作。时时可有创新，时时可以更改；尤其是其彼此间之交换传习莫之能御。因此，生物界中种与种是隔的；文化界中一国一国却是通的。牛无变马之可能，而东方的日本，数十年间竟可西洋化。在过去之世，不甚交通，一处一处各有机遇不同，其历史或进、或退、或盘旋而不进不退，不可一概而论。较其大体，不进者宁居多数。自近百年世界大交通以来，彼此刺激，互相引发，各处文化愈来愈相接近，可能最后通为一体。其间除高下悬绝，濒于消灭者不计外，大体上又皆有不容不进之势。

所以我们若把全人类历史作一整体看，略去各地各时那些小情节不谈，则前进之大势自不可掩。那么，演进论经修正后还是可以讲的。据说人类学界，近年又有"新演进论"出来。[①]他们没有了不可免的定律，而却有某种发展的原则或趋势，可以指出。他们所讲者，取概略形式，而容许特殊的变态。他们又发见"殊途同归"之理。旧说以为类同的事物皆打从同样历程而来；现在知道这样事甚少。而世界上类同的事物，由不同之历程而来者颇有之。其实，以我看人类文化前途，正应该把旧演进论之同途同归观念修改为殊途同归就对了。

如我判断，人类文化史之全部历程，恐怕是这样的：最早一段，受自然（指身体生理心理与身外环境间）限制极大，在各处不期而有些类近，乃至有某些类同随后就个性渐显，各走各路。其间又从接触融合与锐进领导，而现出几条干路。到世界大交通，而融会贯通之势成，今后将渐渐有所谓世界文化出现。在世界文化内，各处自仍有其情调风格之不同。复次，此世界文化不是一成不变的；它倒可能次第演出几个阶段来。

[①] 林惠祥著《文化人类学》第58页，商务印书馆出版。

五、申述夙见结束上文

上面大意，早曾见于我的旧著。所谓阶梯观与流派观，在十七年前出版之《中国民族自救运动之最后觉悟》一书中，就提出说过。而其见解之所本，又在二十七年前出版之《东西文化及其哲学》一书中。二三十年来，我对于中国文化的见解，自有不少修正与许多补充。但只是补充修正而已，没有根本改变过。

以下有四点意见，皆曾见于旧著，而现在为结束上文，需要在此处提醒一下：

第一，中国非是迟慢落后。——流俗有见于中国不及西洋之处颇多（例如西洋已经过产业革命，而中国还没有），便以为西洋进步快，捷足先登，中国进步慢，遂致落伍。其实错了。要知走路慢者，慢慢走，终有一天可以到达那地点；若走向别一路去，则那地点永不能到达。中国正是后一例。所以我曾说：假使西方文化不同我们接触，中国是完全闭关与外间不通风的；就是再走三百年，五百年，一千年，亦断不会有这些轮船、火车、飞行艇、科学方法和德谟克拉西产生出来。[①] 中国不是尚未进于科

[①]《东西文化及其哲学》小字本第65页，商务印书馆版。

学，而是已不能进于科学；中国不是尚未进于资本主义，而是已不能进于资本主义；中国不是尚未进于德谟克拉西，而是已不能进于德谟克拉西。①

第二，中国已是陷于盘旋不进了。——中国走上了与西洋不同的路。而它在此路上，又走不出去；遂陷于盘旋不进。中国历史上只有一治一乱之循环，而不见有革命，即此盘旋不进之表露。我曾说它是"不痛不痒无可指名的大病"，假使没有外力进门，环境不变，它会要长此终古。我又指出它是"上下交相牵掣，自陷于绝境"。其所以致此之故，旧著两书已有所说明②，本书将更详究。

第三，中国较之西洋，是因其过而后不及的。——例如科学和德谟克拉西，在中国皆曾有萌芽苗露，而且萌芽甚早。后来之不见，是萎缩荒废的。当其萎废时，不是无缘无故忽然萎废；乃是它向别途发展去之结果。因此所以中国文化有些不及西洋处，亦有些高过西洋处。正因它有所超过，而后乃有所不及的。旧著均曾论及，本书更阐明此义。

第四，中国文化是人类文化的早熟。——这是我二三十年来没有改变之根本观念。旧著已发其端，本书正图完成其说。

---

① 《中国民族自救运动之最后觉悟》第97页，中华书局版。
② 《东西文化及其哲学》第203页；《中国民族自救运动之最后觉悟》第97页。

第二章 集团生活的西方人

一、中国社会对照来看

现在我们继续研究"中国人的家"这一个问题，莫妙于把中国社会对照来看。

一时一地之社会构造，实即其时其地全部文化之骨干；此外都不过是皮肉附丽于骨干的。若在社会构造上，彼此两方差不多，则其文化必定大致相近；反之，若社会构造彼此不同，则其他便也不能不两样了。此并非说，其他都是被决定的，不过指出这里是文化要领所在。我们选择"中国人的家"这一问题为研究入手处，正为此。然而昔人说得好，"不识庐山真面目，只缘身在此山中"，中国人关在中国社会构造里面，反而弄不清头脑。且先看看人家，再看看自己，那便立即恍然了。

我们张眼向外面世界一看，就看到英美与苏联对立的问题。他们彼此立国之道，亦就是他们的社会构造，正好不同：一方是个人本位的社会；一方是社会本位的社会。其问题，即在各偏一端，彼此相非难。而稍一寻究，便知这是西方人的老问题了。西洋自中世纪到近代，自近代到最近，始终就在团体与个人这两端，此高彼低、一轻一重之间，翻覆不已。这是他们生活上亦是思想上闹来闹去最大问题之一（甚至可说唯一大问题），所谓"个人主义""自由主义""社会主义""极权主义""全体主义"……如是种种，热闹非常，聚讼不休。但在我们历史上却一直未曾听说过。假若你以"个人主义"这句话向旧日中国人去说，可能说了半天，他还是瞠目结舌、索解无从。因为他生活经验上原无此问题在，意识上自难以构想。虽经过几十年西洋近代潮流之输入，在今天百分之九十九的中国人，亦还把它当作自私自利之代名词，而不知其理。中国社会构造之悬殊，此其明证。

顷所谓此高彼低翻覆不已者，必须不嫌词费，在这里叙明它。这最好就从德谟克拉西说起——

德谟克拉西，虽远自希腊已征见于政体，但毕竟为近代乃有之特色。西洋社会人生，从中世到近代为一大转变。其间经过所谓"宗教改革""文艺复兴""人文主义""启蒙运动""人权宣言"……外观上形形色色，骨子里一贯下来，原都相通。德谟克拉西风气，即构成于此。既经种种运动，许多奋斗，以至革命流血，而后乃得奠定其原则，实现其制度。这当然不是往世之所有，亦不是他方所能有了。

要知道近代这一转变，实在是对于其中世社会人生之反动。所谓从"宗教改革"以至"人权宣言"一贯相通的，无非"我"之觉醒，①直接间接皆个人主义自由主义之抬头。个人主义，自由主义，是近代文化之主潮；从思想到实际生活，从生活的这一面到生活的那一面，始而蓬勃，继而弥漫，终则改变了一切。它不是别的，它是过强的集团生活下激起来的反抗，见出一种离心

---

① 参看蒋方震译《近世我之自觉史》前半部，商务印书馆出版。

倾向，而要求其解放者。所以果能从这一点。向上追寻，向下观望，则前后变化无不在目；而社会演进上中西之殊途，对照着亦可看出了。

德谟克拉西风气，实为人类社会生活一大进步之见征。所谓民主制度，正不外一种进步的团体生活。进步的，乃对于不进步而说。其特征在：团体中各个分子从不自觉渐有了自觉，从被动渐转入主动；团体于是乃不能不尊重其个人自由，并以团体公事付之公决。盖社会契约说（Doctrine of Social Contract）不合于人类历史实情，学者之论证已明。人类之集团生活，不出于自觉地结合；其间多数人之处于被动，从古已然。必待经济进步，文化增高，而后渐渐改变。此改变在任何一较高文化社会要莫能外。然以西洋中古社会，其集团性太强，对于个人压制干涉过甚，从而其反动之来亦特著。离心倾向于社会生活，虽非佳兆；然在此，则适以救其偏而得一均衡。均衡是最好的事。团体生活经其分子自觉主动地参加，尤见生动有力。一二百年间，西洋社会所以呈现高度之活泼，进步如飞，造成晚近之灿烂文明，要得力于此。

事同一理，日本以东方小小农国，在短短四五十年间，所以突飞猛进，大大提高文化水准，侪伍西洋，称霸东亚者，正亦得力于明治维新，接受此近代潮流，以自由权公民权付与国民，社会生活丕变之故。

但此所谓近代潮流者，到今天早已退落，成为过去之事了。其转捩就在头一次欧洲大战中；从那次大战后到现在，完全为另一潮流所代兴。这就是与个人本位相反的社会本位思想，与崇尚自由相反的讲究统制，不惜干涉人们的一切。

这一新潮流席卷欧洲，却打从两面而来：一面是布尔塞（什）维克发动于俄国；一面是法西斯出现于意大利，又加之以纳粹在德国。虽重个人、尚自由最早且久如英美，趣味夙深如法国，时势所趋，几亦莫能有外。事事步趋西洋如日本，常常处于被动如中国者，更不论矣。第二次世界大战后，德、意、日本虽败，潮流未改。盖这不止是一时风气；其方针所指，实将开出人类社会之新局（社会本位的社会）。

为什么转变到如此相反，实为百余年前的人所梦想不到。[1]寻其转变之由，盖当个人解放之初，经济上深得个人营利自由竞争好处者，后来社会上却大受其弊。特别是盲目生产，经济上陷于无政府状态，演为周期恐慌不能自休；在内则阶级斗争，在外则民族斗争，整个世界苦痛不安，人类文明有自毁之虞。方利弊互见之时，早已有反对理论，乃至反对的运动。然而它未发挥到尽头处，事实上不会转弯。卒以第一次大战结束前后，时机到来，此伏流遂涌为高潮。虽因各处背景条件不同，表现之姿态各异，然其倾向一致固自明白。要而言之，集团又压倒了个人，保护干涉替代了放任自由，最近潮流正为近代潮流之反动。

三十年来（1917—1947），此相反之两面，各自经过许多宛转变化，而到今天，一面是依然不衰不弱——这就是英美；一面是崭新然益强亦固——这就是苏联。其各自经过之宛转变化，诚然说之不尽；然而亦可一言而尽。那就是各自守定宗旨不放，而

---

[1] 英国前首相自由党首领劳合·乔治曾深有此叹，见1934年2月报纸。

于团体与个人之两端,却尽可抑之扬之,时张时弛。宛转云者,殆不外是较小之翻覆。

最近三十年来其各自之宛转变化,不过更加证明他们的问题在此,不详论亦可。现在要问的是:他们西方人究竟怎样走进这问题中,而我们中国人何以会留在这问题外?

二、中西文化的分水岭

以我所见，宗教问题实为中西文化的分水岭。中国古代社会与希腊罗马古代社会，彼此原都不相远的。但西洋继此而有之文化发展，则以宗教若基督教者作中心；中国却以非宗教的周孔教化作中心。后此两方社会构造演化不同，悉决于此。周孔教化"极高明而道中庸"，于宗法社会的生活无所骤变（所改不骤），而润泽以礼文，提高其精神。中国遂渐以转进于伦理本位，而家族家庭生活乃延续于后。西洋则由基督教转向大团体生活，而家庭以轻，家族以裂，此其大较也。

试依据历史一步一步加以指证，则西方人是怎样走进这问题中，便不难明白。以下先叙希腊罗马古代社会。

希腊罗马古代社会，不但与近代欧洲社会不同，抑且与他们中古社会亦两样，却转而与我们中国多分相似。此看法人古朗士（Fustel De Coulanges）著《希腊罗马古代社会研究》可知。古氏著作极精审，为此项研究中之名著，今有李玄伯先生译本，在商务出版。译者颇为用心。于前所述许多情节有合于中国古礼古俗者，均引经据典为之注明。虽李君注文，未必皆是；然固有助于读者了解西洋古代社会，正与吾土多相肖似。

书中所述，一言总括就是：崇拜祖先，以家族体系组成的社会，所谓宗法社会者是。其社会所由组成，一惟乎宗教。他们亦有法律，亦有政治，亦有战争，亦有社交娱乐；但一切一切原本宗教，而为宗教之事。那时人对于神敬畏甚至；但家各有神，不能相通。不但不能相通，且各守私闷，隐相排斥嫉忌。所以严译甄克斯著《社会通诠》，论到宗法社会的宗教，亦是说：（一）可私而不可公，（二）本乎人而不出于天，（三）宜幽不宜显，是其三大特征。积若干家而为"居里"；积若干"居里"而为部落；积若干部落而为邦。社会组织之扩大，与宗教观念信仰对象之开展，要必相因相待。社会组织最大止于邦；信仰亦至于邦神而止。然而每个小范围（家、居里、部落）仍各自保有其祭祀、佳节、集会与首领，此即谓之多神教。

后来罗马以希腊、意大利千数邦中之一，而竟可征服其余，似为意想不到之事。这自是人类社会单位向前扩大之势不可遏；而罗马恰亦具有其特殊条件，并且遵循了巧妙途径，盖人类生活经过好多世纪不能不变，意识方面开展进步，情操亦即不能株守于家神邦神的信仰崇拜。势不免要打破了邦，而前进于更大组织局面。此时罗马人恰好不是单纯一族一宗教者，而是杂糅的。乃至"罗马"之名，亦难确定其属于何种语言。有谓为特拉文者，有谓为希腊文者，有谓为拉丁文者，更有人信其为爱特利文。古时人依宗教为结合；两城邦若有共同信奉，即算亲戚。罗马的宗教既为杂糅的，因而多与其他城邦有关系。罗马即注意保存这些亲戚关系的证据。例如它保存"爱纳"的纪念，它就为意大利、西西里、希腊、特拉斯、小亚细亚各处三十个城的亲戚。——以上所说，即其特殊条件。它的政策最巧妙处，是不强迫那些被征服者信奉它的神，却将被征服者的神移来增加到罗马。罗马于是有较他邦皆多的神，仿佛宗教的总汇。它就利用宗教的吸引力，助成其统治。

罗马以不违于当时人心理习惯的巧妙政策，配合它对于各邦之实力征服，着着进展，而罗马帝国之伟大局面遂以造成。然亦正由当时家神邦神的宗教精神失坠，仅存习惯，邦的组织寖失维系之故。现在这伟大局面造成了，它自己却还没有与这伟大局面相应的伟大宗教。只以旧宗教之衰而罗马兴，罗马盛时，旧宗教乃益衰。而由于宗教荒虚，人们精神无主，罗马亦不能不衰矣。这里古朗士有几句话，是值得介绍的：

> 古人（初民）间彼此那般不同，那般不羁与善变，社会的联系与统一是不易建立的。……自然必须有件事物，较实力为大，较利益为尊，较哲学学说为具体准确，较契约更为固定；它即在人人心中而对人人有权威——这便是宗教信仰。信仰是我们头脑的产物，而我们不能随意改变它。它是我们的作品，而我们不自觉。它是"人的"，而我们以为"神"，它是我们力量之结果，但莫有比它对我们更有力量的了……
>
> 人固然可以使自然降服于人，但人永是他自己思想的奴隶。

罗马当时于此紧要处，既无善法，社会之腐化堕落遂不可免。直到基督教从东方传来，填补这一空缺，西洋古代文明乃得一意外的续命汤，卒且孕育出其近代文明。——这是后话。

三、基督教与集团生活

如史书所云:"斯巴达人白昼处于露天之下,夜宿营幕之中,饮食相共,人无独居之时,亦罕家庭生活。"[1] 这自是集团生活一极端之例,与其尚武善战相联,并非那时社会生活之通例。然而我们要知道希腊罗马古代社会,却一般地通是集团生活。它虽以家作核心,而以(一)附属人数众多,(二)阶层分别,(三)家长威权,(四)产业共有,种种情形,其生活不能不说是集团的。生活是集团的,但以其精神低浅,意识狭隘,不可能为大集团。大集团不再以一家一姓作核心,必待基督教伊斯兰教等宗教出来,而后得以构成。严译《社会通诠》有云:"种人排外之不深,异族之能即于和,而大邦有缔造之望者,真景教之力也。"正谓此。自宗法制度既破,凡说到集团,就是超家族的;只有超家族的组织,乃足以当集团之称。

以下我们试看基督教怎样开出超家族的集团组织来。基督教精神全然与旧的宗教相反,可约之为三大点:

第一,神绝对唯一。此与从前有多少家多少邦,即有多少神

---

[1] 见冯雄译、桑戴克著《世界文化史》第117页,商务印书馆出版。

者，完全不同了。神不在世界内，而超于其上以主宰之。宗教之意义与形式，至此全改变。畏神者（畏神震怒降祸）变为爱神。对神亦不需供饮食牺牲；祈祷亦迥非符咒。

第二，兼爱同仁，以上帝为父，人人皆如兄弟之相亲。此与从前分别族内族外，自私于内而相仇于外者，完全不同了。教义公开宣传，热心救世，一反各守私闷者之所为。

第三，超脱世俗。此与旧宗教之逐逐营营于现世生活者，完全不同了。盖以分灵肉为二事，每人只肉体生活这一半，是属于现前社会的；而灵魂自由，可径接于上帝。既然宗教所求不在现世，愈少参加世上事物愈好。所以耶稣说"与恺撒以恺撒所应有，与上帝以上帝所应有"。古代之宗教政治混一者，至此乃分开，而国家政府得以独立。又宗教垂诫于人的义务，却不管人间一切权利之事。权利之事，由法律去规定。基督教是第一个不以法律隶属于自己的宗教（罗马法典之进步大得力于此）。

前举之古朗士书，结尾曾说："信仰初生，人类社会始行组织；信仰变化，社会乃屡经改革；信仰消灭，社会亦行崩溃变形。"正可增补一句说：一新信仰代兴，一新社会组织随之以起。宗法制度之破灭，超家族的组织之开出，实以这种新精神为之先。

然而，我们不可误会大集团生活就从宗教家的意识要求造出来，造成西方人之集团生活的，是事实不是理想。不过这些事实，却特别与基督教有关。那就是从基督教所引起之血的斗争。

基督教之起，实对当时社会具有极大革命性。第一，它推翻各家各邦的家神邦神，反对一切偶像崇拜，不惜与任何异教为敌。所谓"基督教不以建立其自身之祭坛为满足，必进而毁灭异教之祭坛"。第二，它打破家族小群和阶级制度，人人如兄弟一般来合组超家族的团体，即教会。教会这一组织，是耶稣所曾坚决嘱咐于他的门徒的，早期教徒们亦都相信，为保持他们的信仰纯洁及专一，这一结合乃非常必要。据说其最初组织，亟望基督重来，天国实现，教徒衣食相共，不分界限；并有产业归公之制度。似此一面其内部结合既极其坚实，一面其对外行动又极其激烈，团体精神自尔达于高度。排他既强，被排亦烈，到处不能为人所容；而遭受残杀之结果，则是使他们自身团结更形坚强。

而且基督教虽想要政教分开而事实不许，很快又混合一处（纪元325年定基督教为罗马帝国之国教）。基督教虽不想以强力残杀异教然事实终落到这一步。盖当那时，文化不能不以宗教作中心；以其特具统摄抟结作用，任何组织生活离不了它。如其设想那时宗教离开政治而自存，似有可能；如其设想那时政治离开宗教，倒想象不出其可能。中古封建的统治，既资借于宗教；而宗教自身又复政治化。——如教皇包揽政务，或自己兼秉政务，主教教士预闻诸侯政务等皆是。并且教会中的大主教、主教、修道院住持等，亦都成了封建阶级的一部分。此其结果，就有两点：

一点是使得集团生活内部之统制过强。盖宗教信仰不过抟结人心，国家权力则更拘限人身。二者相合以行其统制，人诚无所遁逃这种统制过强的集团生活，为后来引起反动之本；异常重要。

一点是使得集团间斗争频繁激烈。盖权力所在，最易启争端；宗教不挟有权力，其争端犹或不多。宗教界别，最易形成集团对抗；权力之争，不资借于宗教组织，其斗争或不必为集团的。今二者相合，遂使当时之宗教问题、政治问题、种族问题、私人恩怨、种种搅混不清；相寻无已。其间大小惨剧，长短战争，绵历千有余年，难解难休。这千余年频繁激烈的斗争，即是锻炼成西方人集团生活之本，异常重要。

上面所称"宗教问题"，初时是基督教与异教之争；后来基督教扩展了，对外斗争渐少，而内部宗派之争又起；至新教发生而益烈。又上面所称"权力之争，不资借于宗教组织，其斗争或不必为集团的"，此如中国历史上改朝换代，争王争帝者是。其争只在二三领袖之间，其余多数人均不过从属工具，并无深切界别，形成集团对抗。所以像韩信事楚，又可以归汉。项伯楚人，竟保护了沛公。诸葛兄弟，可以分在吴蜀魏三方去。这种斗争，是不十分激烈的。

凡团体必须有内外界别；若没有一定界别，便难成团体。反之，界别愈严，则团结愈固。此其一。又团体必须有其对抗者或竞争者，而后其生活振奋组织紧张。反之，若缺乏此类对象，则必日就懈散，甚至团体消失。此其二。又团体境遇不顺，遭受折磨，其分子向心力转强。反之，若境遇顺好，则其分子或不内向，甚至且发生离心倾向而内争起来。此其三。审此三者，则知锻炼集团生活之最佳机会，莫过于基督教在欧洲所引起之血的斗争了。人当斗争时，便思集合团体；而有了团体后，亦更易引起斗争。团体与斗争，殆相联不离。孟德斯鸠《法意》上说"争之与群，乃同时并见之二物"，正谓此。反之，散漫与和平相联。愈散漫愈和平；愈和平愈散漫。西洋自有基督教以后，总是过着集团而斗争的生活——虽然基督教是主张和平的。中国自受周孔教化以后，大体过着散漫而和平的生活——虽然孔子亦说"必有武备"的话。中国一面且另谈。西洋这一面不为别的，只为基督教一因素加入到西洋文化来，于促使其社会走上此路之条件正相符合之故。

自然西洋人之集团生活，并不能全归功于基督教。除了先自希腊罗马流传下来者不计外，后进的蛮族生活亦是一个因素。他们原是集体行动的（游牧侵掠皆集体行动与农业平静分散者异），又以蛮族文化浅，冲动强，感受基督教之后就很执着；所有许多血斗惨剧，多因于此（此指 religious intolerance）。

四、欧洲中古社会

集团生活，在生死危难中固可得好的锻炼；但在日用常行之间养成它，同属必要。前者可得某牢韧的向心力和纪律习惯；至若组织能力、法治精神和一般公德则多有赖于后者。于此，我们宜一述欧洲中古社会生活。

欧洲中古社会，在其政治经济各方面，到处所见亦罔非东一个集团西一个集团，为其人日常生活之所依。如封建制度中那些大小单位，如各处的基尔特（Guild），如各自主城市等皆是。

据历史来看，此封建社会并非从其上世演进之结果，而宁为其倒退。在政治上，它是由于大帝国之失势解体，给予雄霸者在各地方上起来的机会，而使一切零弱者不得不各有所依附以求存。这样，就形成了许多封建集团。虽说自上而下有若干层级，以大统小，以小事大，等差甚严。却不是条理井然的一个体系，而宁为错杂峙立的几团势力。在经济上，它是由于伊斯兰教徒突然出现于历史舞台，征服了地中海东西南三面，使过去为各地文明及商业交通的大动脉，以新月旗与十字架之敌对，而骤告断绝。古代经济遭蛮族残侵而犹存者，乃于是而溃灭。八世纪以来，商业衰歇，商人消逝，都市生活亦同归没落。继罗马金币而起之新币制，即是与古代经济或云地中海经济断绝关系的证据。同时多瑙河、易北河、扎勒河可能的交通，恰都生阻，亦不能有常规的贸易。整个西欧，自八世之末反拨到自然经济的农业社会。社会生存，完全建筑在土地占有上。国家的军事制度，行政制度，因之而弛散分解，最高主权便无法保障。其政治上封建制度之形成，盖又基于此经济事实。[①] 于此时，那些封建制度下经济自给自足的大小单位，恰又不期而然构成集团的生活。

所以这一倒退或顿挫，正给欧洲人以培养集团生活之良好机会。其后，商业复兴，都市再起，则于既经养成的集团生活，又启其进步之机。——这是后话，而亦就是前面我们所说"进步的团体生活"之由来。首尾过程，宛然在目。

当时封建制度下的农业社会，千余年间前后自有许多变化，各地方尤难尽同。然一般说，就是大地产和庄园制度。兹参考各书略述如次。

据说，大地产平均约包含三百个农场（田舍）或一万英亩，以至更多。他们都是教会或修道院或贵族之所有。如此广大田地，不易接连一起，有时分散很远。虽分散，但具有一种强有力的组织。在昔商业能运销其生产品，都市提供其日用品时，它以生产兼消费之双重资格参加一般经济活动。此时商业中断，每一大地产构成如人们所称呼"闭关的大地产经济"。耕作所需器具，家人所需衣物，都要设立作坊自行生产。

---

① 具见亨利·皮雷纳（Henri Pirenne）著《中古欧洲社会经济史》，胡伊默译本，商务印书馆出版。

全部地产常区分为若干部分，每部分或不止一村庄，而在一庄园（Manor）管辖之下。庄园不仅是一种经济组织，而且是一集体社会。它支配其居民之全部生活，自成一小世界，而以其地主为首领。居民不仅是地主的佃农，更且是他的臣民。从农业上说，却算一种"合伙组织"（share holding arrangement），大部分农人连贵族在内，都像是股东。他们之间，虽阶级不同却同是基督徒，所以能以人与人的关系相处，相互有其权利与义务。不论是自由民或农奴，每人对公众事务有发言权。此外参加者，有不少各式各样工匠，以及牧羊饲猪养蜂等人。他们亦各有其身份、义务和应享权利。

农民大别为自由民和农奴两种。自由民居极少数；这是保有他依附臣服之初所订契约的。他自有其土地，有权可得脱离团体。他还可以赴诉于国王之法庭。其大多数则是农奴。这是只凭惯例的佃户（customary tenant），随附于地面，不得自由离去。全庄土地除地主保有者外，其余则共同享有。在共同享有地上，各佃户又恒有其世袭使用之部分，以自养其家小，以纳贡于地主。诸如草原、牧场、森林、沼泽等，更是共同不分彼此的。在耕作刈获上，不唯地主之地要佃户合力为之；即佃户各自使用部分，亦是大家通力合作的。磨房、糖房、榨葡萄汁器具，乃至烹饪的灶火，常为公共利用之设备。

在地主贵族之下，代表他管理全般行政事务且兼理法庭者，有管家（bailiff），代表农奴并分派他们工作者，有督工（provost），还有其他吏员等多人。庄园亦即为一司法单位，其裁判权之大小，视其侵蚀王权而不同。它按照一般习惯及其庄园自来形成之惯例，并取得地主同意，以判决案件，处理内部一切问题。

庄园为社会基层，亦是宗教生活一单位而为教会组织之基层。这里有教堂，有教区牧师。牧师通常是地主和全体居民的朋友，为他们传道，并指教一切。他以命名礼（洗礼）、坚信礼、婚礼、葬礼种种仪式，及星期祷告、节日宴集或禁食等习惯，范成他们一生中并一年中的社会生活。教堂前面的草地，常是他们的游戏场；乡村的舞蹈大会，亦常在那里举行。就是那教堂的钟声，亦给他们全体精神上一种维系。

因为全般生活，环绕着地主和教堂为中心，有这般的集团性；所以其一切建筑，自堡垒、邸第、礼拜堂、厅房、住房、农奴的茅舍、各种作坊机房、仓库以至马棚、牛栏等，自都有其内外前后的配合布置，如记载或图画之所示。①

以上不厌琐细地说这许多，意在指证西方人在中古农业生活里，实是集团的。像卢作孚先生所说"农业民族的经济单位，非常简单，只需要一个家庭"；像冯友兰先生所说"在未经产业革命地方，无论东方西方都是生产家庭化，一个家庭是一个经济单位"，由此皆证明其全然不对，他们皆以其所见于中国者，来臆测一般中古社会；还以其臆想的中古文化，来解释中国的事情。

---

① 参考胡伊默译《中古欧洲社会经济史》，何炳松编译《中古欧洲史》，冯雄译《世界文化史》《各国社会经济史丛书》（以上均商务印书馆版）。Hayes 和 Moon 合作《中古世界史》，伍蠡甫译本，世界书局版。民国十八年著者为"河南村治学院旨趣书"，有云：中国社会一村落社会也；求所谓中国社会者不于三十万村落其焉求之。或曰欧洲国家独不有村落乎？曰其古之有村落也，则中世封建社会组织之基层。其今之有村落也，则近代资本社会组织之点线。是社会有村落，而非即村落以为社会，固不得谓为村落社会也。正指此意而言。

而不知像中国一家人一家人各自过活，恰是中古世界所稀有。根本上在他们所谓"公开耕地制度"（the open field system）下，农人们几乎一举手一投足都必是协同的，都不免受约束的，更何有一家为一经济单位的事。甄克斯《社会通诠》上说"古之田法，以族姓乡社为么匿者也；今之田法，以一民小己为么匿者也"。英语么匿（Unit）便是单位的意思。必至近代社会，乃"散乡社之局，成地主之制""人得自由，而土地为真产业"。

其次再看他们中古的工商业。在上述乡村各种作坊之外，十一世纪下半期有集中的工商业起来，渐发达于各都市间。这些工商业者亦都过着集团生活，直至十七八世纪乃先后解体，而为近代自由制度所替代。这在英语名为"基尔特"（Guild），中译"同业公会"或"行会"。它一面为自愿的组织，一面含有合法的权力。它一面照顾到消费者之公众利益，一面基于生产者自身的要求。其详情各处不一，此可不述。所不可不知者，就是他们团结之固，干涉之强，进而形成一种力量，伸入地方政治，操持地方政治，绝非中国商人工人所能梦见。大约某地某业之基尔特，即为当地此行业之垄断性团体，不轻易给人参加的机会。收学徒亦有严格规定，高其年限，并限制每一师傅收极少人数，既以排他而保护其同业利益，就不得不杜绝内部之有自由行动、自由竞争之事，而严密其监视，加强其干涉。更为其不致以独占而妨碍消费者公众利益，引起不平；所以同时力求货真价实、公开交易，而不许偷工减料与过分利得。如此则必须监视与干涉之事更多，所以就逐渐发展出来极烦琐极拘泥的无数条规，成功其一套极周到之管理技术。而为执行其管理，基尔特自身便俨然成一小政府了。它有选举之领袖职员，有行政之组织及各种会议，有自治之规约，有其财政及金库，有裁决争议之法庭。再则，论其组织自是基于经济意义而来；但当时任何组织却总离不了宗教。所以基尔特，除有经济的机能外，复有其种种之社会的机能。各业多各有其守护神，及节日聚餐、游行赛会、共同娱乐，种种社交；对于贫病死丧，互相顾恤。他们各有其旗帜，甚至还穿着特殊服装。①

这里更有些好的佐证：

> 使梓人丙，为丁筑室而不坚，俄而圮焉。不独丙偿之也，丙之同行，当共偿之。使贾人庚，有遗于辛，辛之索者，不独庚也，庚之同社皆可以索，古俗民之相联系以为责任有如此者。所最怪者，则古商贾行社所有之执抵权利，行于中叶。假如有伦敦商负伯明罕商债，不以时还。设于时，伦敦有他商在伯明罕者，则执其货以抵前负；以其同行社故。（见严译《社会通诠·国家刑法权分第十一》）

这好比说，如其你我两家同在天津一个同业公会，我在上海欠他家的债，而你的货物到上海，却会被他扣来作抵，视你我如一家。那么，当时一个同业公会组织之密且强，事实岂不甚明！

试问：这与冯友兰先生书中，所举一家子石印馆，一家子铁匠铺之例，有无相似处？

---

① 以上参考胡译《中古欧洲社会经济史》、许译《英国社会经济史》、徐译《德国社会经济史》、陈译《中古及近代文化史》、冯译《世界文化史》，均商务印书馆出版。又伍译《中古世界史》，世界书局出版。

五、近代社会之萌芽

在彼时一同兴起者，就是城市自治体，通称"自由都市"。基尔特是一些职业组织；城市自治体是地方组织。亦可说，基尔特是一些经济组织；自主城市是笼罩于其上的政治组织。

古代希腊罗马文化，皆以城市为中心；近代文明更是著名的"都市文明"；只有中古不是。但中古后半期，即十一世纪末期十二世纪初期，工商业和城市逐渐复兴，便由此以渡进到近代了。工商业及城市之复兴，在色彩上亦在事实上，为一种对中古封建文化之反攻，以至将其颠覆为止。这种反攻势力之本身，便是"自由空气"。如史家所说，工商业人多是从封土中逃出者或解放者，城市之兴起，都是对封建诸侯之和平的或武力的反抗。他们（工商业人）都是"自由人"为一崭新阶级。其意味，直与一个人进身为僧侣，或进身为骑士，相近似；即所谓"布尔乔亚"者是。但他们必须结成有力团体，始能自存，始能反攻而达成其历史任务。这团体，便是上面说的两种组织；两种组织互有助长作用，而同为他们所凭借。在团体作用上说，基尔特对内干涉较强，自主城市对外之抵抗较强。二者同为集团生活之好例，后者更为进步的团体生活之导源。

城市复兴之初，各地莫不趋向自主（大抵皆先备城防，特设司法），但其后来成就则等差不齐。极盛时期，有些大城市俨同一个独立国家，有主权，有海陆军队，对内施行统治，对外宣战媾和。他们不独讲求其市政，并且讲求外交。据说今日国际间一些外交方式和技术，还是沿自那时的。临末入于近代以来，各民族国家一个一个成立，许多城市先后并合在内，而保有一种地方自治。如日耳曼境内汉堡等三大都市，直迟至十九世纪初乃并入德国。假若除去初兴及临末不论，中间至少约四百年，为这些数不清的城邦与封建诸侯相争，又彼此间争锋之时。中古欧洲千余年扰攘，其后半期当以此为有力因素。近代西洋人的国家意识及其爱国心情，首先养成于这范围较小而亲切确实的地方，而后扩大起来到民族国家。特别是他们的政治能力（组织国家的能力），都在这里养成。

前段只说了基督教如何引起斗争，予集团生活以血的锻炼；而于基督教自身之团体组织，还没有说。然而这里却是西方人学得了团体组织之本。第一，于此确识个人隶属团体，团体直辖个人。第二，于此公认团体中个个人都是同等的。此其重要，可说非常重要。中国所缺乏的，就是这个。——就是没有机会有此认识。至于教会内部组织从大单位到小单位自成系统，此可不叙。我们只引录何炳松教授《中古欧洲史》第十六章之一段话于此：

　　自罗马帝国西部瓦解以后，西部欧洲制度之最永久而且最有势力者，莫过于基督教之教会。（中略）中古史而无教会，则将空无一物矣。①

---

① 何炳松著《中古欧洲史》，商务印书馆出版。此段首句采自第25页。以下见第127页及第129页。

中古教会与近世教会（无论新教或旧教），绝不相同，言其著者，可得四端：

第一，中古时代无论何人均属于教会，正如今日无论何人均属于国家一样。无论何人不得叛离；不忠于教会者可以死刑处之。

第二，中古教会除广拥土地外，并享有教税。凡教徒均有纳税之义务，正与今日吾人捐输国税者同。

第三，中古教会实无异国家，既有法律又有法庭，并有监狱，有定人终身监禁之罪之权。

第四，中古教会不但执行国家之职务，且有国家之组织。教皇为最高立法者，亦为最高司法者，统治西部欧洲一带之教会，政务殷繁。凡教皇内阁阁员及其他官吏合而为"教皇之朝廷"（curia），各地教会文书往来，以拉丁文为其统一之文字。

引录这一段话的用意，只在让人想见彼时教会之强大，生息于其中之西方人将受到怎样的教训与磨炼。

第四章
中国人缺乏集团生活

一、西人所长吾人所短

团体与个人是西洋人的老问题；全部西洋史几乎都表见在这问题上面。他们在这问题上所受教训及锻炼既多，自然有许多长处。这许多长处，亦可分两面来看。关于个人一面的，且容后谈。关于团体一面的，可以约举为四点：

第一，公共观念；

第二，纪律习惯；

第三，组织能力；

第四，法治精神。

这四点亦可总括以"公德"一词称之。公德，就是人类为营团体生活所必需的那些品德。这恰为中国人所缺乏，往昔不大觉得，自与西洋人遭遇，乃深切感觉到。距今四十五年前梁任公先生倡"新民说"，以为改造社会，挽救中国之本。他第一即揭"公德"为论题，已予指出。今在本书讨究工作上，还要不放松地说一说。

先从末后第四点说起，此处所云法治精神，盖就西洋人之执法与中国人之徇情，对照而说。在大团体中一办公机关，应付众人，处理百事，只有订出律条而拘守之，无论什么人来一律看待。然后乃少费话，免纠纷，公事进行得快，而秩序以立，群情以安。其中虽不免忽视个别情形，而强不齐以为齐，竟不洽情不中理者。却是不如此，大事小事都将办不成。法治之必要即在此。然而在家庭间亲族间就不然了。一家之中，老少，尊卑，男女，壮弱，其个别情形彰彰在目，既无应付众人之烦，正可就事论事，随其所宜。更且以密迩同处，一切隐微曲折彼此无不了然相喻，难以抹杀不顾。而相亲如骨肉，相需如手足，亦必求其细腻熨帖；乃得关系圆满，生活顺畅。此时无所用其法治，抑且非法所能治，虽无所谓为徇情，而凡所斟酌，却莫非情致不同。

徇情的问题，是在较大范围中乃发生的。此因其一面范围渐大，人数渐众，颇非随便应付得了，渐有用法之必要；另一面则亲疏厚薄，其间自有差别，尚难尽舍人情而专用法。中国人的生活，既一向倚重于家庭亲族间，到最近方始转趋于超家庭的大集团："因亲及亲，因友及友"其路仍熟，所以遇事总喜托人情。你若说"公事公办"，他便说你"打官话"。法治不立，各图侥幸，秩序紊乱，群情不安。当然就痛感到民族品性上一大缺点，而深为时论所诟病了。

次说到组织能力。此所谓组织能力，即指如何作团体一分子的能力，其要素在对于团体之牢韧的向心力，和耐烦商量着向前进行的精神。有人说"中国人不是自暴自弃，就是自尊自大；他或者不要发言权不要监督权，乃至不要自由权做一个顺民亦可以，或者就是要想做皇帝的，乃至想给他皇帝也不做的"[①]。这种

[①] 见傅大龄《真正中国人及其病源》一文，《国闻周报》第 9 卷 17 期。

情形，确随处可见。例如近几十年自有"有限责任股份公司"这种组织以来，往往都是极少几个人把持其事，多数股东不闻不问，听受支配。只要分到股息，心满意足，假如亏折，自认晦气而已。除非蓄意寻事，鲜有考研内情，查问账目的。又如民国七八年以来，各地学生会，其中热心的废寝忘食，真可牺牲一切；但事情必须听他主张。如果他的主张行不去，他的意见没人听，马上心灰意懒，好歹不问了。赌起气来，闹到分裂散伙亦可以；相持不下，将团体之事搁起来不进行亦可以。又如乡镇地方之事，由地方官以命令行之，大家听从没有话说；或由一二领袖做主，亦可行得通。一旦地方官好意召集众人，以问题付之公议解决，往往就议论歧出，商量不到一处，事情反而办不动。此时再下命令，他们亦不愿听了。总之，或者受人支配做一个顺民；或者让他做主，众人都依他的。独于彼此商量大家合作，他却不会。凡此种种，例证甚多。时论所讥"一盘散沙""没有三人以上的团体，没有五分钟的热气"，大抵指此。

其实，这是不足怪的。中国人原来个个都是顺民，同时亦个个都是皇帝。当他在家里关起门来，对于老婆孩子，他便是皇帝。出得门来，以其巽顺和平之第二天性，及其独擅之"吃亏哲学"（见后），遇事随和，他便是顺民。参加团体众人之中，不卑不亢的商量，不即不离的合作，则在他生活中素少此训练（尤以士人生活及农人生活为然）。

往者胡石青先生（汝麟），在民国初年尝遍游全球各地。特别是北美、南美、南太平洋多有华侨之处，他都到过。他常爱谈所见华侨故事，而结论说：华侨的才干非他侨民（例如日本侨民）所及，亦非其当地人所及。不论干哪一项事业，皆能有他的表见；乃至当强盗，做乞丐，亦复出色当行。但有一点：这都是其个人本领，而非成功于群策群力的组织。就因在团体组织上不如人，又得不到国家保护，终为日本侨民所胜，为当地人之所欺。——这真是很好例证。处此竞争世界，中国人所以归于劣败者，其最大原因实在此。

组织能力缺乏，即政治能力之缺乏；盖国家正不外一个大团体。四五十年前梁任公先生尝论中国人无政治能力，而辩其非困于专制政体。他反诘说：若谓为专制政体所困，则何以专制政体所不能及之时如鼎革之交，专制政体所不能及之事如工商业如教育等，专制政体所不能及之地如殖民海外，特别是如百年前之旧金山者，均无所表见。① 另在其《新大陆游记》中略点出其理由说，中国有"族民"而无西洋之"市民"，有族自治或乡自治而无西洋之市自治。西洋之市自治为其政治能力之滥觞，而中国之族自治乡自治则其政治能力之炀灶，② 虽于中西社会演进之两条路，尚未言之深切著明，而所见正自不差了。

再其次，论纪律习惯。所谓纪律习惯，盖指多人聚集场面，无待一条一条宣布，而群众早已习惯成自然的纪律。在消极一面，例如：开会场中不交谈、不咳嗽，走路不作声响，出入不乱挤，一举一动顾及前后左右而不妨碍旁人等等。在积极一面，例如：坐则循序成列，行则排队成行，发言则当机得时，动作则彼

---

① 见梁氏所著《新民说》。华人之移植旧金山系以帆船而往，远在1851—1874年，距美国开国不过数十年耳。

② 此梁氏原著词句，"滥觞"为导源之意，"炀灶"为前人掩蔽后人之意。

此配合照应,种种细节,难以枚举。无论消极积极,扼要一句话:必求集体行动起来,敏捷顺利,效率要高,不因人多而牵扰费时。试看车站或戏院售票的门窗前,西洋人自然鱼贯成行,顺序而进;中国人却总是争前窜后,虽有警察,犹难维持秩序。其实不守顺序之结果,事务进行反而缓慢,甚至进行不得。只有各守顺序,乃得让大家较快达到目的。西洋人从事实教训上深明此理;中国人事实不够,所以还不明白。又在开会场中,中国人还当他在家里一样,耳目四肢只为其个人用,不曾意识到团体的要求,妨碍公务于不自知,更为习见不鲜。

这些都不是曾受教育没有的问题。若以为西洋教育普及而中国人没有受教育的太多,遂有此不同结果,便错了。要知道这些多半不是意识之事,而宁为习惯之事。习惯为身体与环境间的产物,而养成于实际生活。假若一个人生长在倚重家庭生活之社会,如中国者,纵然受过大学教育,一样犯这些毛病。西洋人之纪律习惯,不是出于它的文化,而宁出于它的武化——即仍为其集团斗争之所锻炼者。好像今日学校里,亦还是寓群育与体育,借着体育上种种运动竞赛以训练集体行动,其理正同。

人们的品性,固皆养成于不知不觉之间;但同时亦应承认,公共观念不失为一切公德之本。所谓公共观念,即指国民之于其国,地方人之于其地方,教徒之于其教,党员之于其党,合作社社员之于其社……如是之类的观念。中国人,于身家而外漠不关心,素来缺乏于此。特别是国家观念之薄弱,使外国人惊奇。1932年上海"一·二八"战役中,《巴黎晨报》记者行经上海不甚远的地方,看见一切如无其事然,不禁大大惶惑,莫名其妙。

后来马君武先生曾写一文，举 1934 年 3 月 16 日德国恢复征兵之消息发布，柏林一位六十多岁女房东闻讯欢喜过度，倒地而死之例，以为对照。其实这种不同，绝不是天生地从血里带来，亦不是学说或教育（狭义）之结果。而是社会构造不同，生活环境有异，从而形成之情操习惯自不免两样耳。

二、中国人缺乏集团生活

从西方人闹得最大问题而我们没有，从西方人之所长恰即我们之所短，早已证明出中国人缺乏集团生活了。但我们仍不妨从宗教、经济、政治各方面，分别来检看一番。

在检看之先，却要把何谓集团生活确定了才行。所谓集团生活，诸如前述诚然形形色色；但亦有其一致之点可指：

（一）要有一种组织，而不仅是一种关系之存在。组织之特征，在有范围（不能无边际）与主脑（需有中枢机关）。

（二）其范围超于家族，且亦不依家族为其组织之出发点。——多半依于地域，或职业，或宗教信仰，或其他。

（三）在其范围内，每个人都感受一些拘束，更且时时有着切身利害关系。

合于此三条件者，即可说是集团生活；不合的，便不是。我们以此为衡，则中国人是缺乏集团生活的。

第一，中国人百分之九十以上，怕都不在宗教组织中。一个中国青年到印度，人家问他是哪一教；他回答：任何宗教都不是。当地人闻之全都诧讶不解。这回答若在欧洲中古，亦将为人所不解的。然而这不是中国青年界极普通情形吗？我却非说百分之九十的中国人都是这样。大多数中国人,恰与此相反。他们于圣贤仙佛各种偶像,不分彼此,一例崇拜,尚不及日本人进甲庙则不进乙庙,拜乙神则不拜甲神之稍有区别。区别都没有,尚何组织可言。

第二,说到国家组织,中国人亦大成问题,如本书第一章所列中国文化第十一特征,即其问题之提出。于此而成问题,中国人之缺乏集团生活乃非同小可。在后边将特加论列,此不多说。

从国家放得很松来推想,则地方自治体和职业自治体可能很发达。不错,中国社会秩序之维持,社会生活之进行,宁靠社会自身而不靠国家;地方自治和职业自治是相当有的。可惜从现存史籍中,大多不易考见,颇难论定。而说到地方自治,更有可注意者两点:一点是中国有乡自治而没有市自治,恰与西洋地方自治肇始于都市者相反;一点是地方自治体欠明确欠坚实,与官治有时相混。

关于前一点,梁任公先生在其早年《新大陆游记》中即已提出:

> 吾国社会之组织,以家族为单位,不以个人为单位;所谓家齐而后国治也。西方人之自治力发达固早,吾中国人地方自治亦不弱于彼。顾何以彼能组成一国家,乃我不能?则彼之所发达者,市制之自治;而我之所发达者,族制之自治也。试游我国之乡落,其自治规模确有不可掩者。恒不过区区二三千人耳,而其立法行政之机关秩然具备。若此者,宜其为建国之第一基础也。乃一游都会之地,则其状态之凌乱不可思议矣,凡此皆能为族民不能为市民之明证也。吾游美

洲观于华侨而益信。彼既脱离其乡井,以个人资格来居最自由之大都市,顾其所赍来所建设者,仍舍家族制度无他物,且其所得以维持社会秩序之一部分者,仅赖此焉。

任公先生晚年著《中国文化史》,其社会组织篇第七章讲乡治,第八章讲都市。他经历多年研究之最后结果,还是"中国有乡自治而无市自治"一句话。乡治章中,特将他自己家乡——广东新会县茶坑乡——自治组织之梗概述出①而作结论云:

此种乡自治,除纳钱粮外,以讼狱极少,几与地方官府全无交涉。窃意国内具此规模者,尚所在多有。虽其间亦恒视得人与否为成绩之等差;然大体盖相去不远。此盖宗法社会蜕余之遗影,以极自然的互助精神,作简单合理之组织,其于中国全社会之生存及发展,盖有极重大之关系。

的确,这与中国社会之生存发展有极重大之关系。或径直说:这即是中国社会所以数千年生存发展,可大可久的基础。一定要认识它,乃认识得中国文化。但他是与西洋集团生活有区别的,看后文自详。

再说后一点,地方自治体欠明确欠坚实,与官治有时相混。此谓其有时似属自治,有时又代以官治,一时一代兴废无定。且其组织、权限与区划,亦变更无常。即以民国以来言之,县以下基层组织忽而并大,忽而划小。制度纷更,几于朝令而夕改;单是名色,不知换了多少次。我们要谈的虽在过去之中国,然借今证古,显见其根基之不固。反观西洋,便不然了。1789 年法国大

---

① 梁著《中国文化史》,见《饮冰室合集》之专集第 18 册,中华书局出版。

革命时，于封建特权、农奴制度、行会制度种种一扫而空。教会田产被没收，教士改民选。种种改革几无所不至。独于整理地方制度，对旧有四万四千城乡自治区，以其为第十二世纪第十三世纪中自治制度及地方政府生机所寄之个体，故保存而无改。^① 到1921年，又经过一百几十年了，社会交通进步，单位自然减少，还保有三万七千九百六十三区。英国则自九世纪起，地方大小各区划沿用无改，其间只有一种叫 Hundred 的是消灭了。^② 这可见西洋人的地方自治体，是怎样地坚实有根基。质言之，他们当真是一个单位一个团体；而我们则乡党之间关系虽亲，团体性依然薄弱，若有若无。——以上论地方团体。

再论到职业团体一面。第一，中国农人除为看青而有"青苗会"一类组织外，是没有今所谓农会的。他们不因职业而另自集中，便天然依邻里乡党为组织，就以地方团体为他们的团体。而地方团体则常常建筑于家庭关系之上，如上已说。还有散在乡村以农人而兼为工人商人的，当然亦归属于此。第二，只有少数集于城市或较为聚处一地的工人商人，始形成中国的职业团体，而仍无今所谓工会商会。农会，工会，商会，这些都基于新法令而来。非旧日有的。旧日工人商人的职业自治组织如何，今已不易考见其详；而在其"行""帮""公所""会馆"之间，却有下列缺点可指：一是大抵没有全国性的组织如今所谓"全国商会联合会"之类——此见其同业之自觉殊有限；二是于同业组织中，仍

---

① 桑戴克著《世界文化史》，冯译本第 568 页，商务印书馆出版。
② 王检译、海烈斯著《各国地方自治大纲》第 225 页，大东书局出版。

复因乡土或族姓关系而分别自成组织，大大弛散其同业组织——此见乡党意识宗族意识之强于行业意识；三是由"同行是冤家"一句谚语，可知其同行业者彼此之嫉忌竞争，缺乏西洋中世纪基尔特那样坚密团体精神。

在士农工商四民之中，士人原为一种行业。他们止于微有联络而已，谈不到有团体。因为他们一面是最富有个性的人，一面又是缺乏共同利害的人。如其说中国人散漫，那第一是从他们来的，第二是从农人来的。士人和农人，是构成中国社会之最重要成分；他们散漫，中国便不得不散漫了。

往时柳诒徵先生撰有《述社》一文，刊于《学衡》第五十四期，从史籍上考证中国民间各种团体组织，极费搜求之功。在形迹上，我们自不否认有其事；然而其贫乏，是严重的。像今天我们所见集会结社之事，倒回三十余年去，在辛亥革命前是绝少的；在五六十年前，更看不见。即如大的学校、大的工厂、大的股份公司亦俱是从外界潮流输入。当初全是零散的私塾，零散的小农小工小商。至于政治活动而有所组织，更不许可。唐史宋史上之党派，至多是一点联络而已，没有今天的党派组织。

三、团体与家庭二者不相容

集团生活，在中国不能说没有，只是缺乏。中西之不同，只是相对的，不是绝对的。然而我们早说过，人类社会之进化实为生物进化之继续。在生物界中就没有绝对不同之事，虽植物动物亦不过是相对的不同，其他更不用说。盖凡生物之所现示，皆为一种活动的趋势或方向，但有相对之偏胜，而无绝对的然否。要划一条界，是划不出来的。虽划不出界限，而由不同之趋向发展去，却可能相反对，成了极严重的问题。西方人集团生活偏胜，中国人家族生活偏胜，正是分向两方走去，由此开出两种相反的文化。

集团生活与家庭生活，二者之间颇不相容；而基督教恰为前者开路，以压低后者。关于此点，已故张荫麟教授有一论文，曾予指出：

在基督教势力下，个人所负宗教的义务，是远超过家族的要求。教会的凝结力，是以家族的凝结力为牺牲的。《新约》里有两段文字，其所表现之伦理观念与中国传统伦理观念相悖之甚，使得现今通行的汉译本不得不大加修改。其一段记载耶稣说："假若任何人到我这里，而不憎恶他的父母妻子儿女兄弟姊妹，甚至一己的生命，他就不能做我的门徒。"又一段记载耶稣说："我来并不是使世界安宁的，而是使它纷扰的；因为我来了将使儿子与他父亲不和，女儿与他母亲不和，媳妇与他婆婆不和。"（以上两段并见韩亦琦氏新译本）（中略）基督教一千数百年的训练，使得牺牲家族小群而尽忠超越家族的大群之要求，成了西方一般人日常呼吸的道德空气。后来（近代）基督教势力虽为别的超越家族的大群（指民族国家）所取而代，但那种尽忠于超越家族的大群之道德空气，则固前后如一。（张著《论中西文化的差异》，《思想与时代》第十一期）

为西方人集团生活开路的是基督教；同时不待说周孔教化便为中国人开了家族生活之路。严格讲，家族生活集团生活同为最早人群所固有，并非自他们而开始。但这好比本能生活理智生活同为动物界所固有，却到节足动物脊椎动物出现，而后本能理智两路始分一样。中西社会构造既于此而分途，所以我们正应该指出西方之路开于基督，中国之路开于周孔，而以宗教问题为中西文化的分水岭。

当基督教传到中国来，此两相反之趋向遭遇一处，这方一直未曾受变于那方。相反地，倒是那方妥协于这方。除《新约》译文对于原文不得不修改外，他们教会人士且承认了中国人敬祖先和祭拜孔子各种礼俗。这种妥协承认，后来虽不免争执冲突而一度翻案（罗马教皇1742年断然不许行中国礼），但末后（1939

年）终究还是承认了。[1] 此诚亦见出中国文化之深固不拔，但所以能取得对方承认的，还在其近情近理。盖敬祖先不过尽人子孝思之诚，拜孔子则敬其为人师表，全没有什么说不通之处也。迨新教起来，基督教本身既有变化，教会组织后来亦大不同于前，彼此遂慢慢相安。还有佛教精神与中国家族伦理亦是不合的，而它到中国后，卒亦受变于中国。此即前引稻叶君山、太虚法师等所说，基督教和佛教都屈服了的话。

太虚法师论文内有云："此家族层套，一方易于分散大众的合组，一方又牵制个人的特动，故无敌国外患，每能长治久安。"他正是看出了其间得失长短，暨团体与家族二者之不相容性。读者试印证以前章所举商鞅在秦变法之事，和雷海宗教授只认战国七雄是国家而说西汉家族复盛后之中国不成国家，自更明白。商鞅种种作为，无非站在国家立场，要直接控制到个人，便不得不破坏家族伦理，而遭儒家诟病。战国七雄在国际竞争紧张局面下，各自加强其对内控制，始成国家；而自汉代恢复了家族生活，则二千年来的中国，在史学家只能说是一个庞大的社会，一个大文化区了。关于国家问题，后当详论；此不过就集团生活家族生活之难并存，用以指证集团生活在中国之缺乏。

从家族生活发展去，岂止不成国家，抑且一个真的大地方自治体亦难构成。前引梁任公的话，说中国有族民而无市民；有族

---

[1] 当十六世纪耶稣会士利玛窦等在中国传教，以中国礼俗与彼教无悖，取承认态度。其后教会内部发生争执。罗马教皇与中国皇帝之间亦因而冲突，卒至决裂翻案，一时天主教在中国几致绝灭，后来中国方面不甚认真而缓和下来。1939年罗马教皇亦卒加以解释而承认中国礼之可行。

自治乡自治而无都市自治；他正是无意中发觉了此一问题。凡此亦当并论于后。

亡友卢康济（瀚）颖悟过人，十余年前尝对我说，马克思著《资本论》，于是西方社会赖以阐明；我今要著《家族论》以说明中国的社会史。他曾东游日本，研究此题，数年间积稿盈箧。可惜书未成而身死，其稿我亦未得见。这个工作，今后学术界上还须有人担负。行笔至此，特为附志。

第五章

中国是伦理本位的社会

一、何谓伦理本位

即此缺乏集团生活，是中国人倚重家庭家族之由来，此外并不须其他解释（如冯卢诸君所说者）。盖缺乏集团生活与倚重家族生活，正是一事之两面，而非两事。这是既经上面种种指证中西社会生活之不同以后，十分明白的事。

是人类都有夫妇父子，即都有家庭；何为而中国人的家庭特见重要？家庭诚非中国人所独有，而以缺乏集团生活，团体与个人的关系轻松若无物，家庭关系就自然特别显著出了。——抑且亦不得不着重而紧密起来。西洋人未始无家庭，然而他们集团生活太严重太紧张，家庭关系遂为其所掩。松于此者，紧于彼；此处显，则彼处隐。所以是一事而非两事。在紧张的集团中，团体要直接统制干涉个人；在个人有自觉时候，要争求其自由和在团体中的地位。团体与个人这两面是相待而立的，犹乎左之与右。左以右见，右以左见。在西洋既富于集团生活，所以个人人格即由此而茁露。在中国因缺乏集团生活，亦就无从映现个人问题。团体与个人，在西洋俨然两个实体，而家庭几若为虚位。中国人却从中间就家庭关系推广发挥，而以伦理组织社会，消融了个人与团体这两端（这两端好像俱非他所有）。

我从前曾为表示中国西洋两方社会生活之不同，做了两个图，①其第一图如下：

西洋　　　　　　中国

团体　　　　　　团体

家庭　　　　　　家庭

个人　　　　　　个人

中国西洋对照图之一

图例：
1. 以字体大小表示其位置之轻重；
2. 以箭形线一往一复表示其直接互相关系；
3. 虚线则表示其关系不甚明确。

这种不同实是中西文化路径不同。论者徒有见于近代产业兴起，家庭生活失其重要，不复巩固如前，同时个人之独立自由，亦特著于近代思潮以后，其间互有因果关系，从而蔚成西洋近代国家；便设想个人隐没于家庭，家庭生活呆重如中国者，当必为文化未进之征，而类同于西洋之中古。于是就臆断其为社会演进前后阶段之不同。他不从双方历史背景仔细比较以理解现在，而遽凭所见于后者以推论其前，焉得正确！

---

① 见旧著《乡村建设理论》第54页。

然则中国社会是否就一贯地是家庭本位呢？否，不然。我们如其说，西洋近代社会是个人本位的社会——英美其显例；而以西洋最近趋向为社会本位的社会——苏联其显例。那我们应当说中国是一"伦理本位的社会"。"家族本位"这话不恰当，且亦不足以说明之。只有宗法社会可说是家族本位，此见甄克斯《社会通诠》。中国却早蜕出宗法社会，章太炎先生作《社会通诠商兑》尝辨明之。[①] 要知：在社会与个人相互关系上，把重点放在个人者，是谓个人本位；同在此关系上而把重点放在社会者，是谓社会本位；皆从对待立言，显示了其间存在的关系。此时必须用"伦理本位"这话，乃显示出中国社会间的关系而解答了重点问题。若说家族本位既嫌狭隘，且嫌偏在一边。

人一生下来，便有与他相关系之人（父母、兄弟等），人生且将始终在与人相关系中而生活（不能离社会），如此则知，人生实存于各种关系之上。此种种关系，即是种种伦理。伦者，伦偶；正指人们彼此之相与。相与之间，关系遂生。家人父子，是其天然基本关系；故伦理首重家庭。父母总是最先有的，再则有兄弟姊妹。既长，则有夫妇，有子女；而宗族戚党亦即由此而生。出来到社会上，于教学则有师徒；于经济则有东伙；于政治则有君臣官民；平素多往返，遇事相扶持，则有乡邻朋友。随一个人年龄和生活之开展，而渐有其四面八方若近若远数不尽的关系。是关系，皆是伦理；伦理始于家庭，而不止于家庭。

[①] 严先生据《社会通诠》以"排满"为宗法思想。章先生则据历史指证春秋战国许多不排外之事，以明中国早与宗法社会条件不合，参看本书第八章。

吾人亲切相关之情，几乎天伦骨肉，以至于一切相与之人，随其相与之深浅久暂，而莫不自然有其情分。因情而有义。父义当慈，子义当孝，兄之义友，弟子义恭。夫妇、朋友乃至一切相与之人，莫不自然互有应尽之义。伦理关系，即是情谊关系，亦即是其相互间的一种义务关系。伦理之"理"，盖即于此情与义上见之。更为表示彼此亲切，加重其情与义，则于师恒于"师父"，而有"徒子徒孙"之说；于官恒曰"父母官"，而有"子民"之说；于乡邻朋友，则互以叔伯兄弟相呼。举整个社会各种关系而一概家庭化之，务使其情益亲，其义益重。由是乃使居此社会中者，每一个人对于其四面八方的伦理关系，各负有其相当义务；同时，其四面八方与他有伦理关系之人，亦各对他负有义务。全社会之人，不期而辗转互相联锁起来，无形中成为一种组织。——前说"中国人就家庭关系推广发挥，以伦理组织社会"者指此。此种组织与团体组织是不合的。它没有边界，不形成对抗。恰相反，它由近以及远，更引远而入近；泯忘彼此，尚何有于界划？自古相传的是"天下一家""四海兄弟"。试问何处宗法社会有此超旷意识？——宗法社会排他性最强。如只是家族本位、宗法制度，怎配把中国民族在空间上恢拓这样大，在时间上绵延这样久？要知家族宗法之依稀犹存，正为其有远超过这些者，而非就是这些。

那么，其组织之重点又放在哪里呢？此且看后文。

二、伦理之于经济

大抵社会组织，首在其经济上表著出来。西洋近代社会之所以为个人本位者，即因其财产为个人私有。恩如父子而异财；亲如夫妇而异财；偶尔通融，仍出以借贷方式。儿子对父母，初无奉养责任——社会无此观念，法律无此规定。①父母年老而寓居其子之家，应付房租饭费。其子或予免费，或减收若干者，非恒例。如同各人有其身体自由一样，"财产自由"是受国家法律社会观念所严格保障的。反之，在社会本位的社会如苏联者，便是以土地和各种生产手段统归社会所有。伦理本位的社会于此，两无所似。

伦理社会中，夫妇、父子情如一体，财产是不分的。而且父母在堂，则兄弟等亦不分；祖父在堂，则祖孙三代都不分的，分则视为背理（古时且有禁）。——是曰共财之义。不过伦理感情是自然有亲疏等差的，而日常生活实以分居为方便；故财不能终共。于是弟兄之间，或近支亲族间，便有分财之义。初次是在分

---

① 但对于无谋生能力不能维持生活之父母，则民法上大都规定其子女有扶养之义务。

居时分财，分居后富者或再度分财与贫者。亲戚朋友邻里之间，彼此有无相通，是曰通财之义。通财，在原则上是要偿还的；盖其分际又自不同。然而作为周济不责偿，亦正是极普通情形。还有遇到某种机会，施财亦是一种义务；则大概是伦理上关系最宽泛的了。要之，在经济上皆彼此顾恤，互相负责；有不然者，群指目以为不义。此外，如许多祭田、义庄、义学等，为宗族间共有财产；如许多社仓、义仓、学田等，为乡党间共有财产；大都是作为救济孤寡贫乏和补助教育之用。这本是从伦理负责观念上，产生出来的一种措置和设备，却与团体生活颇相近似了。

从某一点上来看，这种伦理的经济生活，隐然亦有似一种共产。不过它不是以一个团体行共产。其相与为共的，视其伦理关系之亲疏厚薄为准，愈亲厚，愈要共，以次递减。同时亦要看这财产之大小，财产愈大，将愈为多数人之所共。盖无力负担，人亦相谅；既有力量，则所负义务随之而宽。此所以有"蛇大窟窿大"之谚语。又说"有三家穷亲戚，不算富；有三家阔亲戚，不算贫"。然则其财产不独非个人有，非社会有，抑且亦非一家庭所有。而是看作凡在其伦理关系中者，都可有份的了，谓之"伦理本位的社会"，谁曰不宜。

中国法律早发达到极其精详地步。远如唐律，其所规定且多有与现代各国法典相吻合者。但各国法典所致详之物权债权问题，中国几千年却一直是忽略的。盖正为社会组织从伦理情谊出发，人情为重，财物斯轻，此其一。伦理因情而有义；中国法律一切基于义务观念而立，不基于权利观念，此其二。明乎此，则对于物权债权之轻忽从略，自是当然的。此一特征，恰足以证明我们上面所说财产殆属伦理所共有那句话。

再与西洋对照来看，像英美等国常有几百万失业工人，整年从国家领取救济金维持生活，实为过去中国所未闻。在他们非独失业问题如此，什么问题来了，都是课问政府。因为西洋原是团体负责制。中国则各人有问题时，各寻自己的关系，想办法。而由于其伦理组织，亦自有为之负责者。因此，有待救恤之人恒能消纳于无形。此次抗战，在经济上支撑八年，除以农村生活偏于自给自足，具有甚大伸缩力外，其大量知识分子和一部分中上阶级之迁徙流离，卒得存活者，实大有赖于此伦理组织。中外人士固多有能察识及此，而道之者。

随此社会经济伦理化之结果，便是不趋向所谓"生产本位"的资本主义之路。后面第十章当论之。

三、伦理之于政治

就伦理组织说，既由近以及远，更引远而入近，故尔无边界无对抗。无边界无对抗，故无中枢，亦即非团体。非团体，即无政治。政治非他，不外团体公共之事而已。但一家族却可自成范围而有其中枢，有其公共事务即政治。不过这按之前说集团生活三条件（见第四章），不算真团体。中国过去之乡治与国政，大抵都是本于这种方式。

旧日中国之政治构造，比国君为大宗子，称地方官为父母，视一国如一大家庭。所以说"孝者所以事君，弟者所以事长，慈者所以使众"；而为政则在乎"如保赤子"。自古相传，二三千年一直是这样。这样，就但知有君臣官民彼此间之伦理的义务，而不认识国民与国家之团体关系。因而在中国，就没有公法私法的分别，刑法民法亦不分了。一般国家罔非阶级统治；阶级统治是立体的。而伦理关系则是平面的。虽事实逼迫到中国要形成一个国家，然条件既不合（后详），观念亦异。于是一般国家之阶级统治，在这里不免隐晦或消融了。

不但整个政治构造，纳于伦理关系中；抑且其政治上之理想与途术，亦无不出于伦理归于伦理者。福利与进步，为西洋政治上要求所在；中国无此观念。中国的理想是"天下太平"。天下太平之内容，就是人人在伦理关系上都各自做到好处（所谓父父子子），大家相安相保，养生送死而无憾。至于途术呢，则中国自古有"以孝治天下"之说。近代西洋人不是相信。从人人之开明的利己心可使社会福利自然增进不已吗？这正好相比。这是说：从人人之孝弟于其家庭，就使天下自然得其治理；故为君上者莫若率天下以孝。两方目标虽不同，然其都取放任而不主干涉又却相近。孟德斯鸠《法意》上有两三段话，大致不差：

（前略）是故支那孝之为义，不自事亲而止也，盖资于事亲而百行作始。惟彼孝敬其所生，而一切有于所亲表其年德者，将皆为孝敬之所存。则长年也，主人也，官长也，君上也，且从此而有报施之义焉。以其子之孝也，故其亲不可以不慈。而长年之于稚幼，主人之于奴婢，君上之于臣民，皆对待而起义。凡此谓之伦理；凡此谓之礼经。伦理、礼经，而支那所以立国者胥在此。（严译本十九卷十九章）

支那之圣贤人，其立一王之法度也，所最重之祈向，日惟吾国安且治而已。夫如此，故欲其民之相敬。知其身之倚于社会而交于国人者，有不容已之义务也，则礼仪三百威仪三千从而起矣。是以其民虽在草泽州里之间，其所服习之仪容殆与居上位者无攸异也。因之其民为气柔而为志逊，常有以保其治安，存其秩序。惩忿窒欲，期戾气之常屏而莫由生。（十九卷十六章）

（前略）而支那政家所为尚不止此。彼方合宗教法典仪文习俗四者，于一炉而冶之。凡此皆民之行谊也，皆民之道德也,总是四者之科条,而一言以括之曰礼。使上下由礼而无违,斯政府之治定,斯政家之功成矣。此其大经也,幼而学之,学于是也。壮而行之,行于是也。教之以一国之师儒,督之以一国之官宰。举民生所日用常行,一切不外于是道。使为上能得此于其民;斯支那之治为极盛。(十九卷十七章)

四、伦理有宗教之用

中国人似从伦理生活中,深深尝得人生趣味。像孟子所说:

仁之实,事亲是也。义之实,从兄是也。智之实,知斯二者弗去是也。礼之实,节文斯二者是也。乐之实,乐斯二者。乐则生矣;生则恶可已也!恶可已,则不知足之蹈之,手之舞之!

朱注:"乐则生矣",谓事亲从兄之意油然自生,如草木之有生意。既有生意,则其畅茂条达自有不可遏者;所谓"恶可已"也。其又盛,则至于"手舞足蹈"而不自知矣!

固然其中或有教化设施的理想,个人修养的境界,不是人人现所尝得的。然其可能有此深醇乐趣,则信而不诬。普通人所尝得者不过如俗语"居家自有天伦乐",而因其有更深意味之可求,几千年中国人生就向此走去而不回头了。

反之,鳏、寡、孤、独,自古看作人生之最苦,谓曰"无告"。此无告二字,颇可玩味。"无告",是无所告诉;何以无所告诉,便为最苦?固然有得不到援助之意,而要紧尚不在援助之有无,要在有与我情亲如一体的人,形骸上日夕相依,神魂间尤相依以为安慰。一啼一笑,彼此相和答;一痛一痒,彼此相体念。——此即所谓"亲人",人互喜以所亲者之喜,其喜弥扬;人互悲以所亲者之悲,悲而不伤。盖得心理共鸣,衷情发舒合于生命交融活泼之理。所以疾苦一经诉说,不待解救,其苦已杀也。西洋亲子异居,几为定例;夫妇离合,视同寻常。直是不孤而孤之,不独而独之;不务于相守,而恒相离;我以为变,彼以为常。借此不同的习俗,而中国人情之所尚,更可见。

同时又因为中国是职业社会而不是阶级社会(详后)之故,每一家人在社会中地位可能有很大升降,这给予家庭伦理以极大鼓励作用。一家人(包含成年的儿子和兄弟),总是为了他一家的前途而共同努力。就从这里,人生的意义好像被他们寻得了。何以能如此?其中有几点道理:(一)他们是在共同努力中。如所谓"三兄四弟一条心,门前土地变黄金""家和万事兴"一类谚语,皆由此而流行。熙熙融融,协力合作,最能使人心境开豁,忘了自己,此时纵然处境艰难,大家吃些苦,正亦乐而忘苦了。(二)所努力者,不是一己的事,而是为了老少全家,乃至为了先人为了后代。或者是光大门庭,显扬父母;或者是继志述事,无坠家声;或者是积德积财,以遗子孙。这其中可能意味严肃、隆重、崇高、正大,随各人学养而认识深浅不同。但至少,在他们都有一种神圣般的义务感。在尽了他们义务的时候,睡觉亦是魂梦安稳的。(三)同时,在他们面前都有一远景,常常在鼓励他们工作。当其厌倦于人生之时,总是在这里面(义务感和远景)重新取得活力,而又奋勉下去。每每在家贫业薄寡母孤儿的境遇,愈自觉他们对于祖宗责任之重,而要努力兴复他们的家。历史上伟大人物,由此产生者不少。

中国人生，便由此得了努力的目标，以送其毕生精力，而精神上若有所寄托。如我夙昔所说，宗教都以人生之慰安勖勉为事；那么，这便恰好形成一宗教的替代品了。①

盖人生意味最忌浅薄，浅薄了，便牢拢不住人类生命，而使其甘心送他的一生。饮食男女，名位权利，固为人所贪求；然而太浅近了。事事为自己打算，固亦人之恒情；然而太狭小了。在浅近狭小中混来混去，有时要感到乏味的。特别是生命力强的人，要求亦高；他很容易看不上这些，而偏对于相反一面——如贞洁禁欲，慷慨牺牲——感觉有味。权利欲所以不如义务感之意味深厚，可能引发更强生命力出来，表见更大成就者，亦正为此。这种情形，是原于人的生命本具有相反之两面：一面是从躯壳起念之倾向；又一面是倾向于超躯壳或反躯壳。两面中间，则更有复杂无尽之变化。宗教正是代表后一倾向。其所以具有稳定人生之伟大作用者，就为它超越现实，超越躯壳，不使人生局于浅近狭小而止。生命力强的人，得其陶养而稳定，庸众亦随之而各安其生。中国之家庭伦理，所以成一宗教替代品者，亦即为它融合人我泯忘躯壳，虽不离现实而拓远一步，使人从较深较大处寻取人生意义。它实在是那两面中间变化之一种。

以上皆说明伦理有宗教之用，意谓中国缺乏宗教，以家庭

---

① 亡友王鸿一先生尝谓：鸟兽但知有现在，人类乃更有过去未来观念，故人生不能以现在为止。宗教即为解决此三世问题者，是以有天堂净土、地狱轮回一类说法。中国人则以一家之三世——祖先、本身、儿孙——为三世。过去信仰，寄于祖先父母，现在安慰寄于家室和合，将来希望寄于儿孙后代。此较之宗教的解决为明通切实云云，附此以备参考。

伦理生活来填补它。但我们假如说中国亦有宗教的话，那就是祭祖祀天之类。从前在北京有太庙、社稷坛、天坛，地坛、先农坛等，为皇帝行其典礼之处。在老百姓家里则供有"天地君亲师"牌位。《礼记》上曾说明"万物本乎天，人本乎祖"，祭天祭祖的意义是一贯地在于"报本反始"。从这种报本反始以至崇德报恩等意思，他可有许多崇拜（例如四川有"川主庙"，祀开创灌县水利工程的李冰父子之类）。不以拜天而止，不能称之曰拜天教；不以拜祖先而止，亦不是宗法社会的祖先教。它没有名称，更没有其教徒们的教会组织。不得已，只可说为"伦理教"。因其教义，恰不外乎这伦理观念；而其教徒亦就是这些中国人民。正未知是由此信仰而有此社会，抑或由此社会而有此信仰？总之，二者正相合相称。

五、此其重点果何在

中国人的神情，总是从容不迫。这自然是农业社会与工商业社会不同处。然而一个人在家里较之在团体组织中，亦是不同的。就在这宽松自然不甚经意的家人父子生活中，让人的情感发露流行。同时又以其为职业社会之故，在实际生活上使得这一家人相依为命（后详），于是其情感更深相缠结。扩演之结果，伦理的社会就是重情谊的社会。反之，在中国社会处处见彼此相与之情者，在西洋社会却处处见出人与人相对之势。非唯人民与其政府相对，劳工与其业主相对，甚至夫妇两性亦且相对，然此自是两方文化成熟后之情形；溯其来源，皆甚远。西方且另谈。中国之所以走上此路，盖不免有古圣人之一种安排在内，非是由宗法社会自然演成。

这即是说：中国之以伦理组织社会，最初是有眼光的人看出人类真切美善的感情，发端在家庭，培养在家庭。他一面特为提掇出来，时时点醒给人——此即"孝弟""慈爱""友恭"等。一面则取义于家庭之结构，以制作社会之结构——此即所谓伦理。于此，我们必须指出：人在情感中，恒只见对方而忘了自己；反之，人在欲望中，却只知为我而顾不到对方。前者如：慈母每为儿女而忘身；孝子亦每为其亲而忘身。夫妇间、兄弟间、朋友间，凡感情厚的必处处为对方设想，念念以对方为重，而把自己放得很轻。所谓"因情而有义"之义，正从对方关系演来，不从自己立场出发。后者之例，则如人为口腹之欲，不免置鱼肉于刀俎；狎妓者不复顾及妇女人格，皆是。人间一切问题，莫不起自后者——为我而不顾人；而前者——因情而有义——实为人类社会凝聚和合之所托。古人看到此点，知道孝弟等肫厚的情感要提倡。更要者，就是把社会中的人各就其关系，排定其彼此之名分地位，而指明相互间应有之情与义，要他们时时顾名思义。主持风教者，则提挈其情，即所以督责其义。如古书所云："为人君止于仁；为人臣止为敬；为人子止于孝；为人父止于慈；与国人交止于信。"如是，社会自然巩固，一切事可循轨而行。此种安排提倡，似不出一人之手，亦非一时之功。举其代表人物，自是周公孔子。

伦理社会所贵者，一言以蔽之曰：尊重对方。何谓好父亲？常以儿子为重的，就是好父亲。何谓好儿子？常以父亲为重的，就是好儿子。何谓好哥哥？常以弟弟为重的，就是好哥哥。何谓好弟弟？常以哥哥为重的，就是好弟弟。客人来了，能以客人为重的，就是好主人。客人又能顾念到主人，不为自己打算而为主人打算，就是好客人。一切都是这样。所谓伦理者无他义，就是要人认清楚人生相关系之理，而于彼此相关系中，互以对方为重而已。

我旧著于此，曾说："伦理关系即表示一种义务关系；一个人似不为其自己而存在，乃仿佛互为他人而存在者。"[①]今见张东荪先

[①] 见《中国民族自救运动之最后觉悟》第86页，中华书局出版。

生《理性与民主》一书第三章，论人性与人格，恰有同样的话：

> 在中国思想上，所有传统的态度总是不承认个体的独立性，总是把个人认作"依存者"（dependent being），不是指其生存必须依靠于他人而言，乃是说其生活在世必须尽一种责任，无异为了这个责任而生。

张先生还有一段话，足以印证上面我说的话：

> 我尝说，中国的社会组织是一个大家庭而套着多层的无数小家庭。可以说是一个"家庭的层系"（a hierarchical system of families），所谓君就是一国之父，臣就是国君之子。在这样层系组织之社会中，没有"个人"观念。所有的人，不是父，即是子。不是君，就是臣。不是夫，就是妇。不是兄，就是弟。中国的五伦就是中国社会组织；离了五伦别无组织，把个人编入这样层系组织中，使其居于一定之地位，而课以那个地位所应尽的责任。如为父则有父职，为子则有子职。为臣则应尽臣职，为君亦然。（中略）在一个家庭中，不仅男女有别是出于生理，即长幼之分亦成于天然。用这种天然的区别来反映在社会的组织上，则社会便变由各种不同的人们配合而成的了。（见张著《理性与民主》第8页）

此外则费孝通教授最近在伦敦经济学院，一篇《现代中国社会变迁之文化症结》讲演，向英国人以他们的 sportsmanship 比喻中国的社会结构，其意见亦足相印证。此不具引。

在中国没有个人观念；一个中国人似不为其自己而存在。然在西洋，则正好相反了。张先生书中，把西洋个人观念之渊源，从希腊文化、希伯来文化、罗马法等等说起，极有学术价值。但我们先不说那样远。我只指出它是近代产物，打从中古西洋人生之反动而来。谁都知道，西洋近代潮流主要在"个人之觉醒"。促使"个人之觉醒"者，有二：第一，是西洋中古基督教禁欲主义逼着它起反动，就爆发出来近代之欲望本位的人生；肯定了欲望，就肯定个人。第二，是西洋中古过强的集团生活逼着它起反动，反动起来的当然就是个人了。一面有欲望之抬头，一面个人又受不了那过分干涉；两面合起来，不是就产生人权自由之说了吗？近代以来，所谓"个人本位的社会"，即由这样对中古革命而出现于世。在社会组织上是个人本位；到法律上，就形著为权利本位的法律。于是在中国弥天漫地是义务观念者，在西洋世界上却活跃着权利观念了。在中国几乎看不见有自己，在西洋恰是自己本位，或自我中心。——这真是很好的一种对映。

此其相异，于中西日常礼仪上即可看出。如西洋人宴客，自己坐在正中，客人反在他的两旁。尊贵的客人，近在左右手；其他客人便愈去愈远。宴后如或拍影，数十百人皆为自己作陪衬，亦复如是。中国则客来必请上座，自己在下面相陪，宴席之间，贵客高居上座离主人最远；其近在左右手者，不过是末座陪宾了。寻其意味，我则尊敬对方，谦卑自处；西洋则自我中心，示其亲昵。——这完全是两种精神。

权利一词，是近数十年之舶来品，译自英文 rights。论其字之本义，为"正当合理"，与吾人之所尚初无不合。但有根本相异者，即它不出于对方之认许，或第三方面之一般公认，而是由自己说出。例如子女享受父母之教养供给，谁说不是应当的？但如子女对父母说"这是我的权利""你应该养活我；你要给我相当教育费"——便大大不合中国味道。假如父母对子女说"我应当养活你们到长大""我应给你们相当教育"——这便合味道了。就是父母对子女而主张自己权利，亦一样不合。不过沿着自幼小教导子女而来的习惯，父母责子女以孝养，听着好像不如是之不顺耳而已。其他各种关系，一切准此可知。要之，各人尽自己义务为先；权利则待对方赋与，莫自己主张。这是中国伦理社会所准据之理念。而就在彼此各尽其义务时，彼此权利自在其中；并没有漏掉，亦没有迟延。事实不改，而精神却变了。自第一次大战后，世界风气亦有许多转变，却总没有转变到如此。他们一种转变是：个人对于国家，当初只希望它不干涉者，此时转而希望它能积极负责。于是许多国家的新宪法（1919年德宪为其代表），于人民消极性权利之外，多规定些积极性权利，类如什么生存权、要工作权、受教育权等等。又一种转变是：社会本位思想抬头了，国家要采干涉主义，加重人民的义务。于是新宪法又添上：如何运用财产亦是人民的义务，如何受教育亦是人民的义务，如何工作亦是人民的义务，乃至选举投票亦是人民的义务，国家得从而强制之。这两种转变，显然都是出于一个趋势，就是国家这一团体愈来愈见重要。虽是一个趋势，而因为说话立场不同，有时站在这面，有时站在那面，却不免矛盾起来。其所以起矛盾者，即为两面各自主张其权利，而互以义务课于对方。若以我们伦理眼光来看，在国家一面，要把选举认为是国民的权利而尊重之，而以实行公开选举为国家必践之义务。在国民一面，则承认国家有权召集我们投票，承认投票是我们的义务而履行之。其他准此推之，无不迎刃而解。试问还有什么分歧，还有什么矛盾呢？但习惯于自我中心的西方人，则不会这样想这样说。他或者就为个人设想，为个人说话——他若是个人本位主义者，便如此。他或者就为国家设想，为国家说话——他若是团体本位主义者，便如此。

前曾说，在社会与个人相互关系上，把重点放在个人者，是谓个人本位；同在此关系上，把重点放在社会者，是谓社会本位。诚然，中国之伦理只看见此一人与彼一人之相互关系，而忽视社会与个人相互间的关系。——这是由于他缺乏集团生活，势不可免之缺点。但他所发挥互以对方为重之理，却是一大贡献。这就是：不把重点固定放在任何一方，而从乎其关系，彼此相交换；其重点实在放在关系上了。伦理本位者，关系本位也。非唯巩固了关系，而且轻重得其均衡不落一偏。若以此理应用于社会与个人之间，岂不甚妙！

团体权力与个人自由，在西洋为自古迄今之一大问题，难于解决。平心而论，各有各理，固执一偏，皆有所失。最合理想的解决，是这样：

一、平常时候，维持均衡，不落一偏；

二、于必要时，随有轩轾，伸缩自如。

但有何方法能达成这理想呢？如果说："两边都不要偏，我们要一个均衡！"则只是一句空话，不着边际，说了等于不说。如要有所指示，使人得所循守，而又不偏到一边去，那只有根据伦理，指示站在团体一面必尊重个人，而站在个人一面，则应以团体为重。此外更无他道。其实从现在看来，当初要确定"个人本位"，或要确定"团体本位"，都是错的。根本不应当定一客观标准令人循从。话应当看是谁说的，离开说话的人，不能有一句话。标准是随人的，没有一个绝对标准，此即所谓相对论。相对论是真理，是天下最通达的道理。中国伦理思想，就是一个相对论。两方互以对方为重，才能产生均衡。而由于不呆板地以团体为重，亦不呆板地以个人为重，而是一活道理，于必要时自能随其所需而伸缩。——一个难题，圆满解决。

第六章 以道德代宗教*

一、宗教是什么

宗族生活、集团生活同为最早人群所固有；但后来中国人家族生活偏胜，西方人集团生活偏胜，各走一路。西方之路，基督教实开之，中国之路则打从周孔教化来的，宗教问题实为中西文化的分水岭。凡此理致，于上已露其端。现在要继续阐明的，是周孔教化及其影响于中国者，同时，对看基督教所予西洋之影响。于此，必须一谈宗教。

人类文化都是以宗教开端；且每依宗教为中心。人群秩序及政治，导源于宗教，人的思想知识以至各种学术，亦无不导源于宗教。并且至今尚有以宗教包办一切的文化——西藏其一例。不仅文化不甚高的时候如此，便是高等文化亦多托庇在一伟大宗教下，而孕育发展出来——近代欧美即其例。我们知道，非有较高文化不能形成一大民族；而此一大民族之统一，却每都有赖一个大宗教。宗教之渐失其重要，乃只挽近之事耳。

盖人类文化占最大部分的，诚不外那些为人生而有的工具手段、方法技术、组织制度等。但这些虽极占分量，却只居从属地位。居中心而为之主的，是其一种人生态度，是其所有之价值判断。——此即是说，主要还在其人生何所取舍，何所好恶，何是何非，何去何从。这里定了，其他一切莫不随之，不同的文化，要在这里辨其不同。文化之改造，亦重在此，而不在其从属部分。否则，此处不改，其他尽多变换，无关宏旨。此人生态度或价值判断寓于一切文化间，或隐或显，无所不在，而尤以宗教、道德、礼俗、法律，这几样东西特为其寄寓之所。道德、礼俗、法律皆属后起，初时都蕴孕于宗教之中而不分，是即所以人类文化不能不以宗教开端，并依宗教作中心了。

人类文化之必造端于宗教尚自有故。盖最早之人群，社会关系甚疏，彼此相需相待不可或离之结构未著；然若分离零散则不成社会，亦将无文化，宗教于此，恰好有其统摄凝聚的功用。此其一。又社会生活之进行，不能不赖有一种秩序；但群众间互相了解，彼此同意，从理性而建立秩序，自不能期望于那时的人。而且因冲动太强，皆不畏死，峻法严刑亦每每无用，建立秩序之道几穷。宗教恰好在此处，有其统摄驯服的功用。此其二。此两种功用皆从一个要点来，即趁其在惶怖疑惑及种种不安之幻想中，而建立一共同信仰目标。一共同信仰目标既立，涣散的人群自能收拢凝聚，而同时宰制众人调驯蛮性的种种方法，亦从而得到了。

宗教是什么？此非一言可答。但我们却可指出，所有大大小小高下不等的种种宗教，有其共同之点，就是：一切宗教都从超绝于人类知识处立他的根据，而以人类情感之安慰意志之勖勉为事。[①]分析之，可得两点：

（一）宗教必以对于人的情志方面之安慰勖勉为其事务；

---

① 见《东西文化及其哲学》第90页。

（二）宗教必以对于人的知识方面之超外背反立其根据。世间不拘何物，总是应于需要而有。宗教之出现，即是为了人类情志不安而来。人类情志方面，安或不安，强或弱，因时代变化而异。所以自古迄今，宗教亦时盛时衰。——这是从前一面看。从后一面看：尽管宗教要在超绝于知识处立足，而如何立足法（如何形成其宗教），却必视乎其人之知识文化而定。人类知识文化各时各地既大为不等。所以其宗教亦就高下不等。

据此而谈，人类文化初期之需要宗教，是当然的。因那时人类对于自然环境，一切不明白；由于不明白，亦就不能控制，由于不能控制，亦就受其威胁祸害。而情志遂日在惶怖不安之中，同时，其只能有极幼稚之迷信，极低等之宗教。亦是当然的，因那时人的知识文化，原只能产生这个。在此后，一般说来，人类对付自然之知能是进步了。而天灾虽减，人祸代兴，情志不安的情形还是严重。且其法律和道德虽渐渐有了，还不足以当文化中心之任，为了维持社会，发展文化，尤其少不了宗教。所以上古中古之世，宗教称盛，必待有如欧洲近代文明者出现，局势乃为之一变：

第一，科学发达，知识取迷信玄想而代之。

第二，征服自然之威力猛进，人类意态转强。

第三，富于理智批评的精神，于信仰之不合理者渐难容忍。

第四，人与人相需相待不可或离之结构，已从经济上建筑起来，而社会秩序则受成于政治。此时作为文化之中心者，已渐在道德、礼俗暨法律。

第五，生活竞争激烈，物质文明之诱惑亦多，人生疲于对外，一切模糊混过。

人们对于宗教之需要既远不如前，而知见明利，又使宗教之安立倍难于前；于是从近代到今天，宗教之失势，遂不可挽。

有的人，轻率推断宗教（后）〔从〕此将不复在人类文化中有其位置。此证之以最近欧美有识之士，警觉于现代文明之危机者，又转其眼光及兴趣于宗教，而有以知其不然。我们说到此，亦不能不更向深处说一说。

宗教是什么？如我在《东西文化及其哲学》所说：

> 宗教者，出世之谓也。方人类文化之萌，而宗教萌焉；方宗教之萌，而出世之倾向萌焉。人类之求生活倾向为正，为主，同时此出世倾向为反，为宾。一正一反，一主一宾。常相辅以维系生活而促进文化。（《东西文化及其哲学》，第113页）

本书前章亦曾提及：

> 人类的生命，具有相反之两面：一面是从躯壳起念之倾向；又一面是倾向于超躯壳或反躯壳。（中略）宗教正是代表后一倾向。

宗教的真根据，是在出世。出世间者，世间之所托。世间有限也，而托于无限；世间相对也，而托于绝对；世间生灭也，而托于不生灭。超躯壳或反躯壳，无非出世倾向之异名。这倾向，则为人类打开一般生物之锢闭性而有：

> （上略）盖生物进化到人类，实开一异境；一切生物均限于"有对"之中，唯人类则以"有对"超进于"无对"——他一面还是站脚在"有对"，一面实又超"有对"

而进于"无对"了。(《中国民族自救运动之最后觉悟》第342页)

世间,出世间,非一非异,隔而不隔。从乎有对则隔;从其无对则不隔——这些话只是说在这里,不及讲明,讲明待另成专书。

人总是若明若昧地,或直接或间接地,倾向于出世,若不容已,此亦不必皆形成宗教,而宗教之本,则在此。费尔巴哈(L. Feuerbach)著《宗教之本质》一书,其第一章总括地说"依赖感乃是宗教的根源"。我们说到信教,亦恒云"皈依",其情恰亦可见。然依赖却有多种不同,宗教最初可说是一种对于外力之假借;此外力却实在就是自己。其所依赖者,原出于自己一种构想。但这样转一弯过来,便有无比奇效。因为自己力量源自无边,而自己不能发现。宗教中所有对象之伟大、崇高、永恒、真实、美善、纯洁,原是人自己本具之德,而自己却相信不及。经这样一转弯,自己随即伟大,随即纯洁,于不自觉,其自我否定,每每就是另一方式并进一步之自我肯定。宗教最后则不经假借,彻达出世,依赖所依赖泯合无间,由解放自己而完成自己。所以同一礼拜祈祷,同一忏悔清修,恒视其人而异其内容。宗教之恒视其时代文化而异其品第,亦正为此。

"弱者而后需要宗教,愚者而后接受宗教",过去或不免有此情形,非所论于一切。胡石青先生有云"理智尽处生信仰",此谓理智有尽,理智与信仰非必不相容。基督徒有云"宗教之可贵,在它使人得到最大的好处",此好处谓"永生"。"永生"虽为基督教名词,而其旨引申可通于一切。这两则说话都不及深,而宗教之可能,宗教之必要,端可识已。

二、宗教在中国

宗教在中国，有其同于他方之一般的情形，亦有其独具之特殊的情形。文化都是以宗教开端，中国亦无例外，有如王治心《中国宗教思想史大纲》所述，最早之图腾崇拜、庶物崇拜、群神崇拜等，即其一般的情形。其自古相传未断之祭天祀祖，则须分别观之，在周孔教化未兴时，当亦为一种宗教，在周孔教化既兴之后，表面似无大改，而留心辨察实进入一特殊情形了。质言之，此后之中国文化，其中心便移到非宗教的周孔教化上，而祭天祀祖只构成周孔教化之一条件而已。

往者胡石青先生论中国宗教，[①]似未曾留心此分别，兹先引述其说，再申明我的意见。

胡先生列世界宗教为三大系：希伯来一系，印度一系，而外中国亦为一系。他说，"大教无名，唯中国系之宗教足以当之"。其内容"合天人，包万有"；约举要义则有三：

（一）尊天。"天之大德曰生""万物本乎天"，人之存在，不能自外于天地。

[①] 见胡著《人类主义初草》第34页。此书胡氏自印，坊间无售处。

（二）敬祖。"人为万物之灵",而"人本乎祖",究本身之由来,不能自外于祖先。

（三）崇德报功。渔牧工业,宫室舟车,文物制度,凡吾人生活日用皆食古人创造之赐,要莫能外。——按祭孔应属于此一则中。

此三原则,皆有充量诚信之价值,决不利用人民因理智不到而生畏惧之弱点,以别生作用。亦不规定入教之形式,不作教会之组织,以示拘束。与此不悖之各地习俗或外来宗教,亦不加干涉,不事排斥,亘古不见宗教战争,故实为人类信仰中之唯一最正大最自由者。——以上均见胡著《人类主义初草》第一篇第三章。

胡先生一面不把中国划出于宗教范围外,一面亦不曾歪曲了中国的特殊事实,贬损了中国的特殊精神。这是一种很通的说法,我们未尝不可以接受之。却是我愿点出:凡此所说,都是早经周孔转过一道手而来的,恐怕不是古初原物。如我推断,三千年前的中国不出一般之例,近三千年的中国,则当别论。胡先生似不免以近三千年的中国为准,而浑括三千年前的中国在内。以下接续申明我的意见。

前于第一章列举"几乎没有宗教的人生"为中国文化一大特征,说中国文化内缺乏宗教,即是指近三千年而言。何以说中国文化,断自周孔以后,而以前不计?则以中国文化之发展开朗,原是近三千年的事,即周孔以后的事;此其一。中国文化之流传到现在,且一直为中国民族所实际受用者是周孔以来的文化。三千年以上者,于后世生活无大关系,仅在文化史上占分量而已;此其二。周孔以来的中国文化,其中有一些成分显然属于宗教范畴，何以说它缺乏宗教，说它是"几乎没有宗教的人生"？则以此三千年的文化，其发展统一不依宗教做中心。前说，非较高文化不能形成一大民族，而此一大民族文化之统一，每有赖一大宗教。中国以偌大民族，偌大地域，各方风土人情之异，语音之多隔，交通之不便，所以树立其文化之统一者，自必有为此一民族社会所共信共喻共涵养生息之一精神中心在。唯以此中心，而后文化推广得出，民族生命扩延得久，异族迭入而先后同化不为碍。此中心在别处每为一大宗教者，在这里却谁都知道是周孔教化而非任何一宗教。

两千余年来中国之风教文化，孔子实为其中心。不可否认地，此时有种种宗教并存。首先有沿袭自古的祭天祀祖之类。然而却已变质，而构成孔子教化内涵之一部分。再则有不少外来宗教，如佛教、伊斯兰教、基督教等等。然试问，这些宗教进来，谁曾影响到孔子的位置？非独夺取中心地位谈不到，而且差不多都要表示对孔子之尊重，表示彼此并无冲突，或且精神一致。结果，彼此大家相安，而他们都成了"帮腔"。这样，在确认周孔教化非宗教之时，我们当然就可以说中国缺乏宗教这句话了。

三、周孔教化非宗教

中国数千年风教文化之所由形成,周孔之力最大。举周公来代表他以前那些人物;举孔子来代表他以后那些人物;故说"周孔教化"。周公及其所代表者,多半贡献在具体创造上,如礼乐制度之制作等。孔子则似是于昔贤制作,大有所悟,从而推阐其理以教人。道理之创发,自是更根本之贡献,启迪后人于无穷。所以在后两千多年的影响上说,孔子又远大过周公。为判定周孔教化是否宗教,首先要认清孔子为人及孔门学风。

孔子及其门徒之非宗教论者已多。例如美国桑戴克(Lynn Thorndike)《世界文化史》一书所说就很好,他说:

孔子绝不自称为神所使,或得神启示,而且"子不语怪、力、乱、神"。

孔子没后,弟子亦未奉之为神。

孔子不似佛之忽然大觉,但"学而不厌""过则勿惮改"。

孔子绝无避世之意,而周游列国,求有所遇,以行其改革思想。(这对于宗教出世而说,孔子是世俗的。)

孔子尝答其弟子曰:"未能事人,焉能事鬼""未知生,焉知死""务民之义，敬鬼神而远之，可谓知矣"，其自表甚明。

在费尔巴哈《宗教本质讲演录》中，曾说"唯有人的坟墓才是神的发祥地"，又说"若世上没有死这回事，那亦就没宗教了"。这是绝妙而又精确的话。世间最使人情志动摇不安之事，莫过于所亲爱者之死和自己的死。而同时生死之故，最渺茫难知。所以它恰合于产生宗教的两条件：情志方面正需要宗教，知识方面则方便于宗教之建立。然在宗教总脱不开生死鬼神这一套的，孔子偏不谈它。这就充分证明孔子不是宗教。

随着生死鬼神这一套而来的，是宗教上之罪福观念，和祈祷禳祓之一切宗教行为。但孔子对人之讲祷，先反问他："有诸？"继之则曰："丘之祷也久矣！"对人媚奥媚灶之问，则曰："不然，获罪于天无所祷也！"

宗教所必具之要素，在孔子不具备，在孔子有他一种精神，又为宗教所不能有。这就是他相信人都有理性，而完全信赖人类自己。所谓"是非之心，人皆有之"，什么事该做，什么事不该做，从理性上源自明白。一时若不明白，试想一想看，终可明白。因此孔子没有独断的标准给人，而要人自己反省。例如宰我嫌三年丧太久，似乎一周年亦可以了。孔子绝不直斥其非，和婉地问他："食夫稻，衣夫锦，于汝安乎？"他回答曰："安。"便说："汝安则为之。夫君子之居丧，食旨不甘，闻乐不乐，居处不安，故不为也。今汝安，则为之！"说明理由，仍让他自己判断。又如子贡欲去告朔之饩羊，孔子亦只婉叹地说："赐也！尔爱其羊，我爱其礼！"指出彼此之观点，而不作断案。谁不知儒家极重礼，但你看他却可如此随意拿来讨论改作；这就是宗教里所万不能有的事。各大宗教亦莫不各有其礼，而往往因末节一点出入，引起凶争惨祸。试举一例，以资对照：

> 英王亨利第八曾亲身审判信奉 Zwingli 主张之新教徒，并引据《圣经》以证明基督之血与肉，果然存在于仪节之中，乃定以死刑，用火焚而杀之。1539年国会又通过法案曰"六条"（six Articles），宣言基督之血与肉果然存在于行圣餐礼时所用之面包与酒中。凡胆敢公然怀疑者，则以火焚之。（下略）（见何炳松《中古欧洲史》第278页）

这是何等迷信固执不通！在我们觉得可骇亦复可笑，其实在他们是不足怪的。宗教上原是奉行神的教诫，不出于人的制作。其标准为外在的，呆定的，绝对的。若孔子教人所行之礼，则是人行其自己应行之事，斟酌于人情之所宜，有如礼记之所说"非从天降，非从地出，人情而已矣"。其标准不在外而在内，不是呆定的而是活动的。

照王治心先生《中国宗教思想史大纲》所述，中国古来崇信"天"之宗教观念，沿至东周而有变化，至春秋战国百家争鸣之时而分两路。儒家和道家，皆怀疑一路之代表；唯墨家则代表信仰一路。道家老子庄子，显然具有无神论及唯物论机械论之论调，儒家孔子虽没有否定神之存在，而言语间模棱含糊，其神好像存于主观而止。所以墨子《非儒篇》讥评他们"无鬼而学祭礼"，是很切当的。下传至孟子荀子，孟子还从民意验取天意，荀子就根本否认天的意志，而说君子"敬其在己而不慕其在天"，其反对"错人而思天"，与《左传》上"国将兴，听于民；

国将亡，听于神"意思相同。后来汉朝王充作《论衡》，极力破除迷信，似渊源于荀派。墨子学派后来不传，其所根源古代的天神崇拜，则影响于中国下层社会甚大云。——这所说，大体都很对，只末一句，待商。

四、中国以道德代宗教

孔子并没有排斥或批评宗教（这是在当时不免为愚笨之举的），但他实是宗教最有力的敌人，因他专从启发人类的理性作功夫。中国经书在世界一切所有各古代经典中，具有谁莫与比的开明气息，最少不近理的神话与迷信。这或者它原来就不多，或者由于孔子的删订。这样，就使得中国人头脑少了许多障蔽。从《论语》一书，我们更可见孔门的教法，一面极力避免宗教之迷信与独断（dogma），而一面务为理性之启发。除上举宰我、子贡二事例外，其他处处亦无非指点人用心回省。例如：

己所不欲，勿施于人。

曾子曰，吾日三省吾身：为人谋而不忠乎？与朋友交而不信乎？传不习乎？

三人行必有我师焉；择其善者而从之，其不善者而改之。

见贤思齐焉，见不贤而内自省也！

子曰，已矣乎！吾未见能见其过，而内自讼者也！

司马牛问君子，子曰，君子不忧不惧。曰，不扰不惧斯谓之君子已乎？子曰，内省不疚，夫何忧何惧。

子曰，吾与回言终日，不违如愚，退而省其私，亦足以发,回也不愚。

君子有九思：视思明,听思聪,色思温,貌思恭,言思忠,事思敬,疑思问,忿思难,见得思义。

蘧伯玉使人于孔子,孔子与之坐而问焉。曰,夫子何为？对曰,夫子欲寡其过而未能也!

子贡方人,子曰,赐也,贤乎哉! 夫我则不暇。

子曰,不愤不启,不悱不发；举一隅不以三隅反,则不复也。

《论语》中如此之例,还多得很,从可想见距今二千五百年前孔门的教法与学风。他总是教人自己省察,自己用心去想,养成你自己的辨别力。尤其要当心你自己容易错误,而勿甘心于错误。儒家没有什么教条给人；有之,便是教人反省自求一条而已。除了信赖人自己的理性,不再信赖其他。这是何等精神! 人类便再进步一万年,怕亦不得超过罢!

请问：这是什么？这是道德,不是宗教。道德为理性之事,存于个人之自觉自律。宗教为信仰之事,寄于教徒之恪守教诫,中国自有孔子以来,便受其影响,走上以道德代宗教之路。这恰恰与宗教之教人舍其自信而信他,弃其自力而靠他力者相反。

宗教道德二者,对个人,都是要人向上迁善。然而宗教之生效快,而且力大,并且不易失坠。对社会,亦是这样。二者都能为人群形成好的风纪秩序,而其收效之难易,却简直不可以相比。这就为宗教本是一个方法,而道德则否。宗教如前所分析,是一种对于外力之假借,而此外力实在就是自己。它比道德多一个弯,而神妙奇效即在此。在人类文化历史上,道德比之宗教,远为后出。盖人类虽为理性的动物,而理性之在人,却必渐次以开发。在个体生命上,要随着年龄及身体发育成长而后显。在社会生命上,则须待社会经济文化之进步为其基础,乃得透达而开展。不料古代中国竟要提早一步,而实现此至难之事。我说中国文化是人类文化的早熟,正指此。

孔子而后,假使继起无人,则其事如何,仍未可知。却恰有孟子出来,继承孔子精神。他是最能切实指点出理性,给人看的。兹略举其言,以见一斑:

(上略)所以谓人皆有不忍人之心者,今人乍见孺子将入于井,皆有怵惕恻隐之心;非所以内交于孺子之父母也,非所以要誉于乡党朋友也,非恶其声而然也。由是观之,无恻隐之心非人也。

恻隐之心,人皆有之;羞恶之心,人皆有之;恭敬之心,人皆有之;是非之心,人皆有之。恻隐之心,仁也;羞恶之心,义也;恭敬之心,礼也;是非之心,智也。仁、义、礼、智,非由外铄我也;我固有之也。弗思耳矣!

(上略)故曰,口之于味也,有同嗜焉;耳之于声也,有同听焉;目之于色也,有同美焉;至于心,独无所同然乎?心之所同然者何也,谓理也,义也。圣人先得我心之所同然耳。故理义之悦我心,犹刍豢之悦我口。

可欲之谓善。(下略)

无为其所不为,无欲其所不欲,如此而已矣!

生,亦我所欲也,义,亦我所欲也。二者不可得兼,舍生而取义者也。生亦我所欲；所欲有甚于生者，故不为苟得也。死亦我所恶；所恶有甚于死者，故患有所不辟也。

人能充无欲害人之心，而仁不可胜用也。人能充无欲穿窬之心，而义不可胜用也。

后来最能继承孟子精神的，为王阳明。他就说"只好恶，便尽了是非"。他们径直以人生行为准则，交托给人们的感情要求，真大胆之极！我说它"完全信赖人类自己"，就在此。这在古代，除了中国，除了儒家，没有谁敢公然这样主张。

径直以人生行为的准则，交托于人们的感情要求，是不免危险的。他且不言，举一个与宗教对照之例于此：在中国的西北如甘肃等地方，回民与汉民杂处，其风纪秩序显然两样。回民都没有吸鸦片的，生活上且有许多良好习惯。汉民或吸或不吸，而以吸者居多。吸鸦片，就懒惰，就穷困，许多缺点因之而来。其故，就为回民是有宗教的。其行为准于教规。受教会之监督，不得自便。汉民虽号称尊奉孔圣，却没有宗教规条及教会组织，就在任听自便之中，而许多人堕落了。

这种失败，孔孟当然没有看见。看见了，他仍未定放弃他的主张。他们似乎彻底不承认有外在准则可循。所以孟子总要争辩义在内而不在外。在他看，勉循外面标准，只是义的袭取，只是"行仁义"而非"由仁义行"——其论调之高如此；然这是儒家真精神。这才真是道德，而分毫不杂不假，不可不知。

但宗教对于社会所担负之任务，是否就这样以每个人之自觉自律可替代得了呢？当然不行。古代宗教往往临乎政治之上，而涵容礼俗法制在内，可以说整个社会靠它而组成，整个文化靠它作中心，岂是轻轻以人们各自之道德所可替代！纵然欹重在道德上，道德之养成似亦要有个依傍，这个依傍，便是"礼"。事实上，宗教在中国卒于被替代下来之故，大约由于二者：

（一）安排伦理名分以组织社会；

（二）设为礼乐揖让以涵养理性。

二者合起来，遂无事乎宗教。[①] 此二者，在古时原可摄之于一"礼"字之内。在中国代替宗教者，实是周孔之"礼"。不过其归趣，则在使人走上道德之路，恰有别于宗教，因此我们说：中国以道德代宗教。

---

① 旧著《东西文化及其哲学》曾说孝弟的提倡，礼乐的实施，二者合起来，就是孔子的宗教。见原书第140—141页，可参看。

五、周孔之礼

道德、宗教皆今世才有之名词，古人无此分别，孔子更未必有以道德代宗教的打算。不过我们从事后看去，中国历史上有此情形，而其关键则在孔子而已。孔子深爱理性，深信理性。他要启发众人的理性，他要实现一个"生活完全理性化的社会"，而其道则在礼乐制度。盖理性在人类，虽始于思想或语言，但要启发它实现它，却非仅从语言思想上所能为功。抽象的道理远不如具体的礼乐。具体的礼乐，直接作用于身体，作用于血气；人的心理情致随之顿然变化于不觉，而理性乃油然现前，其效最大最神。这些礼乐，后世久已不得而见，其流传至今者不过儒书（如《礼记》《仪礼》等）上一些记载而已。在把它通盘领会以后，我们知道礼乐设施之眼目，盖在"清明安和"四字，试看它所说的：

清明在躬，志气如神。

是故君子反情以和其志，广乐以成其教。乐行而民乡方，可以观德矣。德者，性之端也；乐者，德之华也；金石丝竹，乐之器也。诗，言其志也；歌，咏其声也；舞，动其容也。三者本于心，然后乐器从之。是故情深而文明，气盛而化神，和顺积中，而英华发外，唯乐不可以为伪。

礼乐不可斯须去身。致乐以治心，则易直子谅之心，油然生矣。易直子谅之心生，则乐，乐则安，安则久，久则天，天则神。天则不言而信，神则不怒而威，致乐以治心者也。致礼以治躬，则庄敬；庄敬则严威。心中斯须不和不乐，而鄙诈之心入之矣。外貌斯须不庄不敬，而易慢之心入之矣。故乐也者，动于内者也。礼也者，动于外者也。乐极和，礼极顺。内和而外顺，则民瞻其颜色而弗与争也；望其容貌而民不生易慢焉。故曰，致礼乐之道，举而错之天下无难矣！

（上略）故乐行而伦清，耳目聪明，血气和平，移风易俗，天下皆宁。

理性是什么，下章随有分析说明。这里且以"清明安和"四字点出之，形容之。而显然与理性相违者，则有二：一是愚蔽偏执之情；一是强暴冲动之气。二者恒相因而至；而有一于此，理性即受到妨碍。质言之，人即违失于理性。这是孔子所最怕的。孔子本无所憎恶于宗教，然而他却容受不了这二者。这二者在古代宗教每不能免；他既避之若不及，于是亦就脱出宗教之路。

人类的最大祸患，即从人类而来。天灾人祸二者相较，人祸远凶过天灾。在没有文化时，还差些；愈有文化，愈不得了。今日世界战争，是其显例。"移风易俗，天下皆宁"，是儒者所抱志愿；照我替他解说，就是要使人间无人祸而已。人祸如何得免？此应察看人祸究由何起。很多说是由自私起的，并以为自私是人的本性。这完全是一误解，此暂不加剖辨。我且提出一问题来：

一个明白人是否亦要自私？或许有人承认，明白人不自私罢。然则病在不明白而已。再试问：一个自私的人若极其明白，是否还必得损人以求利己？似乎许多事理所诏示吾人者，不如此罢（所诏示者，都是：两利为利，损人亦将损己，为了利己不必损人）。然则问题还是怕不明白而已。再设想：人虽自私，却绝不残暴，是否祸害可以减轻呢？谅来必亦承认是可减轻的。然则自私还不可怕，可怕是强暴凶残了。总起来说，人祸之所由起及其所以烈，实为愚蔽偏执之情与强暴冲动之气两大问题。若得免于二者，自私未足为祸。更实在讲，若免于二者，则亦无自私；不过此理深细，人多不识罢了。总之，愚蔽、强暴、自私是一边；清明安和的理性，又是一边；出于此则入于彼。人而为祸于人，总由前者；从乎理性，必无人祸。古时儒家彻见及此，乃苦心孤诣努力一伟大的礼乐运动，以求消弭人祸于无形。它要把人生一切安排妥当而优美化之，深醇化之，亦即彻头彻尾理性化之。古时人的公私生活，从政治、法律、军事、外交，到养生送死之一切，既多半离不开宗教，所以它首在把古宗教转化为礼，更把宗教所未及者，亦无不礼乐化之。所谓"礼乐不可斯须去身"，盖要人常不失于清明安和，日远于愚蔽与强暴而不自知。

儒家之把古宗教转化为礼，冯友兰先生见之最明，言之甚早。他先以一篇论文发表，后又著见于他的《中国哲学史》第417—432页。他引证儒家自己理论，来指点其所有祭祀丧葬各礼文仪式，只是诗，只是艺术，而不复是宗教。这些礼文，一面既妙能慰安情感，极其曲尽深到；一面复见其所为开明通达，不悖理性。他说：

近人桑戴延纳（George Santayana）主张宗教亦宜放弃其迷信与独断，而自比于诗。但依儒家对于其所拥护之丧祭各礼之解释，则儒家早已将古时之宗教，修正为诗，古时之丧祭各礼，或为宗教仪式，其中包含不少之迷信与独断，但儒家以述为作，加以澄清，与之以新意义，使之由宗教变而为诗，斯乃儒家之大贡献也。

本来在儒家自己的话中，亦实在说得太分明了。例如：

祭者，志意思慕之情也，忠信爱敬之至矣；礼节文貌之盛矣！苟非圣人，莫之能知也。圣人明知之，士君子安行之；官人以为守，百姓以成俗。其在君子，以为人道也；其在百姓，以为鬼事也。（《荀子·礼论篇》）

雩而雨，何也？曰，无何也，犹不雩而雨也。日月食而救之，天旱而雩，卜筮然后决大事，非以为求得也，以文之也。故君子以为文，而百姓以为神。（《荀子·天论篇》）

大约从祀天祭祖以至祀百神这些礼文，在消极一面可说是不欲骤改骤废，以惊骇世俗人的耳目；在积极一面，则一一本皆有其应有之情文，宜为适当之抒表。冯先生所谓"与之以新意义"者，其实不过使之合理化而已（凡不能使之合理化的，则不在祀典，如《礼记·祭法》之所说）。这些礼文，或则引发崇高之情，或则绵永笃旧之情。使人自尽其心而涵厚其德，务郑重其事而妥安其志。人生如此，乃安稳牢韧而有味，却并非要向外求得什么。——此为其根本不同于宗教之处。

表面上看，其不同于宗教者在其不迷信。然须知一般人为何要迷信？孔子又如何便能教人不迷信？一般地说，迷信实根于人们要向外有所求得之心理而来。我在旧著中曾说：

> 宗教这样东西，饥不可为食，渴不可为饮，而人们偏喜欢接受它，果何所为呢？这就因为人们的生活多是靠希望来维持，而它是能维持希望的。人常是有所希望要求；就借着希望之满足而慰安；对着前面希望之接近而鼓舞；因希望之不断而忍耐勉励。失望与绝望，于他是难堪。然而怎能没有失望与绝望呢！恐怕人们所希求者，不得满足是常，得满足或是例外哩！这样一览而尽，狭小迫促的世界，谁能受得？于是人们自然就要超越知识界限，打破理智冷酷，辟出一超绝神秘的世界来，使他的希望要求范围更拓广，内容更丰富，意味更深长，尤其是结果更渺茫不定。一般的宗教，就从这里产生；而祈祷禳祓为一般宗教所不可少，亦就为此。虽然这不过是世俗人所得于宗教的受用，了无深义；然宗教即从而稳定其人生，使得各人能以生活下去。而不致溃裂横决。（《中国民族自救运动之最后觉悟》，第67页）

孔子正亦要稳定人生，但其所以稳定之者，又别有其道。我在旧著中曾说：

> （上略）他给人以整个的人生。他使你无所得而畅快，不是使你有所得而满足，他使你忘物忘我忘一切。不使你分别物我而逐求。怎能有这大本领？这就在他的礼乐。（同前书，第68页）

礼乐使人处于诗与艺术之中，无所谓迷信不迷信。而迷信自不生。孔子只不教人迷信而已，似未尝破除迷信。他的礼乐有宗教之用，而无宗教之弊；亦正唯其极邻近宗教，乃排斥了宗教。

六、以伦理组织社会

设为礼乐揖让以涵养理性，是礼的一面；还有"安排伦理名分以组织社会"之一面，略说如次：

前章讲中国是伦理本位的社会，此伦理无疑地是脱胎于古宗法社会而来，犹之礼乐是因袭自古宗教而来一样。孔子自己所说"述而不作"，大约即指此等处。而其实呢，恰是寓作于述，以述为作。古宗教之蜕化为礼乐，古宗法之蜕化为伦理，显然都经过一道手来的。礼乐之制作，犹或许以前人之贡献为多；至于伦理名分，则多出于孔子之教。孔子在这方面所作功夫，即《论语》上所谓"正名"。其教盖著于《春秋》"春秋以道名分"（见《庄子·天下篇》）正谓此。

我起初甚不喜"名分"之说，觉得这诚然是封建了。对于孔子之强调"正名"，颇不感兴趣；所以《东西文化及其哲学》讲孔子处，各样都讲到，独不及此。心知其与名学、论理不甚相干，但因不了然其真正意义所在，亦姑妄听之。我之恍然有悟，实在经过几多步骤来的。领悟到社会结构是文化的骨干，而中国文化之特殊，正须从其社会是伦理本位的社会来认识，这是开初一步。这是早先讲东西文化及其哲学时，全未曾懂得的。到讲乡村建设理论时,固已点出此伦理本位的社会如何不同于西洋之个人本位的社会或社会本位的社会;然只模糊意识到它是家族本位的宗法社会之一种蜕变,还未十分留意其所从来。最后方晓得孔子特别着眼到此,而下了一番功夫在。这就是我以前所不了然的"名分"与"正名"。假如不经过这一手,历史亦许轻轻滑过。而伦理本位的社会未必能形成。

封建社会例有等级身份等区别;此所谓"名分"似又其加详者。等级身份之所以立,本有其政治的意义和经济的意义;但其建立与巩固,则靠宗教。盖一切宗法的秩序,封建的秩序要莫不仰托神权,而于宗教植其根,此验之各地社会而皆然者。阶级身份之几若不可逾越不可侵犯者,正为此。中国之伦理名分,原出于古宗法古封建,谁亦不否认;却是孔子以后,就非宗法封建原物,愈到后来愈不是。此其变化,与礼乐、宗教之一兴一替,完全相联为一事,同属理性抬头之结果。

我们试举几个浅明事例——

印度和中国,同为具有古老传统的社会,在其社会史上皆少变化进步。但他们却有极端不同处:印度是世界上阶级身份区别最多最严的社会,而中国却最少且不严格(这种较量当然不包含近代欧美社会)。像印度之有几千种区别,举其著者犹有八十几种,在中国人是不得其解的,且不能想象的。像印度有那种"不可摸触的人",中国人听说只觉好笑,没有人会承认这事。此一极端不同,与另一极端不同相联。另一极端不同是:印度宗教最盛,而中国恰缺乏宗教,前者正是由于宗教,而使得社会上固执不通的习俗观念特别多;后者之开豁通达,则理性抬头之明征也。

　　再一个例，是日本。日本渡边秀方著《中国国民性论》一书（北新书局译本），曾指出中国人计君恩之轻重而报之以忠义，不同乎日本武士为忠义的忠义（见原书23页）。如诸葛亮总念念于三顾之恩，其忠义实由感激先帝知遇；在日本的忠臣更无此计较之念存。难道若非三顾，而是二顾或一顾，就不必如此忠义吗？他不晓得这原是伦理社会的忠义和封建社会的忠义不同处，而却被他无意中点出了。封建社会的关系是呆定的；伦理社会则其间关系准乎情理而定。孟子不是说过：君之视臣如手足，则臣视君如腹心；君之视臣如犬马，则臣视君如国人；君之视臣如土芥，则臣视君如寇雠。儒家的理论原如是，受儒家影响的中国社会亦大致如是。唯日本过去虽承袭中国文化，而社会实质不同于中国，亦犹其后来之袭取西洋文化而社会实质不同于西洋一样。关于此层（日本社会是封建的而非伦理的），本书以后还论到，可参看。

　　三则，中国社会向来强调长幼之序，此固伦理秩序之一原则，封建秩序所鲜有。然即在重视长幼之序中，仍有谚语云"人长理不长，那怕须拖尺把长"，可见其迈往于理性之精神。

　　从上三例，恰见有一种反阶级身份的精神，行乎其间。其所以得如是结果，正由当初孔子所下的功夫（所谓"正名"，所谓"春秋以道名分"），初非强调旧秩序，而是以旧秩序为蓝本，却根据理性作了新估定，随处有新意义加进去。举其显明之例：世卿（卿相世袭），在宗法上说，在封建上说，岂非当然的？而《春秋》却讥世卿非礼。又如弑君弑父于宗法封建之世自应绝对不容，然而依《春秋》义例，其中尽多曲折。有些是正弑君的罪名，使乱臣贼子惧；有些是正被弑者的罪名，使暴君凶父惧。后来孟子说的"闻诛一夫纣，未闻弑君"，正本于此。司马迁说"春秋文成数万，其指数千"，如此之类的"微言大义""非常异义可怪之论"，是很多的。旧秩序至此，慢慢变质，一新秩序不知不觉诞生出来。

新秩序，指伦理社会的秩序，略如我前章所说者。其诞生尚远在以后——须在封建解体之后，约当西汉世。不过寻根溯源，不能不归功孔子。孔子的春秋大义，对当时封建秩序作修正功夫，要使它理想化，结果是白费的。但虽没有其直接的成就，却有其间接的功效：第一便是启发出人的理性，使一切旧习俗旧观念都失其不容怀疑不容商量的独断性，而凭着情理作权衡。固然那些细微曲折的春秋义例，不能喻俗；而情理自在人心，一经启发，便蔚成势力，浸浸乎要来衡量一切，而莫之能御。此即新秩序诞生之根本。第二便是谆谆于孝弟，敦笃家人父子间的恩情，并由近以及远，善推其所为，俾社会关系建筑于情谊之上。这又是因人心所固有而为之导达，自亦有沛然莫御之势。中国社会上温润之气，余于等威之分，而伦理卒代封建为新秩序者，原本在此。

伦理之代封建为新秩序，于此可举一端为证明。例如亲兄弟两个，在父母家庭间，从乎感情之自然，夫岂有什么差别两样？然而在封建社会一到长大，父死子继，则此兄弟两个就截然不同等待遇了——兄袭爵禄财产，而弟不与。此种长子继承制由何而来？梅因（Henry S. Maine）在其《古代法》名著中，曾指出一个原则："凡继承制度之与政治有关系者，必为长子继承制。"大抵封建秩序宗法秩序，都是为其时政治上经济上有其必要而建立；而超家庭的大集团生活则具有无比强大力量，抑制了家庭感情。及至时过境迁，无复必要，而习俗相沿，忘所自来，此一制度每每还是机械地存在着。战前（1936）我到日本参观其乡村，见有所谓"长子学校"者，讶而问之。乃知农家土地例由长子继承，余子无分。余子多转入都市谋生，长子多留乡村，因而其教育遂间有不同。此足见其去封建未久，遗俗犹存。其实，就在欧洲国家亦大多保留此种风俗至于最近，唯中国独否。中国实行遗产均分诸子办法，据梁任公先生《中国文化史》说，几近二千年了（见《饮冰室合集》之专集第十八册）。这不是一件小事，这亦不是偶然。这就是以人心情理之自然，化除那封建秩序之不自然。所谓以伦理代封建者，此其显著之一端。在一般之例，都是以家庭以外大集团的势力支配了家庭关系。可说由外而内，其社会上许多不近情不近理不平等的事，非至近代未易纠正。而此则把家庭父子兄弟的感情关系推到大社会上去。可说由内而外，就使得大社会亦从而富于平等气息和亲切意味，为任何其他古老社会所未有。这种变化行乎不知不觉；伦理秩序初非一朝而诞生。它是一种礼俗，它是一种脱离宗教与封建，而自然形成于社会的礼俗。——礼俗，照一般之例恒随附于宗教，宗教例必掩护封建，而礼俗则得封建之支持。但此则受启发于一学派，非附丽于宗教，而且宗教卒自此衰歇。它受到社会广泛支持，不倚靠封建或任何一种势力，而且封建正为它所代替。

即此礼俗，便是后二千年中国文化的骨干，它规定了中国社会的组织结构，大体上一直没有变。举世诧异不解的中国社会史问题，正出在它身上。所谓历久鲜变的社会，长期停滞的文化，皆不外此。何以它能这样长久不变？十八世纪欧洲自然法思潮中魁奈（François Quesnay, 1694—1774）尝解答说：中国所唤作天理天则的，正是自然法其物；中国文物制度正是根本于自然法，故亦与自然同其悠久。这话不为无见。礼俗本来随时在变的，其能行之如此久远者，盖自有其根据于人心，非任何一种势力所能维持。正如孟子所说"圣人先得我心之所同然"，孔子原初一番启发功夫之恰得其当，实最关紧要。

以我推想，孔子最初着眼的，与其说在社会秩序或社会组织，毋宁说是在个人——一个人如何完成他自己；即中国老话"如何做人"。不过，人实是许多关系交织着之一个点，做人问题正发生在此，则社会组织社会秩序自亦同在着眼之中。譬如古希腊一个完满的人格与最好的市民，两个观念是不易分别的。这就是从团体（城市国家）之一分子来看个人，团体关系遂为其着眼所及。中国情形大约最早就不同，因而孔子亦就不是这看法，而着眼在其为家庭之一员。而在家庭呢，又很容易看到他是父之子，子之父……一类的伦偶相对关系，而置全体（全家）之组织关系于其次。一个完满的人格，自然就是孝子、慈父……一类之综合。却不会说，一个完满的人格，就是最好的"家庭之一员"那样抽象不易捉摸的话。——这是开初一步。两条路就从此分了：一则重在团体与个人之间的关系；一则重在此一人与彼一人之间的关系，且近从家庭数起。一个人既在为子能孝，为父能慈……而孝也，慈也，却无非本乎仁厚肫挚之情；那么，如何敦厚此情感，自应为其着眼所在。——这是第二步。而孔子一学派所以与其他学派（中国的乃至世界的）比较不同之点，亦遂著于此；这就是人所共知的，孔子学派以敦勉孝弟和一切仁厚肫挚之情为其最大特色。孝子、慈父……在个人为完成他自己；在社会，则某种组织与秩序亦即由此而得完成。这是一回事，不是两回事。犹之希腊人于完成其个人人格时，恰同时完成其城市国家之组织，是一样的。不过，市民在其城市国家中之地位关系与权利义务，要著之于法律；而此则只可演为礼俗，却不能把它作成法律。——这是第三步。而儒家伦理名分之所由兴，即在此了。

礼俗与法律有何不同？孟德斯鸠《法意》上说：

> 盖法律者，有其立之，而民守之者也；礼俗者，无其立之，而民成之者也。礼俗起于同风；法律本于定制（下略）。（严译本十九卷十二章）

这是指出二者所由来之方式不同。其实这一不同，亦还为其本质有着分别：礼俗示人以理想所尚，人因而知所自勉，以企及于那样；法律示人以事实确定那样，国家从而督行之，不得有所出入。虽二者之间有时不免相滥，然大较如是。最显明的，一些缺乏客观标准的要求，即难以订入法律；而凡有待于人之自勉者，都只能以风教礼俗出之。法律不责人以道德；以道德责人，乃属法律以外之事，然礼俗却正是期望人以道德；道德而通俗化，亦即成了礼俗。——明乎此，则基于情义的组织关系，如中国伦理者，其所以只可演为礼俗而不能成法律，便亦明白。

张东荪先生在其所著《理性与民主》一书上说，自古希腊罗马以来，彼邦组织与秩序即著见于其法律。唯中国不然。中国自古所谓法律，不过是刑律，凡所规定都必与刑罚有关。它却没有规定社会组织之功用，而只有防止人破坏已成秩序之功用。社会组织与秩序大部分存在于"礼"中，以习惯法行之，而不见于成文法（见原书第62—67页，原文甚长，大意如此）。他正亦是见到此处，足资印证。不过为什么，一则走向法律，一则走向礼俗，张先生却没有论到。现在我们推原其故，就是：上面所言之第三步，早决定于那开初一步。西洋自始（希腊城邦）即重在团体与个人间的关系，而必然留意乎权力（团体的）与权益（个人的），其分际关系似为硬性的，愈明确愈好，所以走向法律，只求事实确定，而理想生活自在其中。中国自始就不同，周孔而后则更清楚地重在家人父子间的关系，而映于心目者无非彼此之情与义，其分际关系似为软性的，愈敦厚愈好，所以走向礼俗，明示其理想所尚，而组织秩序即从以奠定。

儒家之伦理名分，自是意在一些习俗观念之养成。在这些观念上，明示其人格理想；而同时一种组织秩序，亦即安排出来。因为不同的名分，正不外乎不同的职位，配合拢来，便构成一社会。春秋以道名分，实无异乎外国一部法典之厘定。为文化中心的是非取舍，价值判断，于此昭示；给文化作骨干的社会结构，于此备具；真是重要极了。难怪孔子说："知我者其唯春秋乎；罪我者，其唯春秋乎！"然而却不是法典，而是礼。它只从彼此相对关系上说话，只从应有之情与义上说话，而期望各人之自觉自勉（自己顾名思义）。这好像铺出路轨，引向道德；同时，使前所说之礼乐揖让乃得有所施。于是道德在人，可能成了很自然的事情。除了舆论制裁（社会上循名责实）而外，不像法典有待一高高在上的强大权力为之督行。所谓以道德代宗教者，至此乃完成；否则，是代不了的。

不过像春秋所设想的那套秩序，却从未曾实现。此即前面所说的："孔子对当时封建秩序，作修正功夫，要使它理想化，结果是白费。"其所贻于后世者，只有那伦理秩序的大轮廓。

* 关于中国缺乏宗教之故，常燕生先生尝从地理历史为之解说。见于《国论》第三卷第十二三四期合刊《中国民族怎样生存到现在》一文。兹引录于此，备参考。——

中国民族是世界一切古文化民族中，唯一生长于温带而非生长于热带的民族。中国文化不起于肥饶的扬子江流域或珠江流域，而起于比较贫瘠的黄河平原。原始的中国人……有史之初他们所处自然环境，是比较清苦的。这里没有像尼罗河流域那样定期泛滥，亦没有像恒河平原那样丰富的物产，黄河大约在古代已经不断地给予两岸居民以洪水的灾害。西北方山脉高度，挡不住沙漠吹来的冷风。人类在洪水期间，就只好躲到山西西南部的高原里去。和毒蛇猛兽争山林之利。黄河既然不好行船，因此交通比较困难，知识变换的机会较少。人们需要终日胼手胝足，才能维持他们的生活。因此没有余暇以骋身外之思。像埃及和印度那样宏大的宗教组织和哲理，以及由宗教所发生想象丰富的神话文学，不能产于中国。中国原始的宗教，大抵是于人事有关的神祇崇拜及巫术之类。这样，使中国老早已接受了现代世界"人"的观念。中国民族是第一个生在地上的民族，古代中国人的思想眼光，从未超过现实的地上生活，而梦想什么未来的天国。

唐虞夏商的史实，未易详考。但有一件事，是我们知道的，就是当时并没有与政权并峙的教权，如埃及式的僧侣，犹太式的祭司，印度式的婆罗门，在中国史上还未发见有与之相等的宗教权力阶级。中国古代君主都是君而兼师的；他以政治领袖而兼理教务，其心思当然偏重在人事。中国宗教始终不能发展到唯一绝对的大神观念，当然亦是教权不能凌驾政权之上的原因。在宗教上的统一天国尚未成熟之前，政治上的统一帝国已经先建立起来；因此宗教的统治，便永不能再出现了。

商民族或许是古代唯一最先崇拜大神的人。上帝之观念，自淮河流域的商人带来，加入中国文化系统，然而商民族与其先进的夏民族的关系，正和亚述人与巴比伦人的关系相似。武力征服之后，文化上建设能力却不充分，免不得沿袭其被征服民族文化遗产。因此上帝观念之输入，不过使旧有宗教之上增加一个较大的神，而未能消灭或统治了原有的多神。并且受了原始中国人实际思想之同化，所谓上帝已与天地之"大"的观念合而为一。因为中国古文化的特质，是近于唯物的，其所崇奉之每一神祇，就代表一件有利于民生的实物（如天地山川等）。上帝于是乃成了自然界一个最大物质的代表。后来墨子——他是宗教的商民族之遗裔——想替中国增设一个以上帝崇拜为中心的宗教，终归没有成功，似乎那时间已经太晚了。

此外王治心著《中国宗教思想史大纲》，于此问题亦有类似之解说。又近见新出版《东方与西方》第一第二期有许思园《论宗教在中国不发达之原因》、唐君毅《论墨子与西方宗教精神》两文，皆值得参看。

第七章 理性——人类的特征

一、理性是什么

照以上之所论究，中西文化不同，实从宗教问题上分途；而中国缺乏宗教，又由于理性开发之早；则理性是什么，自非究问明白不可。以我所见，理性实为人类的特征，同时亦是中国文化特征之所寄。它将是本书一最重要的观念，虽阐发它尚待另成专书，但这里却亦必须讲一讲。

理性是什么？现在先回答一句：理性始于思想与说话。人是动物，动物是要动的。但人却有比较行动为缓和为微妙的说话或思想这事情。它较之不动，则为动；较之动，则又为静。至于思想与说话二者，则心理学家曾说过"思想是不出声的说话；说话是出声的思想"，原不须多分别。理性诚然始于思想与说话；但人之所以能思想能说话，亦正原于他有理性，这两面亦不须多分别。

你愿意认出理性何在吗？你可以观察他人，或反省自家，当其心气和平，胸中空洞无事，听人说话最能听得入，两人彼此说话最容易说得通的时候，便是一个人有理性之时。所谓理性者，要亦不外吾人平静通达的心理而已。这似乎很浅近，很寻常，然而这实在是宇宙间顶可贵的东西！宇宙间所有唯一未曾陷于机械化的是人；而人所有唯一未曾陷于机械化的，亦只在此。

一般的说法，人类的特征在理智。这本来是不错的。但我今却要说，人类的特征在理性。理性、理智如何分别？究竟是一是二？原来"理性""理智"这些字样，只在近三四十年中国书里才常常见到，习惯上似乎通用不分，而所指是一。二者分用，各有所指，尚属少见。①这一半由二者密切相联，辨析未易；一半亦由于名词尚新，字面相差不多，还未加订定，但我们现在却正要分别它。

生物的进化，是沿着其生活方法而进的。从生活方法上看：植物定住于一所，摄取无机质以自养，动物则游走求食。显然一动一静，从两大方向而各自发展去。动物之中，又有节足动物之趋向本能，脊椎动物之趋向理智之不同。趋向本能者，即是生下来依其先天安排就的方法以为生活。反之，先天安排的不够，而要靠后天想办法和学习，方能生活，便是理智之路。前者，蜂蚁是其代表；后者，唯人类到达此地步。综合起来，生物之生活方法，盖有如是三大脉路。

三者比较，以植物生活最省事；依本能为生活者次之；理智一路，则最费事。寄生动物，即动物之懒惰者，又回到最省事路上去。脊椎动物自鱼类、鸟类、哺乳类、猿猴类以讫人类，依次进于理智，亦即依次而远于本能。他们虽同趋向于理智，但谁若在进程上稍有偏违，即不得到达。所谓偏违，即是不免希图省

---

① 张东荪著《思想与社会》，有张君劢序文一篇，其中以理智为理性之一部分，对于二者似有所分别。惜于其于分合之间特别是"理性是什么"言之不甚明了。

事。凡早图省事者,即早入歧途;只有始终不怕费事者,才得到达——这便是人类。

唯独人类算得完成了理智之路。但理智只是本能中反乎本能的一种倾向;由此倾向发展下去,本能便浑而不著,弱而不强,却并不是人的生活。有了理智,就不要本能。其余者,理智发展愈不够,当然靠本能愈多。因此,所以除人类而外,大致看去,各高等动物依然是本能生活。

人类是从本能生活中解放出来的。依本能为活者,其生活工具即寓于其身体,是有限的。而人则于身体外创造工具而使用之,为无限的。依本能为活者,一生下来(或于短期内)便有所能,而止于其所能,是有限的。而人则初若无一能。其卒也无所不能——其前途完全不可限量。

人类从本能生活中之解放,始于自身生命与外物之间不为特定之行为关系,而疏离淡远以至于超脱自由。这亦即是减弱身体感官器官之对于具体事物的反应作用,而扩大心思作用。心思作用,要在借累次经验,化具体事物为抽象观念而运用之;其性质即是行为之前的犹豫作用。犹豫之延长为冷静,知识即于此产生,更凭借知识以应付问题。这便是依理智以为生活的大概。

人类理智有二大见征:一征于其有语言,二征于其儿童期之特长。语言即代表观念者,实大有助于知识之产生。儿童期之延长,则一面锻炼官体习惯,以代本能;一面师取前人经验,阜丰知识。故依理智以为生活者,即是倚重于后天学习。

从生活方法上看,人类的特征无疑是在理智,以上所讲,无外此意。但这里不经意地早隐伏一大变动,超过一切等差比较的大变动,就是:一切生物都盘旋于生活问题(兼括个体生存及种族繁衍),以得生活而止,无更越此一步者;而人类却悠然长往,突破此限了。我们如不能认识此人类生命本质的特殊,而只在其生活方法上看,实属轻重倒置。

各种本能都是营求生活的方法手段,一一皆是有所为的。当人类向着理智前进,其生命超脱于本能,即是不落于方法手段,而得豁然开朗达于无所为之境地。他对于任何事物均可发生兴趣行为,而不必是为了生活,自然亦可能(有意识地或无意识地)是为了生活。譬如求真之心,好善之心,只是人类生命的高强博大自然要如此,不能当作营生活的手段或其一种变形来解释。

盖理智必造乎"无所为"的冷静地步,而后得尽其用;就从这里不期而开出了无所私的感情(impersonal feeling)——这便是理性。理性、理智为心思作用之两面:知的一面曰理智,情的一面曰理性,二者本来密切相联不离。譬如计算数目,计算之心是理智,而求正确之心便是理性。数目算错了,不容自昧,就是一极有力的感情,这一感情是无私的,不是为了什么生活问题。分析、计算、假设、推理……理智之用无穷,而独不作主张,作主张的是理性。理性之取舍不一,而要以无私的感情[①]为中心。此即人类所以异于一般生物只在觅生活者,乃更有向上一念,要求生活之合理也。

本能生活,行乎其所不得不行,止乎其所不得不止,不须

[①] 无私的感情,在英国罗素著《社会改造原理》中曾提到过,我这里的意思和他差不多。读者亦可取而参详。

操心自不发生错误。高等动物间亦有错误，而难于自觉，亦不负责。唯人类生活处处有待于心思作用，即随处皆可致误。错误一经自觉，恒不甘心。没有错误不足贵；错误非所贵，错误而不甘心于错误，可贵莫大焉！斯则理性之事也。故理性贵于一切。

以理智为人类的特征，未若以理性当之之深切著明，我故曰：人类的特征在理性。

二、两种理和两种错误

人类之视一般动物优越者，实为其心思作用。心思作用，是对于官体（感官器官）作用而说的。在高等动物，心思作用初有可见，而与官体作用浑一难分，直不免为官体作用所掩盖。必到人类，心思作用乃发达而超于官体作用之上。故人类的特征，原应该说是在心思作用。俗常"理智""理性"等词通用不分者，实际亦皆指此心思作用。即我开头说"理性始于思想与说话"者，亦是指此心思作用。不过我以心思作用分析起来，实有不同的两面而各有其理，乃将两词分当之；而举"心思作用"一词，表其统一之体。似乎这样处分，最清楚而得当（惜"心思作用"表不出合理循理之意）。

心思作用为人类特长，人类文化即于此发生。文化明盛如古代中国、近代西洋者，都各曾把这种特长发挥到很可观地步。但似不免各有所偏，就是，西洋偏长于理智而短于理性，中国偏长于理性而短于理智。为了证实我的话，须将理性理智的分别，再加申说。

从前中国人常爱说"读书明理"一句话。在乡村中，更常听见指说某人为"读书明理之人"。这个理何所指？不烦解释，中国人都明白的。它绝不包含物理的理、化学的理、一切自然科学的理，就连社会科学上许多理，亦都不包括在内。却是同此一句话，在西洋人听去，亦许生出不同的了解罢！中国有许多书，西洋亦有许多书；书中莫不讲到许多理。但翻开书一看，却似不同。中国书所讲总偏乎人世间许多情理，如父慈、子孝、知耻、爱人、公平、信实之类。若西洋书，则其所谈的不是自然科学之理，便是社会科学之理，或纯抽象的数理与论理。因此，当你说"读书明理"一句话，他便以为是明白那些科学之理了。

科学之理，是一些静的知识，知其"如此如此"而止，没有立即发动什么行为的力量。而中国人所说的理，却就在指示人们行为的动向。它常常是很有力量的一句话，例如："人而无信，不知其可也！""临财毋苟得，临难毋苟免！"它尽可是抽象的，没有特指当前某人某事，然而是动的，不是静的。科学之理，亦可以与行为有关系，但却没有一定方向指给人。如说"触电可以致死"，触不触，却听你。人怕死，固要避开它，想自杀的人，亦许去触电，没有一定。科学上大抵都是"如果如此，则将如彼"，这类公式。

所谓理者，既有此不同，似当分别予以不同名称。前者为人情上的理，不妨简称"情理"，后者为物观上的理，不妨简称"物理"。此二者，在认识上本是有分别的。现时流行有"正义感"一句话。正义感是一种感情，对于正义便欣然接受拥护，对于不合正义的便厌恶拒绝。正义感，即是正义之认识力；离开此感情，正义就不可得。一切是非善恶之理，皆同此例。点头即是，摇头即不是。善，即存乎悦服崇敬赞叹的心情上；恶，即存乎嫌恶愤嫉不平的心情上。但在情理之理虽则如此；物理之理，恰好不然。情理，离却主观好恶即无从认识；物理，则不离主观好恶即无从认识。物理得自物观观测；观测靠人的感觉和推理；人的感觉和推理，原是人类超脱于本能而冷静下来的产物，亦必要摒除一切感情而后乃能尽其用。因此科学家都以冷静著称。但相反之中，仍有相同之点。即情理虽著见在感情上，却必是无私的感情。无私的感情，同样地是人类超脱于本能而冷静下来的产物。此在前已点出过了。

总起来两种不同的理，分别出自两种不同的认识；必须摒除感情而后其认识乃锐入者，是之谓理智；其不欺好恶而判别自然明切者，是之谓理性。

动物倚本能为活，几无错误可言，更无错误之自觉；错误只是人的事。人类是极其容易错误的，其错误亦有两种不同。譬如学校考试，学生将考题答错，是一种错误——知识上的错误。若在考试上舞弊行欺，则又是另一种错误——行为上的错误。前一错误，于学习上见出低能，应属智能问题；后一错误，便属品性问题。智能问题于理智有关；品性问题于理性有关。事后他如果觉察自己错误，前一觉察属于理智，后一觉察发乎理性。

两种不同的错误，自是对于两种不同的理而说。我们有时因理而见出错误来，亦有时因错误而肯定其理。特别是后一种情理之理，乃是因变而识常；假若没有错误，则人固不知有理也。理为常，错误为变；然却几乎是变多于常。两种错误，人皆容易有，不时地有。这是什么缘故？盖错误生于两可之间（可彼可此），两可不定，则由理智把本能松开而来。生命的机械地方，被松开了；不靠机械，而生命自显其用；那自然会非常灵活而处处得当，再好没有。但生命能否恒显其用呢？问题就在此了。若恒显其用，就没有错误。却是生命摆脱于机械之后，就有兴奋与懈惰，而不能恒一。那松开的空隙无时不待生命去充实它；一息之懈，错误斯出。盖此时既无机械之准确，复失生命之灵活也。错误虽有两种，其致误之由，则大都在是。人的生命之不懈，实难；人的错误乃随时而不可免。

不懈之所以难，盖在懈固是懈，兴奋亦是懈。何以兴奋亦是懈？兴奋总是有所引起的。引起于彼，走作于此；兴奋同样是失于恒一。失于恒一，即为懈。再申明之：本能是感官器官对于外界事物之先天有组织的反应；理智是本能中反乎本能的一种倾向，即上文所说"松开"。生命充实那松开的空隙，而自显其用，是为心。但心不一直对外，还是要通过官体（感官器官）而后显其用。所不同者，一则官体自为主，一则官体待心为主。其机甚妙，其辨甚微。要恒一，即是要恒一于微妙，这岂是容易的？微妙失，即落于官体机械势力上，而心不可见。兴奋懈惰似相反，在这里实相同。

抑错误之严重者，莫若有心为恶；而无心之过为轻。无心之过，出于疏懈。有心为恶，则或忿或欲隐蔽了理性，而假理智为工具，忿与欲是激越之情所谓"冲动"者。冲动附于本能而见，本能附于官体而见。前已言之，各种本能皆有所为，即有所私的；而理性则无所为，无所私。前又言之，理智理性为心思作用之知情两面，而所贵乎人类者，即在官体反应减弱而心思作用扩大，行为从容而超脱。是故忿欲隐蔽理性而假理智为工具者，偏私代无私而起,从容失没于激越,官体自为主而心思为之役也。心思作用非恶所在,抑且为善之所自出。官体作用非恶所在,抑善固待其行动而成。在人类生命中,觅恶了不可得。而卒有恶者,无他,即此心思官体颠倒失序而已。一切之恶,千变万化,总不出此一方式。洎乎激越者消停,而后悔焉,则理性显而心思官体复其位也。是故,人之不免于错误,由理智(松开);人之不甘心于错误,由理性(无私)。

两种错误人皆容易有,不时地有。然似乎错在知识者问题小,错在行为者问题大,试看世界上到处发生纠纷,你说我不对,我说你不对,彼此责斥,互相争辩,大率在于后者。而由错误所引起的祸害,亦每以后者为严重。今日科学发达,智虑日周,而人类顾有自己毁灭之虞,是行为问题,不是知识问题;是理性问题,不是理智问题。

三、中国民族精神所在

我常常说,除非过去数千年的中国人都白活了,如其还有他的贡献,那就是认识了人类之所以为人。而恰恰相反地,自近代以至现代,欧美学术虽发达进步,远过前人,而独于此则甚幼稚。二十多年来我准备写《人心与人生》一书,以求教当世;书虽未成,而一年一年果然证实了我的见解。在学术发达,而人祸弥以严重之今日,西洋人已渐悟其一向皆务为物的研究,而太忽略于人。以致对于物所知道的虽多,而于人自己却所知甚少。①最近学者乃始转移视线,而致力乎此,似乎还谈不到什么成就。

何以敢说他们幼稚呢?在现代亦有好多门学问讲到人;特别是心理学,应当就是专来研究人的科学。但心理学应该如何研究法,心理学到底研究些什么(对象和范围),各家各说,至今莫衷一是。这比起其他科学来,岂不证明其幼稚!然而在各执一词的学者间,其对于人的认识,却几乎一致地与中国古人不合,而

---

① 《观察周刊》第1卷2期,潘光旦著《人的控制与物的控制》一文,说目前的学术与教育,已经把人忘记得一干二净,人至今未得为科学研究的对象,而落在三不管地带。美国人嘉瑞尔(Alexis Carrel)著《未了知之人类》(*Man the Unknown*)一书,亦有慨乎此而作也。

颇有合于他们的古人之处。西洋自希腊以来，似乎就不见有人性善的观念；而从基督教后，更像是人生来带着罪过。现在的心理学资借于种种科学方法，资借于种种科学所得，其所见亦正是人自身含着很多势力，不一定调谐。他们说："现在需要解释者，不是人为什么生出许多不合理的行为，而是为什么人居然亦能行为合理。"① 此自然不可与禁欲的宗教，或把人身体视为罪恶之源的玄学，视同一例；却是他们不期而然，前后似相符顺。

恰成一对照：中国古人却正有见于人类生命之和谐。——人自身是和谐的（所谓"无礼之礼，无声之乐"指此）；人与人是和谐的（所谓"能以天下为一家，中国为一人"者在此）；以人为中心的整个宇宙是和谐的（所以说"致中和，天地位焉，万物育焉""赞天地之化育，与天地参"等等）。儒家对于宇宙人生，总不胜其赞叹；对于人总看得十分可贵；特别是他实际上对于人总是信赖，而从来不曾把人当成问题，要寻觅什么办法。

此和谐之点，即清明安和之心，即理性。一切生物均限于"有对"之中，唯人类则以"有对"超进于"无对"。清明也，和谐也，皆得之于此。果然有见于此，自尔无疑。若其无见，寻求不到。盖清明不清明，和谐不和谐，都是生命自身的事。在人自见自知，自证自信，一寻求便向外去，而生命却不在外。今日科学家的方法，总无非本于生物有对态度向外寻求，止于看见生命的一些影子，而且偏于机械一面。和谐看不到，问题却看到了。其实，人绝不是不成问题。说问题都出在人身上，这话并没有

---

① 语出心理学家麦独孤（McDougau），氏擅说本能，亦被玄学之讥。

错。但要晓得,问题在人,问题之解决仍在人自己,不能外求;不信赖人,又怎样?信赖神吗?信赖国家吗?或信赖……吗?西洋人如此;中国人不如此。

孔子态度平实,所以不表乐观(不倡言性善),唯处处教人用心回省(见前引录《论语》各条),即自己诉诸理性。孟子态度轩豁直抉出理性以示人。其所谓"心之官则思",所谓"从其大体……从其小体",所谓"先立乎其大者,则小者不能夺",岂非皆明白指出心思作用要超于官体作用之上,勿为所掩蔽。其"理义悦心,刍豢悦口"之喻,及"怵惕""恻隐"等说,更从心思作用之情的一面,直指理性之所在。最后则说:"无为其所不为,无欲其所不欲,如此而已矣!"何等斩截了当,使人当下豁然无疑。

日本学者五来欣造说,在儒家,我们可以看见理性的胜利。儒家所尊崇的不是天,不是神,不是君主,不是国家权力,并且亦不是多数人民。只有将这一些(天、神、君、国、多数),当作理性之一个代名词用时,儒家才尊崇它。这话是不错的。儒家假如亦有其主义的话,推想应当就是"理性至上主义"。

就在儒家领导之下,二千多年间,中国人养成一种社会风尚,或民族精神,除最近数十年浸浸渐灭,今已不易得见外,过去中国人的生存,及其民族生命之开拓,胥赖于此。这种精神,分析言之,约有两点:一为向上之心强,一为相与之情厚。

向上心,即不甘于错误的心,即是非之心,好善服善的心,要求公平合理的心,拥护正义的心,知耻要强的心,嫌恶懒散而喜振作的心……总之,于人生利害得失之外,更有向上一念者是，我们总称之曰"人生向上"。从之则坦然泰然，怡然自得而殊不见其所得；违之则歉恨不安，仿佛若有所失而不见其所失。在中国古人，则谓之"义"，谓之"理"。这原是人所本有的；然当人类文化未进，全为禁忌（taboo）、崇拜、迷信、习俗所蔽，各个人意识未曾觉醒活动，虽有却不被发见。甚至就在文化已高的社会，如果宗教或其他权威强盛，宰制了人心，亦还不得发达。所以像欧洲中古之世，尚不足以语此。到近代欧洲人，诚然其个人意识觉醒活动了，却惜其意识只在求生存求幸福，一般都是功利思想，驰骛于外，又体认不到此。现代人生，在文化各方面靡不迈越前人，夫何待言；但在这一点上，却丝毫未见有进。唯中国古人得脱于宗教之迷蔽而认取人类精神独早，其人生态度，其所有之价值判断，乃悉以此为中心。虽因提出太早牵掣而不得行，[①] 然其风尚所在，固彰彰也。

在人生态度上，通常所见好像不外两边。譬如在印度，各种出世的宗教为一边，顺世外道为一边。又如在欧洲，中古宗教为一边，近代以至现代人生为一边。前者否定现世人生，要出世而禁欲；后者肯定现世人生，就以为人生不外乎种种欲望之满足。谁曾看见更有真正的第三条路？但中国人就特辟中间一路（这确乎很难），而殊非斟酌折衷于两边（此须认清）。中国人肯定人生而一心于现世；这就与宗教出世而禁欲者，绝不相涉。然而他不看重现世幸福，尤其贬斥了欲望。他自有其全副精神倾注之所在：

　　德之不修，学之不讲，闻义不能徙，不善不能改，是吾

[①] 关于此两点提出太早，牵掣不得行之故，在后面第十三章有说明。

忧也!

食无求饱,居无求安,敏于事而慎于言,就有道而正焉,可谓好学也已。(以上均见《论语》)

试翻看全部《论语》,全部《孟子》,处处表见,如此者不一而足,引证不胜其引证。其后"理""欲"之争,"义""利"之辨,延二千余年未已,为中国思想史之所特有,无非反复辨析其间之问题,而坚持其态度。语其影响,则中国社会经济亘二千余年停滞不进者,未始不在此。一直到近代西洋潮流输入中国,而后风气乃变。

儒家盖认为人生的意义价值,在不断自觉地向上实践他所看到的理。宽泛言之,人生向上有多途;严格地讲,唯此为真向上。此须分两步来说明:第一,人类凡有所创造,皆为向上。盖唯以人类生活不同乎物类之"就是这么一回事"也,其前途乃有无限地开展。有见于外之开展,则为人类文化之迁进无已;古今一切文物制度之发明创造,以至今后理想社会之实现,皆属之。有存乎内之开展,则为人心日造乎开大通透深细敏活而映现之理亦无尽。此自通常所见教育上之成就,以至古今东西各学派各宗教之修养功夫(如其非妄)所成就者,皆属之。前者之创造在身外;后者之创造,在生命本身上。其间一点一滴,莫不由向上努力而得,故有一于此,即向上矣。第二,当下一念向上,别无所取,乃为真向上。偏乎身外之创造者遗漏其生命本身,务为其本身生命之创造者(特如某些宗教中人),置世事于不顾。此其意皆有所取,不能无得失之心,衡以向上之义犹不尽符合。唯此所谓"人要不断自觉地向上实践他所看到的理",其理存于我与人世相关系之上,"看到"即看到我在此应如何;"向上实践"即看到而力行之。念念不离当下,唯义所在,无所取求。古语所谓圣人"人伦之至"者,正以此理不外伦理也。此与下面"相与之情厚"相联,试详下文。

人类生命廓然与物同体,其情无所不到。所以昔人说:

> (上略)是故见孺子之入井,而必有怵惕恻隐之心焉;是其仁之与孺子而为一体也。孺子犹同类者也。见鸟兽之哀鸣觳觫,而必有不忍之心焉;是其仁之与鸟兽而为一体也。鸟兽犹有知觉者也。见草木之摧折,而必有悯恤之心焉;是其仁之与草木而为一体也。草木犹有生意者也。见瓦石之毁坏,而必有顾惜之心焉;是其仁之与瓦石而为一体也。(见《王阳明全集·大学问》)

前曾言,一切生物均限于"有对"之中,唯人类则以"有对"超进于"无对",盖指此。辗转不出乎利用与反抗,是曰"有对";"无对"则超于利用与反抗,而恍若其为一体也。此一体之情,发乎理性;不可与高等动物之情爱视同一例。高等动物在其亲子间、两性间,乃至同类间,亦颇有相关切之情可见。但那是附于本能之情绪,不出乎其生活(种族繁衍,个体生存)所需要,一本于其先天之规定。到人类,此种本能犹未尽泯,却也大为减弱。是故,笃于夫妇间者,在人不必人人皆然;而在某一鸟类,则个个不稍异,代代不稍改。其他鸟兽笃于亲子之间者,亦然。而人间慈父母固多,却有溺女杀婴之事。情之可厚可薄者,与其厚则厚,薄则薄,固定不易者,显非同物也。动物之情,因本能而始见;人类情感之发达,则从本能之减弱而来,是岂可以无辨?

理智把本能松开,松开的空隙愈大,愈能通风透气。这风就是人的感情,人的感情就是这风。而人心恰是一无往不通之窍。所以人的感情丰啬,视乎其生命中机械成分之轻重而为反比例(机械成分愈轻,感情愈丰厚),不同乎物类感情,仅随附于其求生机械之上。人类生命通乎天地万物而无隔,不同乎物类生命之锢于其求生机械之中。

前曾说,人在欲望中恒只知为我而顾不到对方;反之,人在感情中,往往只见对方而忘了自己(见第五章)。实则,此时对方就是自己。凡痛痒亲切处,就是自己,何必区区数尺之躯。普泛地关情,即不啻普泛地负担了任务在身上,如同母亲要为他儿子服务一样。所以昔人说"宇宙内事,即己分内事"(陆象山先生语)。人类理性,原如是也。

然此无所不到之情,却自有其发端之处,即家庭骨肉之间是。爱伦凯(Ellen Key)《母性论》中说,小儿爱母为情绪发达之本,由是扩充以及远;此一顺序,犹树根不可朝天。中国古语"孝弟为仁之本",又曰"亲亲而仁民,仁民而爱物",其间先后、远近、厚薄自是天然的。"伦理关系始于家庭,而不止于家庭",这是由近以及远。"举整个社会各种关系而一概家庭化之"(见第五章),这是更引远而入近,唯恐其情之不厚。中国伦理本位的社会之形成,无疑地,是旨向于"天下为一家,中国为一人"。虽因提出太早,牵掣而不得行,[①]然其精神所在,固不得而

[①] 关于此两点提出太早,牵掣不得行之故,在后面第十三章有说明。

否认也。

中国伦理本位的社会,形成于礼俗之上,多由儒家之倡导而来,这是事实。现在我们说明儒家之所以出此,正因其有见于理性,有见于人类生命,一个人天然与他前后左右的人,与他的世界不可分离。所以前章"安排伦理组织社会"一段,我说孔子最初所着眼的,倒不在社会组织,而宁在一个人如何完成他自己。

一个人的生命,不自一个人而止,是有伦理关系的。伦理关系,即是情谊关系,亦即是其相互间的一种义务关系。所贵乎人者,在不失此情与义。"人要不断自觉地向上实践他所看到的理",大致不外是看到此情义,实践此情义。其间"向上之心""相与之情",有不可分析言之者已。不断有所看到,不断地实践,则卒成所谓圣贤。中国之所尚,在圣贤;西洋之所尚,在伟人;印度之所尚,在仙佛。社会风尚民族精神各方不同,未尝不可于此识别。

人莫不有理性,而人心之振靡,人情之厚薄,则人人不同;同一人而时时不同。无见于理性之心理学家,其难为测验者在此。有见于理性之中国古人,其不能不兢兢勉励者在此。唯中国古人之有见于理性也,以为"是天之所予我者",人生之意义价值在焉。外是而求之,无有也已!不此之求,奚择于禽兽?在他看来,所谓学问,应当就是讲求这个的,舍是无学问。所谓教育,应当就是教育培养这个的,舍是无教育。乃至政治,亦不能舍是。所以他纳国家于伦理,合法律于道德,而以教化代政治(政教合一)。自周孔以来二三千年,中国文化趋重在此,几乎集全力以倾注于一点。假如中国人有其长处，其长处不能舍是而他求。假如中国人有其所短，其所短亦必坐此而致。中国人而食福，食此之福；中国人而被祸，被此之祸。总之，其长短得失，祸福利害，举不能外乎是。

凡是一种风尚，每每有其扩衍太过之处，尤其是日久不免机械化，原意浸失，只余形式。这些就不再是一种可贵的精神，然而却是当初有这种精神的证据。若以此来观察中国社会，那么，沿着"向上心强""相与情厚"而余留于习俗中之机械形式，就最多。譬如中国人一说话，便易有"请教""赐教"等词，顺口而出。此即由古人谦德所余下之机械形式，源出于当初之向上心理。又譬如西洋朋友两个人同在咖啡馆吃茶，可以各自付茶资。中国人便不肯如此，总觉各自付钱，太分彼此，好难为情。此又从当初相与之情厚而有之余习也。这些尚不足为病。更有不止失去原意，而且演成笑话，滋生弊端者，其事亦甚多，今举其中关系最大之一事，此事即中国历代登庸人才之制度。中国古代封建之世，亦传有选贤制度，如《周礼》《礼记》所记载者，是否事实，不敢说。从两汉选举，魏晋九品中正，隋唐考试，这些制度上说，都是用人唯贤，意在破除阶级，立法精神彰然而不可掩。除考试以文章才学为准外，其乡举里选，九品中正，一贯相沿以人品行谊为准。例如"孝廉""孝弟""贤良""方正""敦厚""逊让""忠恪""信义""劳谦"等等，皆为其选取之目。这在外国人不免引以为异，却是熟习中国精神之人，自然懂得。尽管后来，有名无实，笑话百出，却总不能否认其当初有此一番用意。由魏晋以讫隋唐，族姓门第之见特著，在社会上俨然一高贵之阶级，而不免与权势结托不分。然溯其观念（族姓门第观念）所由形成，则本在人品家风为众矜式，固非肇兴于权势，抑且到后来仍自有其价值地位，非权势所能倾。唐文宗对人叹息，李唐数百年天子之家尚所不及者，即此也。以意在破除阶级者，而卒演出阶级来，这自然是大笑话大弊病；却是其笑话其偏弊，不出于他而出于此；则其趣尚所在，不重可识乎！

一般都知道，世界各处，在各时代中，恒不免有其社会阶级之形成。其间或则起于宗教，或则起于强权，或则起于资产，或则起于革命。一时一地，各著色彩，纷然异趣，独中国以理性早得开发，不为成见之固执，不作势力之对抗，其形成阶级之机会最少。顾不料其竟有渊源于理性之阶级发生，如上之所说。此其色彩又自不同，殆可以为世界所有阶级中添多一格。——这虽近于笑谈，亦未尝不可资比较文化之一助。

第八章 阶级对立与职业分途

一、何谓阶级

从第一章到第七章，全为说明中国社会是伦理本位，与西洋之往复于个人本位社会本位者，都无所似。但伦理本位只说了中国社会结构之一面，还有其另一面。此即在西洋社会，中古则贵族地主与农奴两阶级对立，近代则资本家与劳工两阶级对立。中国社会于此，又一无所似。假如西洋可以称为阶级对立的社会，那么，中国便是职业分途的社会。

我们要讨论阶级问题，第一还须问清楚，何谓阶级？一般地说，除了人类社会之初起和人类社会之将来，大概没有阶级之外，在这中间一段历史内，阶级都是有的。假使我们不能把阶级从没有到有，从有到没有，首尾演变之理，了然于胸，便不足以论断文化问题而瞭望人类前途。阶级既然是这样一个大问题，殊非短短数十行，所能了当。兹且试为说之如次。——

从宽泛说，人间贵贱贫富万般不齐，未尝不可都叫作阶级。但阶级之为阶级，要当于经济政治之对立争衡的形势求之。这里既特指西洋中古近代为例，而论证像那样"阶级对立"的阶级非中国所有，则兹所说亦即以此种为限。而且真的阶级，在文化过程中具有绝大关系的阶级，亦只在此。所以即此，固已得其要。

此种对立的阶级,其构成是在经济上。社会经济莫不以农工生产为先为本。除近代工业勃兴,压倒农业外,一般地又都以农业为主要。农业生产离不开土地。假若一社会中,土地掌握在一部分人手里,而由另一部分人任耕作之劳;生产所得,前者所享每多于后者。那么,便形成一种剥削关系。中古之封建地主阶级对农奴,即如此。又近代工业生产离不开工矿场所的机器设备。假若一社会中,此项设备掌握在一部分人手里,而由另一部分人任操作之劳;生产所得,前者所享每多于后者。那么,便又形成一种剥削关系。近代之产业资本阶级对劳工,即如此。总起来说,在一社会中生产工具与生产工作分家,占有工具之一部分人不工作,担任工作之一部分人不能自有其工具,就构成对立之阶级。对立之者,在一社会中,彼此互相依存,分离不开;而另一面又互相矛盾,彼此利害适相反也。

此种经济关系,当然要基于一种制度秩序而存立。例如,中古社会上承认封建地主之领有其土地,以及其他种种;近代社会上承认资本家之私有其资产,以及其他种种。不论宗教、道德、法律、习惯,都这样承认之保护之。此即造成其一种秩序,其社会中一切活动即因之而得遂行。秩序之成功,则靠两面:一面要大家相信其合理;更一面有赖一大强制力为其后盾。此一大强制力即国家。于是说到政治上了。政治就是国家的事。国家即以厘定秩序而维持秩序,为其第一大事——是即所谓统治。经济上之剥削阶级,即为政治上之统治阶级,此一恒例,殆不可易。土地垄断于贵族,农民附着于土地,而贵族即直接以行其统治,此为中古之例。人人皆得私有财产,以自由竞争不觉造成资本阶级;

资本阶级利用种种方便，间接以行其统治，此为近代之例。以统治维持其经济上之地位，以剥削增强其政治上之力量，彼此扣合，二者相兼，从而阶级对立之势更著。

阶级之为阶级，要当于经济政治之对立争衡的形势求之。至于贵贱等级，贫富差度，不过与此有关系而已，其自身不足为真的阶级。形势以明朗而后有力，阶级以稳定而后深固。是故下列几点却值得注意：

（一）一切迷信成见足使阶级之划分严峻者；

（二）习俗制度使阶级之间不通婚媾者；

（三）阶级世袭制度，或在事实上几等于世袭者。

这些——特别是第三点——均大足以助成阶级。反之，如其不存成见，看人都是一样的；婚姻互通，没有界限；尤其是阶级地位升沉不定，父子非必嬗连，阶级便难于构成。中古封建，几乎于此三点通具，所以阶级特著。近代以来，前二点似渐消失，末一点则从世袭制度变为事实上有世袭之势，所以依然有阶级存在。

阶级之发生，盖在经济上对他人能行其剥削，而政治上则土地等资源均各被人占领之时。反之，在当初自然界养生资源，任人取给；同时，社会没有分工，一个人劳力生产于养活他自己外，不能有多余，阶级便不会发生。无疑地，阶级不是理性之产物，而宁为反乎理性的。它构成于两面之上：一面是以强力施于人；一面是以美利私于己。但它虽不从理性来，理性却要从它来。何以言之？人类虽为理性的动物，然理性之在人类，却必渐次以开发。在个体生命，则有待于身心之发育；在社会生命，则有待于经济之进步。而阶级恰为人类社会前进程中所必经过之事。没有它，社会进步不可能。此其理须稍作说明。

前章曾讲，人类的特长在其心思作用（兼具理性与理智）。凡社会进步，文化开展，要莫非出于此。但这里有一明显事实：一个人的时间和精力，假若全部或大部分为体力劳动所占据，则心思活动即被抑阻，甚至于不可能。而心思不活动，即无创造，无进步，又是万要不得的事。那么，腾出空闲来给心思自在地去活动，即属必要。——老实说，有眼光的人早可看出，自有人群那一天起，造物即在向着此一目的而前进；这原是从有生物那一天起，造物即在为着人类心灵之开辟而前进之继续。但既没有造物主出面发言，人们又不自觉，谁能平均支配，让每一个人都有其一部分空闲呢？其结果便落在一社会中一部分人偏劳，一部分人悠闲了。——此即是人世对立的两阶级之出现。从古代之奴隶制度，到中古之农奴制度，再到近世之劳工制度，虽曰"天地不仁"，却是自有其历史任务的。后人谈起学术来，都念希腊人之赐；谈起法律制度来，都念罗马人之赐。那就不可不知当初都是以奴隶阶级之血汗换得来的。同样，中古文明得力于农奴，近世文明得力于劳工。凡一切创造发明，延续推进，以有今日者，直接贡献固出自一班人；间接成就，又赖有一班人。设若社会史上而无阶级，正不知人类文明如何得产生？

然则人类就是这样以一部分人为牺牲的生活下去吗？当然不是。历史显然昭示，进步之所向，正逐步地在一面增加生产之中，而一面减轻人力（特别是体力）负担。——此即经济之进步。由于经济之进步，而人们一面享用日富，一面空闲有多；求知识受教育之机会，自然大为扩充。人们的心思欲望，亦随以发达。——此即文化之进步。凡此文化之进步，在一社会中之下一阶级亦岂无所分享？而在心思欲望抬头之后，他们此时当然不能安于其旧日待遇。社会构造至此，乃不能不有一度变更调整。调整之后，略得安处，而经过一时期又有进步，又须调整，社会构造又一变。如是者，自往古讫于未来，盖划然有不可少之三变。第一变，由古代奴隶制度到中古农奴制度。这就是由完全不承认其为人（只认他作物），改变到相当承认其为人。在前奴隶生产所得，全部是主人的；只不过主人要用其中一部分养活奴隶。今农奴生产所得，除以一部分贡缴地主外，全部是自己的。他开始同人一样亦有他的一些地位权利，但尚非真自由人。第二变，由中古农奴制度到近世劳工制度。这就是由相当承认其为人的，改变到完全承认了。大家都正式同处在一个团体里面。团体对任何个人，原则上没有差别待遇。彼此各有自由及参政权。不过在生活实质上（生产劳动上和分配享受上），则还不平等，即经济上不平等。第三变，由近世劳工制度到阶级之彻底消灭。这就是社会主义之实现；经济不平等，继其他之不平等而同归于消除。其他之不平等，更因经济之平等而得以消除净尽。社会当真回复到一体，而无阶级之分。凡此社会构造之三变，每一变亦就是国家形势之改变——由奴隶国家到封建国家，再到立宪国家，最后到国家形式之化除。而每一度国家形式之改变，亦即是政治之进步。经济进步、文化进步、政治进步，事实上循环推进，非必某为因而某为果。不过说话不能不从中截取一端以说之；而经济隐若一机械力，以作用于其间，说来容易明白。又一切变易进步，事实上恒行于微细不觉，并不若是其粗。然说话却仅及粗迹，在短文内，尤不能不举其划然可见者而说之。又事实上一时一地情势不同，生命创进尤不如是整齐规律。然学问却贵乎寻出其间理致，点醒给人。读者有悟于其理，而不概执为规律，斯善矣。

要紧一句话：生产技术不进步，所生产的不富，就不能无阶级。古语云"不患寡而患不均"，其实寡了就不能均。要达于均平（经济的、政治的），必须人人智识能力差不多才行。不是享受的均平，就算均平；要能力均平，才是均平。明白说，非大家同受高等教育，阶级不得消灭。然而教育实在是一种高等享受（高等教育更是高等享受），这其中，表示着有空闲；空闲表示着社会的富力。像今天我们这一班人得以受到教育，实为生产力相当进步，而又有好多人在生产上服务，才腾出空闲来给我们。假如要他们同时亦受同等教育，那么，大家便都吃不成饭。想要同受教育，还同要吃饭；那必须生产力极高，普遍用物理的动力代替人力才行。且须明白：所谓同受教育，必须是同受高等教育；吃饭亦是同吃上好的饭。如其说，同受中等教育，同吃次等饭，那又是寡中求均，那又是不行的。所以此所说生产力极高，真是极高极高。然后乃得一面凡所需求无不备，一面却空闲尽多。然后同受高等教育，乃为极自然之事。人人同受到高等教育，知识能力差不多，然后平等无阶级，乃为极自然之事。反乎此，而以勉强行之，皆非其道。

这其中含藏有生产手段归公之一义，未曾说出。只有生产手段归公，经济生活社会化，而后乃完成了社会的一体性。大家在社会中如一体之不可分,其间自然无不均平之事。均平不能在均平上求,却要在这社会一体上求,才行。

关于国家必由阶级构成,和阶级在政治进步上之必要作用,容后再谈。兹先结束上面的话。由上所说,人类历史先形成社会阶级,然后一步一步次第解放它。每一步之阶级解放,亦就是人类理性之进一步发展。末了平等无阶级社会之出现,完全符合于理性要求而后已。此其大势,彰彰在目,毫无疑问。上面说,阶级虽不从理性来,而理性却要从阶级来,正指此。因此,孟子所说的"劳心者治人,劳力者治于人;治人者食于人,治于人者食人",那在当时倒是合乎历史进步原则,而许行主张"贤者与民并耕而食,饔飧而治",不要"厉民以自养",其意虽善,却属空想,且不免要开倒车了。

二、中国有没有阶级

对于人类文化史之全部历程，第二章曾提出我的意见说过。除了最初一段受自然限制，各方可能互相类似，和今后因世界交通将渐渐有所谓世界文化出现外，中间一段大抵各走一路，彼此不必同。像上面所叙之社会阶级史，恰是在那中间一段。凡所说阶级如何一步一步解放，只在叙明其理有如此者（即极容易如此演进），不是说它必然如此。浅识之人，闻唯物史观之说，执以为有一定不易之阶梯。于是定要把中国历史自三代以讫清末，按照次第分期，纳入其公式中，遇着秦汉后的两千年，强为生解而不得，宁责怪历史之为谜，不自悟其见解之不通，实在可笑。我自己的学力，根本不够来阐明全部中国历史的；而我的兴趣亦只求认识百年前的中国社会。本书既非专研究中国社会史之作，对此自亦不及多谈。第为讨论阶级问题，以下要说一说百年前的中国社会，并上溯周秦略作解释。

百年前的中国社会，如一般所公认是沿着秦汉以来，两千年未曾大变过的。我常说它是人于盘旋不进状态，已不可能有本质上之变革。因此论"百年以前"差不多就等于论"二千年以来"。但亦有点不同。一则近百年到今天尚未解决之中国问题，正形成于百年前的中国社会之上,故对它亟有认识之必要。同时,我们对近百年的事知道较亲切,亦复便于讨论。再则在阶级对立与职业分途之间,两千年来虽大体趋向于后者,却亦时而进(向着阶级解消而职业分途),时而退(向着阶级对立),时而又进,时而又退,辗转往复。而百年前之清代,正为其趋向较著之时,所以就借它来说。又所谓"百年以前者",初非在年限上较量,盖意指中国最近而固有之社会情形,未受世界大交通后之西洋影响者而言。

在农业社会如中国者,要讨论其有没有阶级,则土地分配问题自应为主要关键所在。此据我们所知,先说两点:

第一,土地自由买卖,人人得而有之。

第二,土地集中垄断之情形不著;一般估计,有土地的人颇占多数。

对于第一点,大致人人都可承认,不待论证。第二点易生争论,须得一为申说。中国土地广大,人口众多,而地籍不清理者久而又久。民国以来,纵有一些调查统计,如北伐前北京政府农商部所为者,如北伐中及北伐后国民政府所为者,皆根本不可靠。其间有可靠者,则国内外学术专家私人之所举办,又嫌规模小,不可以一隅而概全局。故土地分配情况究竟如何,无人能确知。就耳目常识之所及,则北方各省自耕农较多,东南西南佃农较多。然在南方某些地方并不见土地集中者,亦非罕例。同时北方如山东之单县曹县,亦有大地主累代相承。抑且不止此。好些地方,一县城东之情形或与其城西不同,城南又异乎城北。总之,话难讲得很。因此,论者恒不免各就所见而主张之。我自然亦只能就我所见者而说，但平情立论，不作过分主张。

我家两代生长北方，居住北方，已经可说是北方人。我所见者，当然亦就是北方的情形。北方情形，就是大多数人都有土地。虽然北平附近各县（旧顺天府属）有不少"旗地"（八旗贵族所有），但他们佃农却有永佃权。例不准增租夺佃，好像平分了地主的所有权（类如南方地面权地底权）。我所曾从事乡村工作之河南山东两省地方，大地主虽亦恒有，但从全局大势论之，未见集中垄断之象。特别是我留居甚久之邹平，无地之人极少。我们在邹平全县所进行之整理地籍工作，民国廿六年上半年将竣事，而抗战遽作，今手中无可凭之统计报告。但确实可说一句：全县百分之九十以上的人都有土地，不过有些人的地很少罢了。这情形正与河北定县——另一乡村工作区——情形完全相似。定县则有《定县社会概况调查》一巨册，其中有关此问题之报告。①

---

① 据李景汉《定县社会概况调查》，则该处土地分配情形有如下之三例：

第一例：东亭乡六二村一〇四五家，除一五五家不种地外，种地为业者一〇二九〇家。其中种地一百亩以上者二二〇家，即占百分之二，种地百亩以下者一〇〇七〇家，即百分之九十八。又调查其中之六村八三八家，除四八家不种地外，种地者七九〇家。其中完全无地而以佃种为生者一一家；余七七九家均自有土地多少不等。

第二例：第一区七一村六五五五家，除三七九家不种地外，种地者六一七六家。其中多少自有土地者五五二九家，完全无地者六四七家。无地佃农视前例为多，然亦只占十分之一强。有地百亩以上者，在六五五五家中占百分之二，有地三百亩以上者占千分之一。有地而不自种者，占百分之一。

第三例：第二区六三村八〇六二家，除三二二家不种地外，种地者七七三九家。其中多少自有土地者七三六三家，余为无地之佃农雇农，约占百分之五。在有地者之中，一百亩以上占百分之二，三百亩以上占千分之三。

以上均见该书第 618—663 页。

据其报告，分别在不同之三个乡区作调查：一区六十二村，一万零四百四十五家；一区七十一村，六千五百十五家；一区六十三村，八千零六十二家。总起来，可得结论如下——

（一）百分之九十以上人家都有地。

（二）无地者（包含不以耕种为业者）占百分之十以内。

（三）有地一百亩以上者占百分之二；三百亩以上者占千分之一二。

（四）有地而不自种者占百分之一二。

此调查工作系在社会调查专家李景汉先生领导之下，又得当地民众之同情了解与协助，绝对可算。而准此情形以言，对于那一部分人有地而不事耕作，一部分人耕作而不能自有土地的阶级社会，相离是太远了。我承认这情形不普通。但我们两个乡村工作团体，当初之择取邹平定县为工作区域，却并没有意在山东全省中或河北全省中，特选其土地最不集中之县份。乃结果竟不期而然，两处情形如此相同，则至少这情形在北方各省亦非太不普通了。

要知道此种情形并非奇迹，而是有其自然之理的。在当时定县中等土地每亩值钱普通不过四十元。而一个长工（雇农）食宿一切由主人供给外，每年工资普通都在四十元以上。节储几年，他自己买一亩地，有何不可能？这是说，有地并不难。有地人家百分比之高在此。又中国社会通例，一个人的遗产，由他诸子均分。① 所以大地产经一代两代之后，就不大了。若遇着子弟不知

---

① 大清律例关于遗产继承有如下之规定：嫡庶之势，不问妻妾婢所生，以子数均分之；私生子及养子各与其半。

勤俭，没落更快。这是说，纵有大地产，保持正不易。一百亩以上人家，百分比之低在此。河北省谚语"一地千年百易主，十年高下一般同"（十年间的变化，可能富者不富，贫者不贫），又说"穷伴富，伴得没了裤"，都是由此而发。

既然如此，那么，南方各省土地集中，佃农颇多，又何自而来呢？这一半来自工商业势力，一半来自政治势力。古语早已说过"用贫求富，农不如工，工不如商"。（见《史记·货殖列传》）现在之经济学家则指出农业上远没有像工商业那样的竞争：土地集中远没有像资本集中那样的容易；大规模经营压倒小经营，工商业有之，而农业不必然。从封建解放后之土地自由经营，其本身是不可能发展出这局面来的。只有由工商业发财者，或在政治上有钱有势者，方能弄到大量土地并维持之。而一般说来，中国的工商业家和官吏，出在北方者远不如南方之多。土地分配情形，南北所以不大同，其故似在此。但他们要土地，不过觉得不动产牢稳，用以贻子孙；其积极兴趣不在此，绝不是想要改行。虽土地分配情形不免时时受其影响，而土地集中总不是一种自然趋势所在。造成此种不自然趋势，固有可能；亦必非工商业势力所能为（理由见后），而必在政治势力。由政治势力而直接地或间接地使全国土地现出集中垄断之势，那对于从封建解放出来的社会说，即是形势逆转。此种逆转，势不可久。历史上不断表演，不断收场，吾人固已见之矣。

故我以自耕农较多之北方和佃农较多之南方，两下折中起来，以历史顺转时期和其逆转时期，两下折衷起来，笼统说："土地集中垄断之情形不著，一般估计，有地的人颇占多数。"土地集中垄断情形,是有的,但从全局大势来说,尚不著;以有地者和无地者相较,当不止五十一对四十九之比,而是多得多。自信所说绝不过分。

中国工商业发达,尽管像先秦战国那样早,像唐代元代那样盛,却是从唐代至清季(鸦片战争)一千二百年之久,未见更有所进(某些点上,或反见逊退)。其间盖有两大限制存在。我们知道工商业是互相引发的。要商业上有广大市场,乃刺激工业生产猛进;要工业生产增多,乃推动着商业前进。反之,无商则工不兴,无工则商亦不盛。而商业必以海上交通,国际互市为大宗。西洋古代则得力于地中海,到后来更为远洋贸易。近代工业之飞跃,实以重洋冒险,海外开拓为之先,历史所示甚明。然中国文化却是由西北展向东南,以大陆控制沿海,与西洋以沿海领导内地者恰相反,数千年常有海禁。虽然亦许禁不了,且有时而开禁。还有许多矛盾情形,如王孝通著《中国商业史》,一面述唐代通外商之七要道四大港(龙编、广州、泉州、扬州),一面却说:

> (上略)是唐时法制,实主极端之闭关主义。虽以太宗高宗兵力之盛,大食、波斯胥为属地,而国外贸易曾未闻稍加提倡,转从而摧抑之;亦可见吾国人思想之锢塞矣。(见原书第 112 页)

所以综而论之,至多不过给予外商与我交易机会,而少有我们商业向海外发展,推销国货的情形。这样,就根本限制了商业只为内地城乡之懋迁有无;其所以刺激工业生产者之有限可知。在内地像长江一带,有水运方便还好;否则,凡不便于运输,即不便于商业。以旧日交通之困难,内地社会虽甚广大,正不必即为现成市场。直接限制了商业,即间接限制了工业。同时,工业还有其本身之限制。

工业本身一面之限制,是人们的心思聪明不用于此;因之,生产工具生产技术无法进步,而生产力遂有所限(关于此层详论在后)。近代西洋在此方面之猛进,正为其集中了人们的心思聪明于此之故。在此之前,亦是同一样不行。所以说:

> 直到十八世纪之中叶,发明很为稀见。事实上,技术的情况在1750年以前,相当停滞,达数千年。到了现代,往往一年间所发明,要超过1750年以前一千年所发明的。[巴恩斯(H. E. Barnes)《社会进化论》,王斐荪译本第211页,新生命书局版]

换言之,若依然像中古人生态度而不改,便再经一千年,产业革命在西洋亦不得发生。从来之中国人生态度与西洋中古人生态度诚然有异。但二者之不把心思聪明引用于此,正无二致;其相异,不过在后者自有一天转变到心思聪明集中于此,而前者殆无转变之一天。那亦就是,若无西洋工业新技术输入中国,中国自己是永不会发明它的。

那面限制了商业发展,这面限制了工业进步。在工业上复缺乏商业的刺激,在商业上复缺乏工业为推进。他且不谈,就在这两大限制之下,中国工商业往复盘旋二千多年而不进,试问有什么稀奇呢!似此只附于农业而立的工商业,虽说便于发财而不免购求土地,却又不能为发财而经营它,其势不能凌越农业而操纵了土地,则甚明白,所以,由此而垄断土地,形成地主佃农两阶级，那是不必虑的。而在这种工商业本身，一面没有经过产业革命，生产集中资本集中之趋势不著，一面循着遗产诸子均分之习俗，资本纵有积蓄，旋即分散；所以总不外是些小工小商。像近代工业社会劳资两阶级之对立者，在此谈不到，所不待言。可以说，秦汉以来之中国，单纯从经济上看去，其农工生产都不会演出对立之阶级来。所可虑者，仍在政治势力之影响于土地分配。

三、何谓职业分途

我们知道经济上之剥削阶级，政治上之统治阶级，例必相兼。上面对于经济上有无阶级之对立，已略为考查；下面再看它政治上阶级的情况如何，俾资互证。

中国社会在政治上之得解放于封建，较之在经济上尤为显明。中国之封建贵族，唯于周代见之。自所谓"分封而不锡土，列爵而不临民，食禄而不治事"。（见《续文献通考》）实际即早已废除。战国而后，自中央到地方，一切当政临民者都是官吏。官吏之所大不同于贵族者，即他不再是为他自己而行统治了。他诚然享有统治之权位，但既非世袭，亦非终身，只不过居于一短时之代理人地位。为自己而行统治，势不免与被统治者对立；一时代理者何必然？为自己而行统治，信乎其为统治阶级；一时代理者，显见其非是。而况做官的机会，原是开放给人人的。如我们在清季之所见，任何人都可以读书；任何读书人都可以应考；而按照所规定——考中，就可做官。这样，统治被统治常有时而易位，更何从而有统治被统治两阶级之对立？英国文官之得脱于贵族势力而依考试任用，至今未满百年。以此较彼，不可谓非奇迹。无怪乎罗素揭此以为中国文化三大特点之一也。

今人非有相当本钱，不能受到中等以上教育。但从前人要读书却极其容易；有非现在想象得到者：

第一，书只有限的几本书，既没有现在各门科学外国语文这样复杂，除了纸笔而外，亦不需什么实验实习的工具设备。

第二，不收学费的义塾随处可有。宗族间公产除祭祀外，莫不以奖助子弟读书为第一事，种种办法甚多。同时，教散馆的老师对于学生收费或多或少或不收，亦不像学校那种机械规定。甚至老师可以甘愿帮助学生读书。

第三，读到几年之后，就可一面训蒙，一面考课，借以得到膏火补助自己深造。

那时一个人有心读书，丝毫不难。问题不在读书上，而在读了书以后，考中做官却不那样容易。一般说，其百分比极少极少。人家子弟所以宁愿走农、工、商各途者，就是怕读了书穷困一生"不发达"，而并非难于读书。所谓"寒士""穷书生""穷秀才"，正是那时极耳熟的名词。但却又说不定哪个穷书生，因考中而发迹。许多旧小说戏剧之所演，原属其时社会本象。

我承认像苏州等地方，城里多是世代做官人家，而乡间佃农则不存读书之想，俨然就是两个阶级。但此非一般之例。一般没有这种分别。"耕读传家""半耕半读"，是人人熟知的口语。父亲种地为业而儿子读书成名，或亲兄弟而一个读书、一个种地，都是寻常可见到的事。谚语"朝为田舍郎，暮登天子堂"，正指此。韦布林（T. Veblen）著《有闲阶级论》，叙述各处社会都有视生产劳动为贱役可耻而回避之习惯。① 要知中国却不同。虽学稼学圃皆不为孔子所许；然弟子既以为请，正见其初不回避。子路在田野间所遇之长沮、桀溺、荷蓧丈人，显然皆有学养之贤者，而耕耘不辍；其讥夫子"四体不勤，五谷不分"，更见其重视生产劳动。又天子亲耕藉田，历代著为典礼；则与贱视回避，显然相反。许行"与民并耕"之说，非事实所能行；明儒吴康斋先生之真在田间下力，亦事实所少见。最平允的一句话：在中国耕与读之两事，士与农之两种人，其间气脉浑然相通而不隔。士与农不隔，士与工商亦岂隔绝？士、农、工、商之四民，原为组成此广大社会之不同职业。彼此相需，彼此配合。隔则为阶级之对立；而通则职业配合相需之征也。

由于以上这种情形，君临于四民之上的中国皇帝，却当真成了"孤家寡人"，与欧洲封建社会大小领主共成一统治阶级，以临于其所属农民者，形势大不同。试分析之：

（一）他虽有宗族亲戚密迩相依之人，与他同利害共命运；但至多在中央握权，而因为没有土地人民，即终无实力。

且须知这种权贵只极少数人，其余大多数，是否与他同利害共命运，尚难言之。像明嘉靖年间裁减诸藩爵禄米，"将军"（一种爵位）以下贫至不能自存。天启五年以后，行限禄法，而贫者益多，时常滋事。当时御史林润上言，竟有"守土之臣每惧生变"之语，是可想见。

（二）他所与共治理者，为官吏。所有天下土地人民皆分付

---

① 韦布林著《有闲阶级论》，胡伊默译本第29—37页，中华书局出版。

于各级官吏好多人代管。官吏则来自民间（广大社会），又随时可罢官归田或告老还乡；其势固不与皇帝同其利害，共其命运。

（三）官吏多出自士人。他们的宗族亲戚邻里乡党朋友相交，仍不外士、农、工、商之四民。从生活上之相依共处，以至其往还接触，自然使他们与那些人在心理观念上实际利害上相近，或且相同。此即是说：官吏大致都与众人站在一面，而非必相对立。

（四）诚然官吏要忠于其君；但正为要忠于其君，他必须"爱民如子"和"直言极谏"。因只有这样，才是获致太平而保持皇祚永久之道。爱民如子，则每事必为老百姓设想；直言极谏，则不必事事阿顺其君。所以官吏的立场，恰就站在整个大局上。

只有一种时机：他一个人利禄问题和整个大局问题，适不能得其一致，而他偏又自私而短视；那么，他便与大众分离开了。然此固谈不到什么阶级立场。

政治上两阶级对立之形势，既不存在；这局面，正合了俗说"一人在上万人在下"那句话。

秦以后，封建既不可复，而皇室仍有时动念及此者，即为其感到势孤而自危。这时候，他与此大社会隔绝是不免隔绝，对立则不能对立。古语"得人心者昌，失人心者亡"，正是指出他只能与众人结好感，而不能为敌。而万一他若倒台，天下大乱一发，大家亦真受不了。彼此间力求适应，自有一套制度文化之形成。安危利害，他与大社会已牵浑而不可分。整个形势至此，他亦不在大社会之外，而与大社会为一。

一般国家莫非阶级统治；其实，亦只有阶级才能说到统治。在中国看不到统治阶级，而只见有一个统治者。然一个人实在是统治不来的。小局面已甚难，越大越不可想象。你试想想看：偌大中国，面积人口直比于全欧洲，一个人怎样去统治呢？他至多不过是统治的一象征，没有法子真统治。两千年来，常常只是一种消极相安之局，初未尝举积极统治之实。中国国家早已轶出一般国家类型，并自有其特殊之政治制度。凡此容当详论于后。这里要点出的，是政治上统治被统治之两面没有形成，与其经济上剥削被剥削之两面没有形成，恰相一致；其社会阶级之不存在，因互证而益明。本来是阶级之"卿、大夫、士"，战国以后阶级性渐失，变成后世之读书人和官吏，而职业化了。他们亦如农工商其他各行业一样，在社会构造中有其职司事务，为一项不可少之成分。此观于士农工商四民之并列，及"禄以代耕"之古语，均足为其证明。古时孟子对于"治人""治于人"之所以分，绝不说人生来有贵贱阶级，而引证"百工之事固不可耕且为"之社会分工原理。可见此种职业化之倾向，观念上早有其根，所以发展起来甚易。日本关荣吉论文化有其时代性，复有其国民性，政事之由阶级而变到职业，关系于文化之时代性；然如中国此风气之早开，却是文化之国民性了。

我们当然不能说旧日中国是平等无阶级的社会，但却不妨说它阶级不存在。这就为：

（一）独立生产者之大量存在。此即自耕农、自有生产工具之手艺工人、家庭工业等等。各人做各人的工，各人吃各人的饭。试与英国人百分之九十为工资劳动者，而百分之四为雇主者相对照，便知其是何等不同。

（二）在经济上，土地和资本皆分散而不甚集中，尤其是常在流动转变，绝未固定地垄断于一部分人之手。然在英国则集中在那百分之四的人手中，殆难免于固定。

（三）政治上之机会亦是开放的。科举考试且注意给予各地方以较均平之机会。功勋虽可荫子，影响绝少，政治地位未尝固定地垄断于一部分人之手。今虽无统计数字可资证明，推度尚较十九世纪末二十世纪初之英国情形为好。英国虽则选举权逐步开放，政治机会力求均等；然据调查其1905年以上半个世纪的情形[①]，内阁首相及各大臣、外交官、军官、法官、主教、银行铁路总理等，约百分之七十五还是某些世家出身。他们几乎常出自十一间"公立学校"和牛津剑桥两大学。名为"公立学校"，其实为私人收费很重的学校。普通人进不去，而却为某一些家庭祖孙世代读书之地。

所以近代英国是阶级对立的社会，而旧日中国却不是。此全得力于其形势分散而上下流通。说它阶级不存在，却不是其间就没有剥削，没有统治。无剥削即无文化，其理已说于前。人类平等无阶级社会尚未出现，安得而无剥削无统治？所不同处，就在一则集中而不免固定，一则分散而相当流动。为了表明社会构造上这种两相反之趋向，我们用"职业分途"一词来代表后者，以别于前之"阶级对立"。

于此，有两层意思要申明：

（一）如上所说未构成阶级，自是中国社会之特殊性；而阶

[①] 此参取英人所著《苏联的民主》第319—334页所述，书为邹韬奋译，生活书店出版。

级之形成于社会间，则是人类社会之一般性。中国其势亦不能尽失其一般性。故其形成阶级之趋势，二千年间不绝于历史。同时，其特殊性亦不断发扬。二者迭为消长，表见为往复之象，而未能从一面发展去。

（二）虽未能作一面发展，然其特殊性彰彰具在，岂可否认？凡不能指明其特殊性而第从其一般性以为说者，不为知中国。我于不否认其一般性之中，而指出其特殊性，盖所以使人认识中国。

在第一章中，曾提到一句笑话，若西洋是德谟克拉西，则中国为德谟克拉东。在近代英国——这是西洋之代表——其社会及政治，信乎富有民主精神民主气息；但旧日中国亦有其民主精神民主气息。他且待详于后，即此缺乏阶级讵非一证？若指摘中国，以为不足，则如上所作中英社会之比较，正可以严重地指摘英国。所以只可说彼此表见不同，互有短长。亦犹之英国与苏联，此重在政治上之民主，彼重在经济上之民主，各有其造诣，不必执此以非彼也。

第九章 中国是否一国家

一、中国之不像国家

第一章列举中国文化特征,曾以中国不属一般国家类型,列为其中之一(第十一特征)。中国何以会这样特殊,这就为一般国家都是阶级统治;而中国却趋向职业分途,缺乏阶级对立,现在就这问题一为申论。

中国之不像国家,第一可从其缺少国家应有之功能见之。此即从来中国政治上所表见之消极无为。历代相传,"不扰民"是其最大信条,"政简刑清"是其最高理想。富有实际从政经验,且卓著政绩如明代之吕新吾先生(坤),在其所著《治道篇》上说:

> 为政之道,以不扰为安,以不取为与,以不害为利,以行所无事为兴废除弊。(见《呻吟语》)

这是心得,不是空话。虽出于一人之笔,却代表一般意见;不过消极精神,在他笔下表出得格外透彻而已。所以有一副楹联常见于县衙门,说"为士为农有暇各勤尔业,或工或商无事休进此门",知县号为"亲民之官",犹且以勿相往来诏告民众,就可想见一切了。

事实上,老百姓与官府之间的交涉,亦只有纳粮,涉讼两端。河北省民间谚语，说"交了粮，自在王"，意思是：完过钱粮，官府就再管不到我（亦更无其他管制）。至于讼事，你不诉于官，官是不来问你的。不论民刑事件，通常多半是民间自了（详后）。近代以前的西洋社会，多数人没有自由；而昔日之中国人却可说是自由太多——孙中山先生有此语。古传："日出而作，日入而息；耕田而食，凿井而饮；帝力何有于我哉！"或出文人想象，未必实有此谣。然而太平有道之世，国与民更仿佛两相忘，则是中国真情。

这种无为而治，如其不是更早，说它始于西汉总是信而有征的。当时相传曹参为相而饮酒不治事，汲黯为太守而号曰"卧治"，如此一类有名故事可见。但我们不可就信他们只是受黄老思想的影响。主要是因为中国伦理本位职业分途的社会构造，于此时慢慢展开，其需要无为而治的形势（详第十章），就被明眼人发见了。

前引长谷川如是闲的话"近代英国人以国家为必要之恶，而不知中国人却早已把它当作不必要之恶"，正是指此而说的。

复次，中国之不像国家，又可于其缺乏国际对抗性见之。国家功能，一面是对内，一面是对外。中国对内松弛，对外亦不紧张。照常例说，国际对抗性之强弱似与其国力大小不无相关。然在中国，国力未尝不大，而其国际对抗性却总是淡的，国际对抗性尽缺乏，而仍可无害于其国力之增大。此缺乏国际对抗性，有许多事实可见。——

第一就是疏于国防。例如沿海港口，为国防重要秘密，引水权绝无委诸外人者。内河航行，允准外人充当向导，尤为世界所未闻。清光绪十年（1884）中法之役，法军舰深入闽江，即系由中国海关颁给执照之美国人引水。事载慕尔氏之国际公法，各国学者引为奇谈。据说在中国海关注册为轮船引水者，外国人约占半数。然这不过是其一端；类此不讲国防之事例，大约要数出十件八件亦不难。

第二就是户籍地籍一切国势调查，中国自己通统说不清。这原是国际对抗的本钱家当，时时要算计检讨，时时要策划扩充的。自家竟然一切不加清理，足见其无心于此。不知者或以为中国人头脑知识尚不及此，那便错了。史称"萧何入关，收秦图籍"，那正是此物。其实早在先秦战国，便已有之。不过在二千年后，倒不加讲究罢了。

第三就是重文轻武，民不习兵，几于为"无兵之国"。所以我们在第一章中，曾据雷海宗教授《中国文化与中国的兵》一书，所指出之"中国自东汉以降为无兵的文化"，列以为中国文化特征之一（第十二特征）。盖立国不能无兵；兵在一国之中，例皆有其明确而正当之地位。封建之世，兵与民分，兵为社会上级专业；中国春秋以前，合于此例。近代国家则兵民合一，全国征兵；战国七雄率趋于此，而秦首为其代表，用是以统一中国。但其后两千年间，不能一秉此例，而时见变态。所谓变态者：即好人不当兵；当兵的只有流氓匪棍或且以罪犯充数，演成兵匪不分，军民相仇之恶劣局面。此其一。由此而驯至全国之大，无兵可用。有事之时，只得借重异族外兵，虽以汉唐之盛，屡见不鲜，习为常事。此其二。所谓无兵者，不是没有兵，是指在此社会中无其确当安排之谓。以中国之地大人多，文化且高于四邻，而历史上竟每受异族凭陵，或且被统治，讵非咄咄怪事。无论其积弱之因何在，总不出乎它的文化。看它的文化非不高，而偏于此一大问题，少有确当安排，则谓之"无兵的文化"，谓其积弱正坐此，抑有何不可？颇有学者不同意雷说，①从历史引出许多证据，以明其不然。其实至多不过证明常态变态相间互见，固不能把变态否认掉。中国历史原多往复之象，尽管未曾一变到底，而变态之发见不亦尽够严重了吗？即此已尽足显示其文化之特殊，有大可注意论究者在。在这里则至少见出国际对抗性之特弱，与其大有可观之国力（地大、人多、文化高），绝不相称。

最后，则从中国人传统观念中极度缺乏国家观念，而总爱说"天下"，更见出其缺乏国际对抗性，见出其完全不像国家。于此，梁任公先生言之甚早。——

> 夫国家也者，对待之名辞也。标名某国，是必对于他国然后可得见；犹对他人，始见有我也。……非有国而不爱，不名为国，故无所用其爱。……外族入主而受之者，等是以天下人治天下事而已。既无他国相对峙，则固当如是。（下略）（见《饮冰室文集》，《中国之前途与国民责任》一文）

> （上略）其向外对抗之观念甚微薄，故向内之特别固结亦不甚感其必要。就此点而论，谓中国人不好组织国家也

---

① 对于雷氏中国无兵之说，论者多不同意，《思想与时代》月刊有张其昀教授《二千年来我国之兵役与兵制》一文，即其一。

可,谓中国人不能组织国家也可。无论为不好或不能,要之国家主义与吾人夙不相习,则彰彰甚也。此种反国家主义,或超国家主义,深入人心;以二千年来历史校之,得失盖参半。常被异族蹂躏,是其失也;蹂躏我者不久便同化,是其得也。最后总结算,所得优足偿所失而有余。盖其结果,常增加"中国人"之组成分子,而其所谓"天下"之内容,乃日益扩大也。欧洲迄今大小数十国,而我则久成一体,盖此之由。(见梁著《先秦政治思想史》第一章)

像今天我们常说的"国家""社会"等等,原非传统观念中所有,而是海通以后新输入的观念。旧有"国家"两字,并不代表今天这涵义,大致是指朝廷或皇室而说。自从感受国际侵略,又得新观念之输入,中国人颇觉悟国民与国家之关系及其责任;常有人引用顾亭林先生"天下兴亡,匹夫有责"的话,以证成其义(甚且有人径直写成"国家兴亡,匹夫有责"),这完全是不看原文。原文是:

有亡国,有亡天下。亡国与亡天下奚辨?曰:易姓改号,谓之亡国;仁义充塞,而至于率兽食人,人将相食,谓之亡天下。(中略)是故,知保天下然后知保其国。保国者,其君其臣肉食者谋之;保天下,匹夫之贱与有责焉耳矣。

此出顾氏《日知录》论正始风俗一段。原文前后皆论历代风俗之隆污,完全是站在理性文化立场说话。他所说我们无须负责的"国",明明指着朝廷皇室,不是国家;他所说我们要负责的"天下",又岂相当于国家?在顾氏全文中,恰恰没有今世之国家观念存在!恰相反,他所积极表示每个人要负责卫护的,既不是国家,亦不是种族,却是一种文化。他未曾给人以国家观念,他倒发扬了超国家主义。

"夷狄而中国,则中国之;中国而夷狄,则夷狄之。"——这是中国思想正宗,而顾先生所代表者正是这个。它不是国家至上,不是种族至上,而是文化至上。于国家种族,仿佛皆不存彼我之见;而独于文化定其取舍。九十年前,曾、胡所以号召国人抗御洪、杨,共讨洪、杨者,就是站在此文化立场说话。[①] 而太平天国之所以命定地失败,亦正为它违反固有风教之故。三十年前,我先父亦即以痛心固有文化之渐灭,而不惜以身殉之。[②] 此种卫道精神,近于宗教家之所为,却非出于迷信而宁由于其宝爱理性之心。像共产党为了争求一种理想文化,不惜打破国界,其精神倒不无共同之处。

梁任公著《先秦政治思想史》,述各家思想不同,而言政治莫不抱世界主义,以天下为对象;其彀的常向于其所及知之人类以行,绝不以一部分自画。而儒家态度则尤其分明。兹引叙于下:

春秋之微言大义,分三世以明进化轨迹:

第一,据乱世——内其国而外诸夏;

---

① 太平天国之役,在洪、杨方面所发檄文以讨胡为名,标榜种族主义;而曾、胡方面所发檄文,则据文化立场指斥对方。其原文,在近代史料可查。结果前者卒被后者消灭。盖洪、杨宗教之幼稚,其所为多不合于固有文化意识,实为不能成事之根本。其消灭,绝非清能灭之也。

② 关于著者先父之事,具详《桂林梁先生遗书》,商务印书馆出版。捐生前夕,所遗敬告世人书,告儿女书等多缄,均影印在内。其要语云:国性不存,我生何用!国性存否,虽非我一人之责;然我既见到国性不存,国将不国,必自我一人先确之,而后唤起国人共知国性为立国之必要。——国性盖指固有风教。

第二，升平世——内诸夏而外夷狄；

第三，太平世——天下远近大小若一，夷狄进至于爵。（见《公羊传》注，哀公十四年）

盖谓国家观念仅为据乱时所宜有。"据乱"云者，谓根据其时之乱世为出发点而施之以治也。治之目的在平天下；故渐进则由乱而升至于平；更进则为太平。太平之世，无复国家之见存，无复种族之见存。

至孟子时，列国对抗之形势更显著，而其排斥国家主义也亦更力。（中略）凡儒家王霸之辨，皆世界主义与国家主义之辨也。（《先秦政治思想史》第263—265页）

后世读书人之开口天下闭口天下，当然由此启发。然不止读书人，农工商等一般人的意识又何尝不如此。像西洋人那样明且强的国家意识，像西洋人那样明且强的阶级意识（这是与国家意识相应不离的），像他们那样明且强的种族意识（这是先乎国家意识而仍以类相从者），在我们都没有。中国人心目中所有者，近则身家，远则天下；此外便多半轻忽了。

中国人头脑何为而如是？若一概以为是先哲思想领导之结果，那便不对。此自反映着一大事实：国家消融在社会里面，社会与国家相浑融。国家是有对抗性的，而社会则没有，天下观念就于此产生。于是我有中国西洋第二对照图，如下：

```
中  国              西  洋
天  下              天  下
团  体              团  体
家  庭              家  庭
个  人              个  人
```

中国西洋对照图之二

图例：
1."天下"泛指社会或世界人类或国际等；
2."团体"指国家或宗教团体或种族团体或阶级团体等；
3."家庭"兼家族亲戚等而言；
4.字体大小即其意识强弱位置轻重之表示。

从个人到他可能有之最大社会关系，由下至上共约之为四级，如图。四级各具特征：

（一）个人——出发点；

（二）家庭——本于人生自然有的夫妇父子等关系；

（三）团体——没有界别的组织；

（四）天下——关系普及不分畛域。

在西洋人的意识中生活中，最占位置者为个人与团体两级；而在中国人则为家庭与天下两级。此其大较也。

有人说：历史上中国的发展，是作为一世界以发展的，而不是作为一个国家。[①] 这话大体是不错的。

---

① 见林语堂著《中国文化之精神》。

二、国家构成于阶级统治

在欧洲小国林立，国际竞争激烈，彼此间多为世仇。人民要靠国家保护自己，对国家自然很亲切；国家要借人民以与邻国竞争，亦自必干涉一切而不能放任。但在同等面积之中国，却自秦汉大一统之后，无复战国相角形势，虽有邻邦外族，文化又远出我下，显见得外面缺乏国际竞争。从而内部亦懈弛下来，而放任，而消极。正如近百年来，我们处于世界新环境中，政治上又不得不积极起来一样。此种地理的和历史的因素，谁亦不否认。然而其社会构造本身不适于对外抗衡竞争，不适于对内统治，却是基本的。此即上面我所云"国家消融在社会里面，社会与国家相浑融"那一大事实。

难道"社会"与"国家"，必是分别对立的吗？从西洋历史事所形成之观念，确是如此的。奥本海默在其名著《国家论》（又译《论国家》）序言中，说道：

> 与国家观念相对立的社会观念，最初于洛克（Locke）见之；从此以来，此种对立愈益确定。

他并说明：始而是第三阶级起来自己认作是"社会"，而据以反对封建之"国家"。继而是第四阶级起来，又自己认作"社会"，而把第三阶级当作"国家"以反对之。他们观念中共同之处，便是同认"国家"起源于侵犯自然法而存续下来的特权集体；"社会"方为顺乎自然法的人道结合型。他们盖同认"国家"为魔鬼之城（Civitas Diaboli），而"社会"则为上帝之城（Civitas Dei）。他们所不同者：前者宣称资本主义社会便是自然法过程之结果；后者却谓这过程尚未到达其目的，必待社会主义社会出现乃是。大约在西欧，都是这样观念。只有德国学者多半崇拜国家，恰颠倒之，以国家为天堂，以社会为地狱。但其后亦转变过来，而接受西欧观念了，如马克思等其著者。奥本海默声明自己亦是如此。

奥氏全书繁征博引，正亦不外指出此一问题在历史上如何兴起，及其将如何消掉。他大意说，人类求生存，为获得其所必需之资料，有两个不同的手段。一是人们自己劳动，或以自己劳动与别人劳动为等价交换，此即谓之经济手段。又一是强把别人劳动无代价收夺过来，此即谓之政治手段。社会，便是从经济手段发达而来，而国家，则起源于政治手段。自古迄今，人类历史之发展要不外经济手段对于政治手段之争衡，逐步驱除它，以至最后胜利而后已。最后，政治手段全消灭，有社会而无国家。国家就变成他所说之"自由市民团体"，其组织纯基于自然关系，无复武力统治在内。——读者试取前章讲社会阶级之所以形成而终于要解放者，与此互参，则其间理致自易明白。

国家寄托在武力上，这是没有疑问的。但说武力专为行剥削而来，而国家即起源于此，存在于此，则不免太偏。纵然国家可能起源于此；但国家之所以留存下来，而且还有其一段发展，显然不在此。国家之所以存在，是为它一面能防御外来侵扰，一面能镇抑内里哄乱，而给社会以安定和秩序。无安定，无秩序，大家不能生活。安定和秩序，能得之于理性，自然最好。但于对外讲不通之时，或对内讲不通之时，其势只有诉之于武力。掌握武力而负担此对内对外之责任者，即国家。必要到人类文化较之今日远有高度发展，单恃理性即足以解决一切，而后武力自然可废，国家自然亦必变形。然这却必待经济极高进步之后，只可期诸未来，非所语于过去。

　　国家必然是一种武力统治，其理如上已明。但何以又必是阶级统治呢？这因为武力不过是一工具，还必得有一主体操持它；此主体恒为一阶级。照理说，武力应属于国家，国家即为其主体。但这不过是一句空话。要实际做到，必须全国人无论何时，始终只有一个意志而无二。试问事实上可能不可能呢？照眼见之事实，一国之内恒有阶级、种族、宗教、职业、地域种种不同，而不免各有立场。其间意志统一而出于非勉强之时，殊不多遘。特别是阶级不能没有；而阶级间之矛盾，有时虽外患当前亦不能掩盖，在对内问题上更不待言。武力既经常地为对内统治的后盾，则操持此武力者为谁，岂不明白？故尔此主体例以国家尸其名，而实际则为一阶级——统治兼剥削的那一阶级。在封建之世，几乎那全阶级就是一武力集团，其为阶级统治最彰露。后来文化进步如近代国家者，则武力渐隐，阶级在法律上似不存在。然其经济上剥削被剥削之事实，即托存于法律秩序；而法律秩序之维持，则有国家的军警法庭为后盾。此不过其施行统治较为间接而已，固依然是阶级统治也。

其次我们还要知道，设若不是阶级便难当主体之任。主体与工具，必须相称。若不相称，宁可主体大而工具小，万不能主体小而工具大；那就不是力量，反而是累赘阻碍了。前章说，国家是一大强制力。强制必有两面，两面人数虽不必相当，但总不能以一人对大众。所以像中国历史上，全国庞大武力而以一人一姓为其主体，即太不相称，为事实所不许。只有在中原逐鹿，两军相对情势下，要拥戴服从一个首领，乃能作战取胜；那一时，此首领很像就是武力的主体。一旦对方消灭了，则此方诸将即无永甘服从于一人之必要。此为历代创业之主最难应付的大问题，宋太祖曾明白说出。且亦只有他"杯酒释兵权"，得以轻松度过。其余，对于他所共图天下的那些功臣，总不免猜忌残杀，事证多不胜举，其故正在此。所以中国历史定例，争天下时固非武力不可；得天下后，就要把武力收起来，不能用武力统治。古语所谓"马上得天下，不能马上治之"，所谓"偃武修文"，意义岂不甚明。雷海宗教授曾指证，偌大国家不仅边疆御寇借用外兵，甚至要借外兵保卫畿辅治安。似此无兵情形，正有所自来，而非无缘无故。

国家构成于阶级统治，中国则未成阶级，无以为武力之主体而难行统治；这是中国不像国家之真因，历代帝王所以要轻赋薄敛，与民休息，布德泽，兴教化，乃至有所谓"以孝治天下"者，皆隐然若将放弃其统治，只求上下消极相安。在他盖无非从善自韬养之中，以绵永其运祚。你说它不敢用力亦可，你说它无力可用，亦无不可。数千年政治上牢不可破之消极无为主义，舍此便不得其解。

三、中国封建之解体

以上当然皆就秦汉后的中国而说话。其缺乏阶级，不像国家，自是负面；而伦理本位，职业分途，即社会以为国家，二者浑融莫分，乃为正面。凡此社会形态之特殊，伏根必很远；但其显露出来，则在封建解体之后。关于正面，下章再细讲。现在继续谈其负面之两点：

（一）其缺乏阶级不像国家之何所从来。（因）

（二）其缺乏阶级不像国家之何所归趋。（果）

于是我们便要谈中国封建之解体问题。

第二章已经申明，人类文化史不是独系演进的，而中国刚好与西洋殊途。上章讲阶级问题，述及历史可分五大段之理，则于唯物史观所说相当予以认可。现在来谈中国封建之解体，即是承认中国亦经过封建时代如西洋社会史者，而确指其与西洋之殊途正在于此。

于此有两大事实先要提请注意：

（一）西洋在封建社会后资本社会前，那一过渡期间，政治上曾表见王权集中。但旋即转入限制王权（宪政），故其为期甚短。恰相反地，此在西洋极短暂者，在中国却极绵长。中国封建削除，同一表见王权集中；乃不料此一集中，竟无了局。它一直拖长二千余年，假如不是近百年受近代西洋影响，中国历史突起变化，还望不见它的边涯。

（二）还有与此政治上长期不进不变之局面恰相配的，是其经济上之长期停滞。尽管其工商发达，早征见于先秦，而两千多年后，依然不过那样。假如不是近代西洋资本主义工业文明传过来，它可能长此终古！

这是谁亦不能否认的，却亦是最不可解的。信如论者所说秦汉以来之两千年是一段谜的时代。谈中国社会史，而于此没有惬心当理之分释，即一切等于白说。忽视它，抹杀它，更属可笑。然而在一些为迷信和成见所误之人，却苦于无法不加以抹杀，看下文便知。

讨论之初，应问明白：何谓封建？封建和解脱于封建，以何为分判？简单说，封建是以土地所有者加于其耕作者之一种超经济的强制性剥削，为其要点。他如经济上之不出乎自然经济，社会上之表见身份隶属关系，政治上之星罗棋布的大小单位，意识上之不免宗教迷信等等，大抵皆与此要点天然相联带者。解脱于封建，就是解除这些，而以解除其要点（强制剥削）为主。再问：怎样可以得到解除呢？通常应不外像奥本海默所说，经济手段对于政治手段之一次确定地制胜。两种手段，目的是相同的。若经济手段较见顺便，而政治手段不大行得通之时，则政治手段渐被放弃，而自然趋向于经济手段。这种顺便者日以顺便，行不通者日以行不通，即是经济手段一次确定地胜利，而封建式剥削遂以解除了。像英国大体便是如此。在法国则要经过暴力革命，其政治手段之行不通，大于其经济手段之顺便。盖各处社会情势不同,历史随之亦异。

中国究竟已否从封建中解放出来呢?如众所共见,多年来中外人士聚讼纷纭,莫衷一是。不少学者(如李季等),认为中国封建已崩解于先秦战国,而秦以后的社会即须另说。[①]这大致算得平允。但有的学者却认为从东周起,一直到鸦片战争之漫长时期,全都是封建社会。其所以如是主张,好像不管联带而见的那些事情如何,而单把握了农村中之强制剥削一个要点,说它是中国一直存在着的。这亦不为无理,却是疑问亦正多。

第一,如我们在邹平定县各处之所见,其土地是封建解放后的土地,其人是封建解放后的人,明白无疑。固有少数佃农雇农,不能自有其土地,而受到剥削;那只等于近代工人之受剥削而止。所谓超经济的强制性剥削,实未有之。此以《定县社会概况调查》所述当地租佃情形,可为确证(见原书第629—635页)。我不敢否认中国一直有强制剥削存在于农村的话;却在全国之中究竟占多少,不无疑问。此种相反例证之存在,足使前项主张,失掉一半根据。

第二,封建之世耕作者随附于土地而不得去之情形,后来中国并未见有。似不能径以地少人稠,另外又乏出路(工商业),即作束缚于土地看。因而所谓强制性剥削之存在,这里又须打一折扣。——以上第一第二两点,皆对那一个主要点而提出疑问。

第三,在经济上、社会上、政治上、意识上其他联带而见的那些事情,按之中国或见或不见,难资判定;而大体论之,宁证

[①] 见李季著《中国社会史论战批判》,神州国光社出版。

明其封建已得解放（论者所以单把握一要点而立论，似即为此）。特如流行谚语"耕读传家""朝为田舍郎，暮登天子堂；将相本无种，男儿当自强"之所表现者，试问世上焉得有此封建社会？

最后要指出其最严重的缺点，是把秦汉与东周明明不可混同之二物而强混同之。对于上面所提两大事实，直仿佛不看见，不肯深求其故，而漫然以封建概一切。是何足以服人？然而这在他们实亦是无法的。因为他们不承认中西可能殊途，固执着社会进化只许在一条线上走；又迷信历史总是在步步前进中，不知其或进或不进，原无一定。而此两大事实，却刚好必从下面两层来解释：

（一）中国社会史自秦汉后，已入于盘旋往复之中（不是进步慢）；

（二）中国封建之解体，别有其路线，不同于西方。

前一层自然又是由后一层来的。秦汉以来之谜，恰藏在中国封建解体之特殊中，由此入手，即不难阐明一切。

我们何以看出这个窍来？因为我们既有见于中国之缺乏阶级，再看到那两大事实，便恰好互资印证而有悟。如上章所讲，设若没有阶级则社会进步不可能；而阶级则必资于经济进步、文化进步、政治进步之循环推进，而一步一步得到解放。此盖为历史常理。现在阶级缺乏的中国，其经济长期停滞，其政治一成不变，岂非刚好一致相符而共证明其为历史之一种变局！中国之有过封建阶级，既不成问题；则此变局开端显然就在封建之解体上。此时我们试取西洋封建之所以解体者，来与中国相勘对，应不难寻得其变化之路线。

西洋封建之所以解体者，要在经济进步。唯工商业发达，人竞逐于商业利润产业利润，而后乃不复费气力在农村中，为人对人之强制剥削。这就是由经济手段之顺便，引诱得封建阶级放弃其政治手段，这最为彻底。唯工商业发达，第三阶级兴起，领导群众争取个人自由，而后人对人之强制剥削乃不复行得通。这就是强迫封建阶级非放弃其政治手段不可。这样最为决定。此时政治手段虽尚有待于进一步之清除，但它绝不会翻回头了。无疑地，这是经济进步推进了文化和政治，使整个社会改换了一个局面。这亦可说是通常的一条路。

再来看中国，中国社会构造当战国之际演着划时代的变化，至秦并天下而开一新纪元。正所谓"今天下车同轨、书同文、行同伦"，而无复多关阻、异政令、种种隔阂不通的情形。像封建之世，自上至下分若干等级，而星罗棋布于地面上之许多大小单位，已经削除，而全国统一于一王。王权集中，实行专制。同时，分封锡土之土地制度，亦变为土地自由买卖，任民所耕不限多少。这一变化，是什么变化呢？假如米诺贾托夫的话不错："封建制度，就在于其政治关系之地域色彩，和土地关系之政治色彩"，那应该就是从封建下得其解放了。然而此解放是否亦得之于经济进步呢？这就难讲。经济进步是有的，商品生产、货币经济、都市兴起、交通发达，史册皆有可征。但求如西洋对于政治手段那所谓引诱所谓强迫者，则难得其迹象。相反地，且见出其经济手段制胜之不彻底不决定；政治手段不时回头。质言之，此虽亦不能不有其一定经济条件，然不是由经济之进而被推进者，毋宁是由文化和政治转而影响了经济。

何谓"政治手段不时回头"？在上章曾说过：

> 由政治势力而直接地或间接地使土地见出集中垄断之势，那对于从封建解放出来的社会说，即是形势逆转。此种逆转，势不可久；历史上不断表演，不断收场。

显然地像西汉末，问题便非常严重。论人则被奴役者那样多，论土地则那样被集中垄断。而直接间接都出自政治势力。于是才引出了王莽"王田制"的大改革。历史上似此或大或小之例，迄未断绝。而同时"限田""均田"等一类运动，亦同样不绝于历史。中国历史就是这样逆转顺转两力相搏之历史。究其故，无非在社会之进步，阶级之解放，不由经济所推进——如其由经济所推进，政治手段便不会回头了——而宁由文化和政治开端。

所谓中国封建解体，是由文化和政治开端者，其具体表现即在贵族阶级之融解，而士人出现。我们知道，封建阶级（实则并包封建而上至古代之贵族阶级），第一是建立在武力上，第二是宗教有以维系之。从来贵族与武装与宗教三者相联；西洋如此，到处亦皆如此。因此，除后世以逐利殖产而起之阶级，或稍形散漫外，凡贵族阶级在其社会中例必为集团之存在。何以故？集团与斗争相联；凡以武力为事者，岂有不成集团的？而宗教对于人之凝聚力，自来为集团之本，尤所不待言。今武力与宗教二者相兼，其理决定。然而奇怪的是中国竟有些例外。梁任公《中国文化史》，尝论中国贵族政治最与欧洲异者，有三点：第一，无合议机关，如罗马元老院（或中古各国之阶级会议）者。第二，贵族平民身份不同，然非有划然不可逾越之沟界。第三，贵族平民在参加政治上，其分别亦只是相对的，而非平民即不得闻政。第一点易晓，故不多说。后两点，他都指出春秋时代一些事实以证成其说（文繁不引）。其实这三点，恰透露当时贵族不成一集体。第一点若有合议制行于贵族间，是即其为一集体而存在之征；今不然，可想见其不是。第二点则见其内外界别不严。第三点更见其未甚垄断而排外。凡此又皆集团不足之象也。大抵阶级成见不深者，其种族成见亦不深，其国家成见亦不深，三者恒相关联。此由梁任公先生为后两点所指证之许多事例中，即可见出。又章太炎先生所著《社会通诠商兑》一文，亦同借春秋时代许多事例，辨明中国早没有像一般宗法社会那样种族排外情形。但你试以西洋古罗马之事来对照，就知其何等不同。罗马征服了远近多少邦族，建立其伟大之罗马帝国，而罗马人——此为一族亦为一阶级——却只限于其原来参加宗教典礼之家族而并不增加。罗马所扩充者，一为其统治对象，一为其国有土地；至于那些被征服的人则不予承认。换言之，他们始终被视为外人或敌人。他们要求得做罗马人，而罗马怒斥为万分不合理。至于流血革命以求之，发生所谓"社会战役"，而仍未得解决。间有一些曲折办法，例如先自卖为罗马人奴隶，再经合法之解放，以辗转侪于罗马公民之列，皆甚费事。此一阶级问题，盖历数百年而后泯除。我们不要以罗马人为怪，其实可怪的倒是中国人！

何以中国封建阶级其自身这样松散，其对人这样缓和？此无他，理性早启而宗教不足；宗教不足，则集团不足也。封建所依靠者，厥为武力和宗教；而理性恰与此二者不相容，理性启，则封建自身软化融解，而无待外力之相加（参看第十一章）。其松散，正由人们心思作用萌露活动，宗教统摄凝聚之力不敌各人自觉心分散之势。而当时的周公礼乐，复使人情温厚而不粗暴，少以强力相向，阶级隔阂不深，则又其对人缓和之由来。颇有人说，中国是没有经过奴隶社会的。或者说它，从氏族共产而转入封建之世（杜畏之说）。或者说它，经过一段亚细亚的生产时代而到封建（李季说）。我于此未用心考究，不敢判断。但觉得没有经过奴隶社会之说似近真。奴隶社会的阶级比之封建的阶级，要远为严酷，像罗马的情形，怕是难免。唯中国得免于奴隶社会，而后中国人精神上得免于此一严重伤痕，而后封建期的阶级问题乃亦比较轻松，而竟自趋于融解。由此而风度泱泱数千年一直是阶级意识不强，种族意识不强，国家意识不强，以至于今。无论是少受宗教的锢蔽，或少受奴隶社会的创伤，这一切都是历史的负面，而其正面则为理性早见。理性早见，是我民族历史特征，直从古代贯彻于后世。

贵族阶级之融解，盖早伏于其阶级之不甚凝固，缺乏封畛。在此宗教不足的社会里，贵族而脱失于武力，其所余者还有何物？那就只有他累积的知识和初启的理性而已。这就是士人。中国封建毁于士人。他力促阶级之融解，而他亦就是阶级融解下之产物，为中国所特有。中国封建之解体，要不外乎阶级之解消，而仿佛将以理性相安代替武力统治。它不同乎西洋之以新阶级代旧阶级，为武力更易其主体。此即其先由文化和政治开端之说也。

士人原是后来有的名词，我今却追上去用以兼括古时亦可属于此一类之人。他的特点，在曾受教育而有学养。如故张荫麟教授所说：

> 为什么"士"字，原初专指执干戈佩弓矢的武力，后来却变为专指读书议论的文人？懂得这个变迁的原因，便懂得春秋前的社会和秦汉后的社会的一大差别。在前一时代所谓教育，就是武士的教育，而且武士是最受教育的人，在后一时代所谓

> 教育，就是文士的教育，而且唯有文士是最受教育的人。"士"字，始终指特别受教育的人；但因教育的内容改变，它的涵义亦就改变了。（见张著《东汉前中国史纲》，第56页）

前曾讲过，教育为高等享受，远在古代，更只有君后贵族少数人乃得享之。况学识出于经验之累积贯通，亦唯在职居官者有此机会。所以仕与学就相联而不可分。学术之卒以流传到民间，当不外贵族零落下来之故。他们或由失国，或由改变，或由个人获罪，或由代远族蕃而自然降夷。而亦要那时社会给人向上进身机会，才有人来热心讲学求学。一般都说，孔子私人讲学，有教无类，乃学术平民化之开端，并为后世开布衣卿相之局。士之一流人，如非孔子开创，亦必为其所发扬光大。这话虽大致不错，然须知远在孔子之前，暨其同时，有学养之人散在民间而不仕者，或疏贱在野之贤才起而当政者，既不少见。有孔子乃有后世之士人，亦唯有这些先河，乃有孔子。孔子非突然出现，他实承先而启后，使历史浸浸发展到社会之丕变。士人非他，即有可以在位之资而不必在其位者也。其有可以在位之资与贵族同，其不必定在位与贵族异。假使一天，贵族少至绝迹，而在民间此有可以在位之资者推广增多，政治上地位悉为他们所接替，人无生而贵贱者，这就是中国封建解体之路。而春秋战国实开其机运。一方面春秋列国多兴亡变动，他们的来源增广，其人渐多。一方面战国霸主竞用贤才，相尚以养士，他们的出路大辟。孔子恰生在春秋与战国之间，以讲学闻政为诸子百家倡，就起了决定性作用。

要知此一脉路，是有如下之理由的：当封建之世自然是武士教育（其实是文武合一），但其后何以遽然一变文而不武，甚且陷于文弱之弊呢？此即以理性之启，而早伏重文轻武之机于古了。士的头脑渐启，兴趣渐移，一旦脱失于其群，即舍去旧生涯。虽舍武而就文，却又没有宗教那一套。且不论宗教气氛稀薄，怀疑论（除墨家外皆怀疑派，见第六章）渐兴，根本就没有教会组织，宗教职务，及其税收财产，可依以为生如西洋者。这些人其势要各自分散。除少数人外，要凭借知识头脑为生；除庸碌无能者外，要走向政治活动去。约计之为三项：

（一）甘于淡泊，依农工生产自食其力者。——此项自必为数甚少，然古籍却多有可征。[1]

（二）庸庸碌碌靠相礼授徒以糊口者。——此项为数谅不在少。

（三）有才气的则讲学、闻政、游说、行侠，或且兼营货殖。——在此风气下者，亦许居多数。

此第三项即封建之破坏者。他们有可以在位之资，而无其权位；所以就反对世卿，排斥任子之制，乃至君位亦要禅让才合理想。一旦上台，便与贵族为敌，废封建，置郡县，以官吏代贵族。贵族浸不能世有其土其民。封建束缚下之土地人民，乃先先后后得到解放。虽孔子曾无意破坏封建井田，只图变通而理想化之。然而此时几个主要角色，如李悝、吴起、商鞅等，却竟是他的再传三传弟子。而一向公族无权，游士擅政，如三晋秦楚者，其宗法根基既薄；封建势力不固，亦就着手最先，或完成较早。至秦并天下，遂竟全功。其事非此所及缕述。然从一切载籍中，

---

[1] 参看张荫麟著《东汉前中国史纲》第六章。又《左传》《国语》《国策》等书，多可考见。

很可看出那些在列国之间往来奔走不休,和聚在一起"不治而议论"的各种场合,正是一代社会大变革之酝酿发酵所在。而一个个得其君者,或为相,或为守,均得出其平素所怀以施于实际。在他们或不过图富图强,宁知历史任务即不觉完成于其间。作为当时之大关键者,则盛极一时的讲学,和大规模的养士是也。①

总起来说,封建之解放,在中国有与西洋恰相异者:

---

① 《饮冰室合集》内文集第四册梁任公亦有论中国封建解体不同于外国之一段话,录此参考:

(上略)欧洲日本封建灭而民权兴,中国封建灭而君权强,何也?曰,欧洲有市府,而中国无有也,日本有士族,而中国无有也。(中略)近世欧洲诸新造国,其帝王未有不凭借市府之力而兴者。然则欧洲封建之灭,非君主灭之,而人民灭之也。(中略)日本明治维新,主动者皆藩士。诸藩士各挟其藩之力,合纵以革幕府,而奖王室。及幕府既倒,知不可以藩藩角立,乃胥谋而废之。然则日本封建之灭,非君主灭之,而藩士灭之也。(中略)中国不然。兴封建者,君主也;废封建者,亦君主也。以封建自卫者,君主也;与封建为仇者,亦君主也。封建强,则所分者君主之权;封建削,则所增者君主之势。(中略)论者知民权之所以不兴,由于为专制所压抑,亦知专制所以得行,由于民权之不立邪?不然,何以中国封建之运之衰,远在欧洲之先,而专制之运之长,反远在欧洲之后也。

又梁氏于贵族政治实有以启发民权之理,亦见到一些:

(上略)要而论之,吾国自秦汉以来,贵族政治早已绝迹。欧美日本于近世最近世而始几及之一政级,而吾国乃于二千年前得之。(中略)宜其平等自由,早凌欧美而上,乃其结果全反是者,何也?贵族政治者,虽平民政治之蟊贼,然亦君主专制之悍敌也。试征西史,(中略)贵族政治固有常为平民政治之媒介者焉。凡政治之发达,莫不由多数者与少数者之争而胜之。贵族之于平民,固少数也;其于君亡,则多数也。故贵族能裁抑君主,而要求得相当之权利,于是国宪之根本即以粗立。后此平民亦能以之为型,以之为楷,以彼裁抑君主之术,还裁抑之,而求得相当之权利,是贵族政治之有助于民权者,一也。君主一人耳,自尊曰圣曰神;人民每不敢妄生异想,驯至视其专制为天赋之权利。若贵族而专制也,则以少数之芸芸者与多数之芸芸者相形见绌,自能触其恶感,起一"吾何畏彼"之思想,是贵族政治之有助于民权者,二也。畴昔君主与贵族相结以虐平民者,忽然亦可与平民相结以弱贵族。而君主专制之极,则贵族平民又可相结,以同裁抑君主。三者相牵制相监督,而莫或得恣。是贵族政治之有助于民权者,三也。有是三者,则泰西之有贵族而民权反伸,中国之无贵族而民权反缩,盖亦有出矣。(下略)

西洋封建解放，起于其外面之都市新兴势力之抗争侵逼；中国则起于其内部之分化融解。西洋是以阶级对阶级，以集体对集体，故卒为新阶级之代兴。中国新兴之士人，是分散的个人，其所对付之贵族阶级亦殊松散。及至阶级分解后，以职业分途代阶级对立，整个社会乃更形散漫。

　　西洋以工商发达为打破封建之因，文化和政治殆随经济而变，颇似由物到心，由下而上。中国以讲学养士为打破封建之因，文化和政治推动了经济（士人无恒产，不代表经济势力，而其所作为则推动了经济进步，李悝商鞅其显例），颇似由心到物，由上而下。

以上是说明中国封建解体之由来，同时亦就是指出：中国从这里起，便缺乏阶级，不像国家。

　　次一步，要问：它从这里向下去，是否能达于阶级消灭而不要国家呢？这当然不可能。它第一不能保没有外患，第二不能保没有内讧。凡人所以要国家者，它一样不能免掉。它尽管趋向于不像国家，而事实却逼到它成为一个国家。逼到它要有一强大武力，以对内对外。有武力非难，而谁来控制此武力，却是一大难题。因它已不能返回到两阶级之对立，就缺乏其适当之主体。缺乏适当主体之武力，一面不免于萎弱，一面不免于恣横。前者，即雷海宗教授指摘之"无兵的文化"所由来。后者，则为奥本海默所说之政治手段，强制支配土地、强制剥削农民，若将逆转到封建。但其势萎弱亦不能萎弱下去，逆转亦不能逆转下去。二千余年来，前进不能，后退不可，就介于似国家非国家、有政治无政治之间，而演为一种变态畸形——这就是缺乏阶级不像国家之所归落的地步。

四、中国政治之特殊

西洋在以新代旧之间，其阶级确已得解放了一步。其社会构造、国家形式已经改变（可称革命），从人类历史进程上说，确已得进了一步。中国虽则未尝不向着解放走，仿佛若将以职业代阶级，以理性相安代武力统治者。但始终牵延于这种仿佛之中，近而封建之解放不彻底，远而阶级之彻底消除不可期。此二千余年间政治之特殊，须得在此一说：第一，把政治作为伦理间之事，讲情谊而不争权利，用礼教以代法律；是曰政治之伦理化。这里把阶级国家融摄在伦理社会中之结果。第二，对内对外皆求消极相安，而最忌多事，几于为政治之取消；是曰政治之无为化。此盖为阶级缺乏，武力萎弱之所必至。第三，权力一元化，而特置一自警反省之机构于其政治机构中；政治构造国家形式却从此永绝进步之机。前两点，在前既有叙说，不更赘；第三点尚有待阐明于后。——

此所云"权力一元化"，是指中国从来没有，亦永不发生"箝制与均衡"的三权分立的事。这是什么缘故？我们且寻看西洋是怎样发生的，便不难勘对出来。这在西洋以英国肇始，原非出自一种理想规划，而是事实慢慢演成的。三权之中，当然以立法行政之分离对立为首要。此二者,当初皆包于王权之中,何曾另外有什么立法机关?明确地分离,肇始于近代,而渊源于中古。中古之巴力门,其构成原是以贵族僧侣为主,再加市民代表等。后此两权分立,实由原初国内不同阶层之两面对抗而来。从不同之阶层势力言之,则此时计有(一)国王,(二)贵族僧侣,(三)都市第三阶级;而其间以第三种势力之关系最大。削除封建,是他们与王权合作之功;转回头来,限制王权,又是他们与贵族联合之力。始而国王代表行政权,而贵族市民组成之议会则握有立法权。其后国王无复实权,退出了此对抗形势。相对抗者,便为第二第三两大势力。他们此时固非分掌行政立法两机关,却是各结政党,凭借此两机关,时时运用,以相竞争。再往后,到最近几十年,上院无复实权,贵族们又退出了此对抗形势。则有后起的劳工阶级及其政党,起来参加,仍为两大势力之抗衡。是历史昭示:没有分离对峙之社会形势,则分权制度不会凭空发生,没有以此形势为背景之政党互竞,则分权制度不能得其运用。但中国的社会形势如何呢?照上面所说,中国封建以贵族阶级内部分化而解体;士人假借王权,扩充王权,其自身固不能构成一种势力;抑且使整个社会从此走向职业分途,日就散漫。在全国中,寻不见任何一种对抗势力,则权力统于一尊,夫何待言。

权力一元化者,诚然可以为所欲为。但其一举一动,影响太大,他自己或者旁人,都不能那样毫无顾虑,随他去为所欲为。然则将如之何呢?那只有提高自己警觉而随时反省了。因此,中国皇帝大权虽不可分割,亦不受限制;而自古似乎便注意到如何加强其警觉反省之一事。梁任公先生文中,有关于此之一段话说：

> （上略）及其立而为君，则有记过之史，彻膳之宰，进膳之旌，诽谤之木，敢谏之鼓，瞽史诵诗，工诵箴谏，大夫进谋，士传民语；设为种种限制机关，使之不得自恣。盖遵吾先圣之教，则天下之最不能自由者，莫君主若也。犹惧其未足，复利用古代迷信之心理，谓一切灾异悉应在人主之一身，而告之以恐惧修省。及其殂落，则称天而谥，动以名誉，名曰幽厉，百世莫改。（见《饮冰室合集》，文集第十册《中国前途之希望与国民责任》一文，中华书局版）

以我推想，这其间亦许多少有点事实确曾存在于古；然要必经过儒家一番渲染无疑。儒家崇尚理性，自然要加以鼓吹倡导，以求确立此一制度。但单是有历史根据和有人倡导，还不够；须待封建解体，而后事实上确有其必要与可能，此一制度，乃得确立。试分别言之。——

封建解体，全国权力集中统一；此时其权弥重弥专，其需要自己警觉反省者乃弥切。这是一点。再则，此时皇帝一个人高高在上，陷于力孤势危之境（参看前章），为求他的安全，亦是为大局求安全，此一需要弥见真切。这是更要紧之一点。可以说，其成为必要即在此。同时，因为封建之世，大大小小之君主甚多，此时通统化为官吏。所以过去偏于警觉国君一人者，现在就发展到监察多数官吏（不过说话仍对皇帝一人说话）。这又是一新的必要。基于这些，此一制度乃以确立。历代制度之因革损益，此不细数。大抵上则对皇帝谏阻封驳，补阙拾遗；下则监察内外，纠弹百僚，以至风闻言事。此外遇有灾异大难，更下诏求言，下诏罪己、策免三公，等等。凡此种种，怕是任何中古政治所未见，不能不说是中国的特色。然而你明白其由来，亦就不诧异了。

孙中山先生倡五权宪法，其监察考试两权，自谓从中国政治制度得来。论者亦都承认二者为中国所特有。然更须知此两制度原是相因而至，且有其相成之妙。特殊之中国政治，正要他们合起来才构成。按后世考试制度本于隋唐，上溯则为两汉选举。更上，则战国之"荐引""上书""养士"，又实为其先导（参见218页注①）。更追上去，还有其根苗于古。总之，是从民间吸收新分子参加政治，统治被统治之间得以流通的那种事情，不必拘言考试，而其制度之建立，则须断自封建解体以后。在前，不过阶级壁垒不严，及其制度既立，便是阶级壁垒之撤除。这又是任何中古政治所未见。然而正就是此一制度浸浸建立的时候，亦就是前一制度种种必要（君权重且专、皇帝一人孤危、官吏增多）浸浸显露的时候。读者试加回想，不是吗？再则，前一制度自然是在引起当权者自己警觉反省，但最能促其警觉反省的，乃是与他不同的意见，是他圈外的意见，更要紧是被统治一面的意见。前一制度之真正意义，与其看作纠正个人过失，不如看作谋上下意思之流通。然而说话之人的流通，又是意思流通之本。假如人不流通，所谓"有言责者"仅限于一小圈，则意思之流通便几乎不可能。所以言路实因仕途之辟而得其基础。后一制度不但为前一制度开出其必要，抑且供给以其可能。所谓相因而至，相成之妙，指此。设若两种制度各得发挥，而又借着廷议廷推，互得配合运用，各达于其可能之理想地步；则一切在位者既皆以合法程序来自民间，一切政府措施又悉能反映乎民意。

那高高在上端拱南面之皇帝，要不过象征全国政治之统一而已，虽权力一元化又何害？所谓特殊之中国政治，要他们合起来构成，指此。

以上是说封建解体后，中国政治之大趋向，及其所向之鹄的。除了有时倒退之外，从未变更此趋向。正为理想始终未达到，而又非无其可能，所以人们总抱着希望在努力。——努力实现其制度所应有者，或修缮其制度，乃至重新调整之，却未尝舍此而他谋。那么，是否后胜于前，可以见出其一步进一步呢？此亦未能。除细节上有些讲求外，根本不见进步。尽管不见进步，而二千多年间经过多次之改朝换代，竟亦没有新思想或不同的运动发生。那么，是否中国人太笨呢？亦不是。此其故，约言之有三层：第一，任何政治制度莫不基于其社会内部形势外面环境而立，其中，内部形势尤为主要基础。中国自封建解体后，社会形势散漫，一直未改。而没有新形势，则人们新的设想新的运动不会发生。在散漫形势下，权力之一元化是不会变的。权力一元化不变，其救治之道只有这多，没有新鲜的。第二，中国制度似乎始终是礼而不是法。其重点放在每个人自己身上，成了一个人的道德问题，它不是借着两个以上的力量，互相制裁，互相推动，以求得一平均效果，而恒视乎其人之好不好。好呢，便可有大效果；不好，便有恶果。因此，就引人们的眼光都注到人身上，而不论是向某个人或向一般的人要求其道德，都始终是有希望而又没有把握的事。那么，就常常在打圈子了。二千余年我们却多是在此等处努力。第三，中国历史已入于循环中，为重复之表演，可看下章。

五、西洋政治进步之理

然而在西洋封建解体后，其政治却显然一步进一步，有迹象可寻。这是什么缘故呢？此即为其社会有阶级，即以阶级作阶梯，而得升进。此理在上一章为说明阶级问题，已曾论及。何谓政治进步？政权从少数人手中逐步开放给众人，政治渐进于民主，便是。其最后鹄的，在国家变成一自治团体，不再有统治被统治之阶级存在。为达于此无阶级之一境，中间却要赖阶级作过渡。阶级在此之作用有种种：——

第一，民主期于尊重人权，而肇始于限制王权。王权人权各有分际而不相凌越，此为最善。但欲以个人抗王，而求得其均衡，谁能有这个力量？征之历史，这都是靠阶级的力量来达成的。最初得力贵族阶级——英国大宪章即其好例。其后则得力资产阶级；末后，则劳工阶级力量不可少。阶级新陈代谢，各有其时代任务不同。且亦不能保那一阶级尊重人权，那一阶级不尊重人权，正要借着阶级力量与阶级力量之相角而得之均衡，以保持此两权之不失于一偏。假如政治上之"箝制与均衡"可以保障人权自由，那么，阶级力量正是产生此"箝制与均衡"，而且运用之者。自今以前，若非阶级力量，最初这门便无法打开；若非阶级力量，亦将无法筑成这条通路。今后，则个人力量在阶级之支撑掩护下已得培养者，将更充实发达起来，最后，人人在教育程度上，在知识能力上，都平等了；每一个人真是不折不扣的一个人，社会秩序自然一准乎理性。那时，乃无须乎靠阶级力量，而社会亦没有阶级了。

第二，政治民主之本义，在于政权公开，凡团体内事，大家商量，共同做主。此在古代之所以能一见于希腊城邦者，一则为其小国寡民，一则以其为奴隶主之社会。唯其小国寡民，一切不出乎众人耳目之所接，心思之所及，然后会议取决之制乃运用得来，而不徒为一虚名。唯其为奴隶主，生产之事有人代劳，自己乃有空闲，有资财精力，以从事乎政治。即此可证明其不是靠阶级，便不得出现了。近代民主政治萌芽于中古。英国大宪章时代之贵族会议（council of magnates），便是政权先公开于贵族僧侣这一圈内。在此圈外，不民主，在此圈内，就算相当民主了。其后1254年至1265年，乃陆续增加各郡市平民代表在内。初则合开会议，其后分为贵族民众两院。今天英国之巴力门就是以这样开头。始而其权小，继而其权一步一步加大起来，以至于无所不能为。始而其权在贵院，继而渐移于民院，以至末后民院几乎握全权。始而其议员之选举权，限制于某范围内，继而一次一次又一次扩大其范围，以至末后实行普选。今天英国，英王无权，贵族无权，乃至资本家亦在台下，而由第四阶级结合的工党当国秉政，正是政权无保留地公开于国内之结果。此虽为数百年前所梦想不到，然恰为事实进展，自然要走到之一步。凡此进展之事迹，不可一一细数，却是其中理致，应予指出。为什么昔之行于几千人小国（希腊城邦）者，今天亦可行之于几千万人大国（英国本部）呢？这就为人们的耳目心思虽不异于古，却是其工具巧而且多了。天天一张报纸在手，不难把全国全世界的事情，即刻映于心目之间。为什么昔之从事政治者都是奴隶主，而今天一般工人亦能从事政治呢？其实今天工人亦是奴隶主，只不过不再以人为奴，而是以电与铁为奴耳。质言之，亦是得力在工具。人还是人，古今不同，只在工具。道理仍旧一样，总要这一圈内人人的耳目心思时间精力，都能照顾得了，才行。不然，名为政权公开亦是空的，实际做不到。而凡实际做不到之时，大概亦即不发生那种需要。需要真的发生，大概亦即其可能做到之时。既有需要，又有可能，断非少数人所能阻挡。苟无可能，又无需要，谁亦无法使它实现。可能与需要，一决于工具。说工具，兼括制造运用那工具之知识技能，而那种知识技能，亦就代表那时代之文化。工具之发明，文化之进步，非一蹴而就，这是很明白的。然则在历史上，政权之公开所以必出于渐进，其理岂不明白了吗？是知后此政权公开于全国之大圈，正基始于当初向贵族公开之小圈；每后一步之进展，要皆以其前一步为阶梯。到今天，英国虽说选权普及，而资产阶级依然强大；正为多数人无产，多数人教育程度尚不够高。似尚待劳工阶级当政一时期，完成其经济改造，消灭阶级，而后其政治民主方为完全实现。然这是根据英国历史从来不甚需要流血革命而说的。很多国家不一定如此。例如法国，于中古亦有过民主萌芽，但其"等级会议"中断了一百七十五年之久，没有召开，卒以逼出 1789 年大革命来。而且一次再次革命不止。民主诚非皆由平稳进步中得之，但要晓得暴力革命更要靠阶级力量。革命虽似突变，实则其所得而解决之问题，仍不过那一时之问题；其所实现之民主，仍限于那一时可能有之民主。革命要靠阶级，革命后亦还需要阶级统治，以待社会进步，一新阶级起来，再度革命。所以平稳渐进或革命突变，在全部历史进程上看，无大两样，同一需要阶级作过渡。

第三，除前两点，在实现民主上，阶级有其直接作用外，还有其一种间接作用。此即近二百年所有工具发明，文化进步，实大得力于资产阶级之统治。它的好处，在一面杜绝了封建式大小战争，而给社会以长期安定；又一面破除了封建式种种束缚限制，而给一切人以大解放。就在种种发明迭兴，文化飞速进步之中，政治民主乃得一步推进一步。此种间接作用，同样亦见于无产阶级之统治，如在苏联者。苏联正是承认经济进步，文化水准普遍增高，为政治民主之根本，而有计划地建设以完成之。它不以资产阶级作过渡，而以无产阶级作过渡，只是将阶梯原理掉转来用而已。虽其作有计划地建设进步，与西欧得进步于自由竞争者异，然而其资借于阶级统治，以得到安定进步，而实现民主，固无不同。在缺乏阶级，难言统治之中国，便不然了，试看下章便知。

总之，西洋以其为阶级社会，是一个国家，就资借于其阶级，而政治得以进步。特地叙出如上，意在对照中国，缺乏阶级，不像国家，遂永绝进步之机。

第十章 治道和治世

一、中国社会构造

中国之缺乏阶级不像国家，是其负面，而伦理本位职业分途，即社会以为国家，二者浑融莫分，则为其正面。关于负面已说于上，正面的伦理本位职业分途，在前亦已点出，但说得不够。本章将更从正面申说之。

前曾说：家族生活集团生活同为最早人群所固有；而其后中国人家族生活偏胜，西洋人集团生活偏胜。继此，则中国由家庭生活推演出伦理本位，同时亦就走向职业分途。而西洋却以集团生活遂而辗转反复于个人本位社会本位之间；同时亦就演为阶级对立。阶级对立，正是集团间的产物，不发生于伦理社会。伦理社会自然要职业分途，二者相联，且有其相成之妙。

何以说阶级对立是集团间的产物呢？阶级所由兴，不外是被外族征服统治，或由内部自起分化之二途。前者是集团之二合一，后者是集团之一分二。要之阶级形成于权力之下，而权力则生于集团之中，此不易之理也。假如说集团社会是立体的，则伦理社会便是平面的。伦理为此一人与彼一人（明非集团）相互间之情谊（明非权力）关系。方伦理社会形成，彼此情谊关系扬露之时，则集团既趋于分解，而权力亦已渐隐。此其势，固不发生阶级对立。

伦理秩序著见于封建解体以后，职业分途即继此阶级消散而来，两方面实彼此顺益，交相为用，以共成此中国社会。例如：遗产均分于诸子，而不由长子独自继承，即此伦理社会之一特色，西洋日本皆所罕见，在我却已行之二千年。盖伦理本位的经济、财产近为夫妇父子所共有，远为一切伦理关系之人所分享，是以兄弟分财，亲戚朋友通财，宗族间则培益其共财。财产愈大者，斯负担周助之义务亦愈广。此大足以减杀经济上集中之势，而趋于分散，阻碍资本主义之扩大再生产，而趋近消费本位（对生产本位而说）。所谓"不患寡，而患不均；不患贫，而患不安"。在西洋恒见其积个人之有余者，在中国恒欲以补众人之不足。遗产均分，不过顺沿此情势而来，又予以有力之决定。有人说：封建社会的核心，是其长子继承制度。英国社会所以能产生资本主义，正是靠此长子继承制，预先集中了经济上的力量。由封建领主之商业化，和大资产者的大垦牧公司，合起来便造成今天他们资本社会的始基。中国所以总不能进一步到资本主义社会，并不是受了封建社会的桎梏；实实在在就为中国这种遗产制度，把财产分割零碎，经济力量不得集中之故。这话确是有见地。[1] 当知，凡此消极使社会不演成阶级对立者，便是积极助成了职业分途。

试再取西洋来对照，将更有深一层之明了。西洋资本主义，全从个人营利，自由竞争而发达起来，其前提则在财产所有权归

---

[1] 尝见已故李蔚唐先生著作中，持论如此。李先生曾留学英国。英国较之大陆更确守长子继承制，见杨人楩译、贺益兰（J.S. Hoyland）著《世界文化史要略》。

于个人掌握，个人能够完全支配其财物。只有这样，才促进人们利己心的活动；只有这样，才增高人们利用其财物的能率。然而这却是由近代法律袭用罗马法，才有的事。罗马法是所有权本位的法律，全副精神照顾在物权债权这些问题上。而中国法律则根据于伦理组织，其传统精神恰好与此相反（忽略这些问题）。在西洋没有这种近代法律，则中世农村那种协同生活的基础不致破坏净尽，近代自由竞争演成的阶级社会无由出现。反转过来看中国，便恍然此伦理本位的社会组织，非独事实上成为一个人在经济上有所进取之绝大累赘，抑且根本上就不利于此进取心之发生。黄文山先生曾十分肯定地说："我深信中国的家族伦理，实在是使我们停留在农业生产，不能迅速进入资本主义生产之唯一关键。"[①] 或即指此。

伦理社会这块土地，不适于资本主义之滋生茁长，这是没有疑问的。但若人们在经济上的进取心根本缺乏了，不亦是社会上一大危机吗？这却又从职业分途之一方面，可得其救济。一个人生在阶级社会里，其一生命运几乎就已决定了。特别是封建社会为然，而资本社会亦不例外。农奴固然不能转为贵族，劳工亦难得作资本家。他们若想开拓自己的前途，只有推翻这种秩序，只有大革命。但在中国这职业分途的社会，便不然。政治上经济上各种机会都是开放的。一个人为士为农为工为商，初无限制，尽可自择。而"行行出状元"（谚语），读书人固可致身通显，农工商业亦都可以白手起家。富贵贫贱，升沉无定，人人各有前途可

---

① 见黄文山著《文化学论文集》第181页，中国文化学学会出版。

求。虽然亦有有凭借与无凭借之等差不同，然而凭借是靠不住的。俗语说得好："全看本人要强不要强。"所以进取心，在这里恰好又普遍得到鼓励。伦理本位就是这样借职业分途为配合，得以稳稳行之二千余年，得以通行到四方各处。不然，是不行的。

中国社会之所以落于职业分途者，主要是因为土地已从封建中解放，而生产则停留在产业革命以前，资本之集中垄断未见。此时从生产技术言之，小规模经营有其方便，大规模经营非甚必要。同时，又没有欧洲中世那样的行会制度（基尔特）。于是社会上自然就只是些小农小工小商，零零散散各为生业了。冯友兰先生所谓"生产家庭化"，所举一家子石印馆，一家子铁匠铺之例，正指此。无论种田、做工或做买卖，全靠一家大小共同努力，俗所云"父子兵"，天然成为相依为命的样子。中国人常爱说"骨肉之情""手足之情"，盖其事实有如此者。此即伦理情谊由职业分途而得巩固加强。反之，若在阶级社会便不然。像近代大工厂大公司，将一家大小拆散为男工、女工、童工，各自糊口，几乎不必相干，固不必说。即在中世纪，亦无合一家大小以自营生业者其事，而是生活于集团之中，有异乎伦理之相依。更且纵着有集团与集团之分，横着有阶级与阶级之分。其分离对立相竞相克之势，掩没了人生互依关系，尤使伦理观念难以发生。

中国不是没有行会，却不像欧洲那样竟为坚实之集团，正为重心分寄于各家庭家族了。因其不成集团，所以在师徒东伙之间，又为伦理之相依。它可能有私人恩怨，各个不同；却没有从行会分化出之阶级对立，如欧洲之所见者。阶级只是集团间的产物，于此又可证明。近代工业社会，劳资两方相维以利，相胁以势，遇事依法解决，彼此不发生私人感情。而此则师徒东伙朝夕相处，可能从待人厚薄、工作勤惰上，彼此深相结纳。在劳资两方必不同一立场共一命运者，而在此可能同甘苦共患难。盖阶级对立之势成，则伦理关系为之破坏。反之，阶级分化不著，则职业各营乃大有造于伦理。又因富贵贫贱升沉无定，士农工商各有前途可求，故有家世门祚盛衰等观念。或追念祖先，或期望儿孙，父诏其子，兄勉其弟，皆使人倍笃于伦理，而益勤于其业。

从读书人授徒应试，到小农小工小商所营生业，全是一人一家之事（与其他人几乎不甚相干）。人人各自奔前程，鲜见集体合作，既不必相谋，亦复各不相碍（阶级社会则相碍）。因此，中国社会特见散漫。中国人之被讥为一盘散沙，自私自利（见第一章），其中盖不无误会（见第十三章），然而这一倾向，不待说自是极可怕的倾向。其所以终不大显弊病，则职业分途又从伦理本位得其配合补救之故。前说，中国就家人父子兄弟之情，推广发挥，以伦理组织社会，举社会各种关系而悉伦理化之，亦即家庭化之。务使其情益亲，其义益重。由是居此社会中者，每一个人对于其四面八方的伦理关系，各负有相当义务；同时其四面八方与他有伦理关系之人，亦对他负有义务。全社会之人，不期而辗转互相联锁起来，无形中成为一大家庭。观其彼此顾恤，夫宁有所谓自私？职业分途就是这样借伦理本位为配合，得以稳稳行之二千年。如非近百年忽地卷入集团竞争漩涡，几遭灭顶，还是不易看出其缺点的。

还有，此伦理本位职业分途，亦正是由政治经济两方面互为影响，协调一致，以造成的。例如：土地之不易集中，资本之不易集中，经济上难为一部分人所固定地垄断，其种种因素，除如上面暨第八章所已说者外，政治上之"限民名田""重农抑商"一类运动，亦为一有力因素。此类运动自西汉以来，更不绝书；除北魏讫隋唐均田制度一段略有成功外，所收实效远不如其声势之大，是我们承认的。但其成功虽有限，其破坏资本主义之路却有余。盖自变封建为郡县，统治阶级既以分解散漫，流动不定。此时由政治上之无阶级而鲜垄断，亦自不容许经济上之有垄断而造阶级。主动于其间者，仍为破坏封建之士人。历史所示，甚为明白。士人有知识、有头脑，而顾无权位、无恒产；既反对权位之垄断于前，乃更反对资产之垄断于后。借不谈士人代表理性，论其势固亦宜然。一旦在政治上有其机会，则极力主张实行。资本主义之不成，中国遂没有资产阶级之统治如欧美者。则是又由经济转而影响于政治，两方互为因果，大抵如是。阶级缺乏，则统治为难，中国政治乃不得不伦理化。由政治之伦理化，乃更使社会职业化，职业又有助于伦理。如是伦理与职业，政治与经济，辗转相成，循环扣合，益臻密洽，其理无穷。

二、向里用力之人生

中国式的人生，最大特点莫过于他总是向里用力，与西洋人总是向外用力者恰恰相反。盖从伦理本位职业分途两面所构成的社会，实无时无刻不要人向里用力，兹分就此两面说明如下。——

一个人生在伦理社会中，其各种伦理关系便由四面八方包围了他，要他负起无尽的义务，至死方休，摆脱不得。盖从伦理整个精神来看，伦理关系一经有了，便不许再离。父子固离不得，兄弟夫妇亦岂得离绝？乃至朋友、君臣亦然。这不许离，原本是自己情感上不许——伤痛不忍。后来形成礼俗，社会又从而督责之，大有"无所逃于天地之间"之概。在此不许离之前提下，有说不尽的委曲，要你忍受。况且又不止主观上不忍离，或旁人责备之问题；而是离绝了，你在现实生活上就无法生活下去。因为彼此相依之势，已经造成，一个人已无法与其周围之人离得开。首先父子、婆媳、夫妇、兄弟等关系若弄不好，便没法过活。乃至如何处祖孙、伯叔侄辈，如何处母党妻党，一切亲戚，如何处邻里乡党，如何处师徒东伙，种种都要当心才行。事实逼着你，寻求如何把这些关系要弄好它。而所有这许多对人问题，却与对物问题完全两样（详见第十二章），它都是使人向里用力，以求解决的。例如不得于父母者，只有转回来看自家这里由何失爱，反省自责，倍加小心，倍加殷勤。莫问它结果如何，唯知在我尽孝。此即为最确实有效可得父母之爱者，外此更无他道。反之，若两眼唯知向外看父母的不是，或一味向父母顶撞，必致愈弄愈僵，只有恶化，不能好转。其他各伦理关系，要亦不出此例。盖关系虽种种不同，事实上所发生问题更复杂万状，然其所求者，却无非彼此感情之融和，他心与我心之相顺。此和与顺，强力求之，则势益乖，巧思取之，则情益离。凡一切心思力气向外用者，皆非其道也。不信，你试试看！

所有反省、自责、克己、让人、学吃亏……这一类传统的教训，皆有其社会构造的事实作背景而演成，不可只当它是一种哲学的偏嗜。

前于第八章，指证旧日中国为职业分途的社会，其间贫富贵贱，升沉不定，流转相通。虽自由民主如今之英国，政治经济各机会无不开放，犹不免限于阶级既成之势而难与相比。此两方形势之异，最须用心理会：阶级对立，则其势迫人对外抗争；职业分途，则开出路来让人自己努力。而自己努力者，即往往须要向里用力。中国谚语"不吃苦中苦，难为人上人"，中国小儿读三字经"头悬梁，锥刺股"二句，即指示其事例。但在阶级社会，便不然。最显明是中古封建之世，其人身份地位生来即已大致决定。一般说，地位好者，不须要自己再努力；地位不好者，自己努力亦何益。如前谚语，全不适用。相反地，它要人向外用力。最显明是在下级者，要开拓自己命运，势必向上级抗争，大之则为革命，小之则为罢工。而封建领主，资本阶级为保持其既得利益，亦势必时时防范压制，马克思"阶级斗争"之说，信乎其不诬。总之，其力气天然要向外用。

试再来看旧日中国人。机会待你自求，既没有什么当前阻碍，其力气只有转回来向里用，而向外倒无可用者。以读书人为例，读书机会是开放的，而在考试制度之下，决定其前途。他能否中秀才、中举人、中进士、点翰林，第一就看他能否寒窗苦读，再则看自己资质如何，资质聪明而又苦读，总可有成。假如他文章好，而还是不能中，那只有怨自己无福命。所谓"祖上无阴功""坟地无风水""八字不好"，种种皆由此而来。总之，只有自责，或归之于不可知之数，而无可怨人。就便怨考官瞎眼，亦没有起来推翻考试制度之必要。——力气无可向外用之处。他只能回环于自立志、自努力、自责怨、自鼓舞、自得、自叹……一切都是"自"之中。尤其是当走不通时，要归于修德行，那更是醇正的向里用力。

至于业农、业工、业商的人，虽无明设之考试制度，却亦有"行行出状元"之说。谁有本领，都可表现，白手起家，不算新鲜之事。盖土地人人可买，生产要素，非常简单。既鲜特权，又无专利。遗产均分，土地资财转瞬由聚而散。大家彼此都无可凭恃，而赌命运于身手。大抵勤俭谨慎以得之，奢逸放纵以失之。信实稳重，积久而通；巧取豪夺，败不旋踵。得失成败，皆有坦平大道，人人所共见，人人所共信，简直是天才的试验场，品行的甄别地。偶有数穷，归之渺冥，无可怨人。——同样地没有对象引人必要对外用力。

"勤俭"二字是中国人最普遍的信条。以此可以创业，以此可以守成。自古相传，以为宝训，人人诵说，不厌烦数。然在阶级社会，这二字便无多大意义。封建下之农奴，大资本下之劳工，勤为谁勤？俭为谁俭？勤俭了，又便得怎样？于是这二字自然就少见称道。中国却家家讲勤俭。勤俭是什么呢？勤是对自己策励，俭是对自己节制，其中没有一分不是向里用力。

总结说：由于社会构造的这一面——职业分途一面——为事实背景，于是自然就有："勤俭持家""刻苦自励""吃得苦中苦，方为人上人""人贵自立""有志者事竟成""天下无难事，只怕有心人""将相本无种，男儿当自强"……这一类传统教训。

乃至中国皇帝在这里亦不例外。——他一样地要向里用力才行。第八章曾指出中国皇帝一个人高高在上，以临于天下万众，实在是危险之极。得人心则昌，失人心则亡。所以他的命运（地位安或危，运祚久或促，国势隆或替），亦要他自己兢兢业业好生维持。他亦与士农工商之四民一样地有其得失成败之大道。其道仍归于向里用力，约束自己不要昏心暴气，任意胡为。因此，在中国政治机构里，就有"讲官""谏官"一类特殊设置，以给他加强其警觉与反省。讲官常以经史上历代兴亡之鉴，告诉他而警戒他；谏官常从眼前事实上提醒他而谏阻他。总之，无非帮助他向里用力。同时可以说，那政治上传统之消极无为主义（尤戒穷兵黩武、大兴土木），正亦是不许他向外用力，而要他节制收敛。我们可以假借一句古书来说："自天子以至于庶人，壹是皆以修身为本！"凡此殆莫非这特殊社会构造之所决定，参看第九章当可明白。

庄泽宣先生《民族性与教育》一书，列有"中国民族理想及民族性表"，其中举出中国人生"富于内向性"一点，当然与此所说足相印证。却亦要于此乃得明白其来由，而不视为一种怪癖。

三、中国文明一大异彩

辜鸿铭先生尝讥西洋,不是教会僧侣借上帝威权吓人(中古),便是国家军警以法律管制人(近代),离斯二者,虽兄弟比邻不能安处。① 米勒利尔著《社会进化史》,亦说:"中国国家就靠千千万万知足安分的人民维持,而欧洲国家没有不是靠武力维持的。"② 往古印度文明最使人惊异者,是其宗教出世法之特盛(其成就亦正在此),近代迄今西洋文明最使人惊异者,是其征服自然利用自然一切科学技术之发达(其成就亦正在此),旧日中国文明最使人惊异者,即是其社会秩序恒自尔维持,若无假乎强制之力。明眼人当早看出:人类社会正是借着矛盾而得进步。虽矛盾,却不能无秩序;无秩序则社会生活不能进行。秩序而要在矛盾上建立,则强制之力夫岂可少?人类理性方待渐次开发,社会秩序纯全基于理性而立,只可期诸较远之未来,岂所论于过去?知此,则旧日中国居然仿佛见之者,不能不说是奇迹了。然而审于上面所说其社会构造之特殊者,又不难理

---

① 辜先生原著以英文德文写成,刊于欧战之后,以示西人。此据《东西文化及其哲学》附录辗转引来。

② 德国米勒利尔著、陶孟和译《社会进化史》第62页。

会其故。

大概人类社会秩序，最初形成于宗教。其后，乃有礼俗、道德、法律等，陆续从宗教中孕育分化而出。于此四者之间，若者早，若者迟，若者分，若者合，若者轻，若者重，各方文化表现不同。离开宗教而有道德，在中古西洋殆难想象；离开法律而有秩序，在近代国家弥觉稀罕。然而在旧日中国却正是以道德代宗教，以礼俗代法律，恰与所见于西洋者相反。道德存于个人，礼俗起自社会；像他们中古之教会，近代之国家，皆以一绝大权威临于个人临于社会者，实非中国之所有。

先就后一层来说。外国人上法庭如同家常便饭，不以好讼为嫌。中国人则极不愿打官司，亦很少打官司。亲戚朋友一经涉讼，伤了感情，从此便不好见面。在欧美律师为上等职业，在中国则讼师乃为众人所深贱而痛恶。往时一个人若打过官司，便被人指目说"这是打过官司的人"，意若云"这人不好招惹"，或"这人品行可疑"。谚语有"饿死不做贼，屈死不告状"，其嫌恶拒绝之情，不独外国人难了解，抑亦非今日中国人所了解。为什么如此不同？这就为他们生活于团体之中，一切靠团体，而我们则非。凡团体必有其法。试回溯中古来看，处处团体莫不各有其法及法庭：国王有法庭，教会还有其法庭，乡村有法庭，都市更有其法庭，乃至各行会亦且自有法庭。在一团体内，人们彼此间有了问题，当然上法庭解决，岂有他途？是法律皆有强制性。不过到了近代，这强制却集中统一于唯一之强大团体（国家）罢了。我们的历史发展，有异乎此（如前各章所论证）。伦理社会原非团体，那种基于情义的组织关系，只可演为礼俗而不能成法律，第六章已详。二千余年来，虽迫于事实，要它成一个国家，却总难使此伦理社会扭转到阶级武力的地域统治——总不像国家。除近年来受西洋潮流影响引起变化，今后如何归结，非此所论。就过去看，它自己早不能再有"团体权力""个人权益"一类观念发生（这等于另起炉灶）。而只能本礼俗以设制，融国家于社会。其组织结构根本寄托在礼俗上，而不著见于法律。法律这样东西，它几乎可说没有。其自古所谓法律，不过是刑律，为礼俗之补充辅助，不得已而用之。传统思想，贵德而贱刑。强制力在中国，是不被尊重的。它只是迫于事实不能不有之，乃至不能不用之，然论其本旨，则是备而不用的。事实上亦很少用。此可分两面言之。

第一，民间纠纷（民事的乃至刑事的），民间自了。或由亲友说合，或取当众评理公断方式，于各地市镇茶肆中随时行之，谓之"吃讲茶"。其所评论者，总不外情理二字，实则就是以当地礼俗习惯为准据。亦有相争之两造，一同到当地素孚众望的某长者（或是他们的族长）面前，请求指教者。通常是两造都得到一顿教训（伦理上原各有应尽之义），而要他们彼此赔礼，恢复和好（此原为伦理目的）。大约经他一番调处，事情亦即解决。此外奸情盗案，宗族乡党自为处分，固非国法所许可，却是偏僻地方一般皆如此。此原不足为礼俗之效，却见出法律之力达不到民间，人民自生自灭，无所需于国家。为什么纠纷不难自己了结？为什么人民可以自生自灭不需要国家？凡审于中国社会构造之特殊者，当必先察觉其分散之势，此即其根本点所在。分散倾向之始萌，在宗教缺乏，理性早见。及至此"各自向里用力"一层,乃更为最后有力之决定。在前曾讲过:"集团与斗争相联,散漫与和平相联。"(回看第三章)不是说个人与个人之间就没有矛盾,而是化整为零,其为矛盾也小,且易于化除,非必有持续性。集团与集团之间,一有矛盾,即非同小可,且有持续性,而不易化除。复因持续,浸益扩大。此为一层。个人间有矛盾冲突,局外之第三者既多,斯环绕而调解之力自大。集团间有矛盾冲突,其局外调解力便远不能相比。至集团愈大,则局外力量愈小,以浸至于无。此为二层。集合的群众心理具有很大机械性,盲目、冲动、不易反省,而散开的一个人一个人,其心理便易于平静清明,回转自如。中国人本是从理性到散漫的,而亦从散漫更容易有理性。像"有理走遍天下,无理寸步难行"之谚语,固为崇尚理性的信念,亦是散漫社会的产物。在大大小小集体势力分列而对峙的世界中,就只有较力,而难得论理。此为三层。明白这些,再参照下列各点,则于上面问题,自可得其解答。

第二,纷争骚乱大概都少有。此又可分两面言之:一是个人安于所遇;二是彼此调和妥协。略说如次——

个人安于所遇。——此复涵括三点:(一)由于前所说职业分途的妙处,开出路来让人走,人人各自努力奔前程去了,便不像阶级社会多数人时怀不平而图打破现状。此所云安于所遇,主要是对此职业社会的大环境说,而对其一己之境遇,自然亦随之在内。(二)由于前所说伦理本位组织的妙处,万一有人在生计上落于无办法境地(这是难免为秩序扰乱之因子的),则又从伦理情谊关系上准备下了彼此顾恤互相负责。即不从这面得到帮助，亦可从那方得到周济，四面八方种种关系，便隐然形成其一种保障。结果总使人不致临于绝路，乃至又寻到出路。这亦是指安于此伦理社会的大环境，而其一己遭遇亦即在内。（三）由于这两面妙处合起来，处处可能有机会，处处又不一定是机会；得失成败，似皆有其道，似又不尽可知。于是最易使人于勤奋中信天安命。又因为心思常向里用，时有回省内照，便发见"自得之趣"及"知足常乐"，其向外之逐求争取大灭。所以在一般老百姓，寡欲知足，安分守己，并非领会了老子孔子的哲学，而宁由社会构造之事实不知不觉锻炼出来。

彼此调和妥协。——彼此遇有问题，即互相让步，调和折中以为解决，殆成中国人之不二法门，世界所共知。"一争两丑，一让两有"，为我南北流行谚语。此以争为丑之心理，固非西洋人所了解。让则两有之理，他们似亦不知道，卒必至两败俱伤，同归毁灭，再后悔已迟。旧日更有"学吃亏"之说，饱经世故者每以此教年轻人。此诚不免流于乡愿，却亦为此社会保持和平不少。除了遇事临时让步外，中国人平素一切制度规划，措置安排，总力求平稳妥帖，不落一偏，尤不肯走极端。盖深信唯调和为最稳妥，最能长久不败之道。所谓"亢龙有悔，盈不可久""人道恶盈而好谦""有余不敢尽""凡事不可太过"……如是一部调和哲学自古为贤愚所共熟审而习用。求其所以如此者，似由下列各点：（一）从乎生物的本性，总是向外攻取不回头的。唯人类心思作用发达，乃不尽然。理智则能计及前后彼此，所见不止当前，理性则能视人如己，以己度人。让步调和，无疑是表见了人类心思作用的特征。中国人理性早见，宜其如此。（二）

行于家人父子夫妇之间者为情，而存于集团与集团之间、集团与其分子之间者为势，其情盖寡。中国伦理推家人之情以及于社会一切关系。明著其互以对方为重之义，总使它对立不起来。在西洋，则几乎处处形见对立之势，虽家人父子夫妇不免。彼此对立易生问题，乃至于冲突。对立不起来，纵有问题，亦易消解或缓和。（三）缺乏集团斯不形成对抗；对抗不成，宜相和合；但和合亦不易，则只有疏远而已。例如中国政府之收敛宁静，官民间愈少交涉愈好，是亦一种相安之道。（四）相争是由于各人站在自己立场，相让则由于互为对方设想。中国伦理明著其互以对方为重之义，一个人似不为其自己而存在（回看第五章）。此固不能取人类所恒有之"自己本位主义"而代之，然两种心理一申一抑之间，其为变化固不少矣。在西洋，各人主张自己权利而互以义务课于对方；在中国，各人以自尽其义务为先，权利则待对方赋予。是其一趋于让，一趋于争，固已显然不同。（五）力向外用，或不必经过头脑思维，或虽经过而浅。力向里用，较多一周折，却必出于思维之后。当其思维，已是一种忍耐节制，思维之后，则更产生忍耐节制之力。中国人忍耐力之特大，世界闻名（参看前后论民族性各段）。在如此之大空间上，如此之长时间内，盖真不知有若干若干之矛盾冲突，皆以忍耐未尝表面化而过去了。（六）向里则心思之用多，向外则体力之用多。用体力者，愈来愈喜欢用体力；用心思者，愈来愈喜欢用心思。试看在游戏娱乐上，中国人亦是用心（且每为个人的）多于用体，西洋人却用体（且每为集体的）多于用心。西洋人武健而中国人文弱，盖早决定于数千年理性早见之初。武健者躁动，容易有纷争骚乱，文弱者固宜不然矣。

我们说，强制力在中国是备而不用的，且在事实上亦很少用。其最好之证明，即一面还是有政府、有兵、有刑，而一面却消极无为而治。史家所称狱讼清简刑措不用者，非皆虚语。① 凡事物之备而不用者，其所备必不充足。历代统治机构之简单，及其实力之薄弱，姑举两事即可为证：一是械斗，二是流寇。

械斗——此在广东福建等处，聚族而居之乡村，时或见之。其地民气民风似有些邻近西洋，又加以族姓为界别，有祠堂作中枢，遂萌集团意识而不免构怨相斗。斗起来，是没有人管的。县府或者不晓得，如何谈到防止禁止。及至死了几条人命，经官成讼，依然解决不下来。因虽经判断，两造多不甘服，还是打。要打就打，官还是管不了。往往"以不了了之"，仍待自其自然解决。

流寇——在昔承平之世，四海晏然，人人各安本分，暴乱不生；并非国家禁止暴乱之有具。及其一旦乱起来，则又可能盗贼蜂起。平地发生之土匪，横行千里之流寇，皆秦汉以来中国之产物，西洋所没有。就中古说，封建制度下，各地自有统辖，一路尽多关阻。彼此侵暴之事，固所时有；土匪却难得发生，更不可能流动于千里之间。及至近代国家，则人丁户籍编制严密，警察系统遍彻全境。窃盗凶暴，虽不尽免；啸聚山林之事，却不会有，又何能东西流窜。寇而能流，可想见有任其所之，无不如

---

① 曩在邹平乡村，尝闻父老谈，在从前若地方发生命案，极属稀罕。光绪廿一年某村发生一命案，远近动色相告，或走数十里往观验尸。若甚新奇，又感严重。盖计算附近一二百里幅员内，二十年光景未曾有过也。

意者。此唯松散平铺在广大地面上之无数人家，如旧日中国社会者，乃有此事。盖论其四境之内，恢廓通达，实绝异封建，而大有类于近代国家，顾又缺乏近代国家之组织也。

总结说：社会矛盾（剥削及统治），旧日中国所不能无，但它化整为零，以情代势，颇得分解缓和。其秩序，虽最后亦不能无借于国家法律，但它融国家于社会，摄法律于礼俗，所以维持之者，固在其个人其社会之自力，而非赖强制之功。然若没有以道德代宗教之前一层，即不会引出来此以礼俗代法律之后一层。根本关键，还在前者。关于前者，第六章既有申说，兹就前所说者，再一为指点便可。

试看下列各扼要语句：

宗教最初可说是一种对于外力之假借；此外力却实在就是自己。

依赖感乃是宗教的根源。（依赖自然就是依赖于外。）

宗教信仰中所有对象之伟大、崇高、永恒、真实、美善、纯洁，原是人自己本具之德，而自己却相信不及。

孔子有他一种精神，为宗教所不能有。这就是他相信人都有理性，而完全信赖人类自己。

儒家没有什么教条给人，有之，便是教人反省自求一条而已。除了信赖人类自己理性，不再信赖其他。

孟子总要争辩义在内而不在外。在他看，勉循外面标准只是义的袭取，只是行仁义而非由仁义行。（以上均见第六章）

总之，道德与宗教之别，正不外自与他、内与外之别。如前举甘肃地方，回民比较汉人得免于鸦片之害者，就在其教诫规条具体列出，易于循守，而教会又以组织力量监督挟持以行。汉人既没有教诫规条，更没有教会组织，虽尊孔圣，实是各人自便。社会秩序于此，显然前者偏于强制，后者着重自律。当然，使回民得以成其社会秩序者，亦有不少道德成分在内，顾大体上总是摄道德于宗教了。同时，汉人社会秩序之得以保持，宗教迷信亦正自有力于其间，却不过散在个人观念中，为其自律之一助。我们说"以道德代宗教"，要亦是以个人代组织之谓。

"宗教本是一个方法，而道德则否"（见第六章），直接以道德代宗教是不行的，必须取径于礼（兼括礼乐揖让、伦理名分）。此礼与一般宗教之礼，表面非无类似处，而旨归不同。宗教之礼所以辅成其信仰，而此礼则在启发理性，实现道德。礼乐揖让固是启发理性，伦理名分亦是启发理性。其要点，在根据人类廓然与物同体之情不离对方而有我的生命，故处处以义务自课。尽一分义务，表现一分生命，而一分生命之表现，即是一分道德。道德而通俗化，形见于风尚，即成了礼俗。礼俗、道德，道德、礼俗，辗转循环；它却不发展到法律。它怎能发展到法律呢？法律或以义务课于人，或对人而负义务，总之，义务是从外来的。但从道德看，一切皆自己对自己的事，一切皆内而非外。礼俗以道德勉于人，而法律则不责人以道德。以道德责人，乃属法律以外之事。其不同脉路有如此。法律盖继宗教而有，以组织笼罩个人，从外而到内，它们却是同一脉路的。

乍闻不靠宗教而靠道德，不靠法律而靠礼俗，不靠强制而靠自力（或理性），似乎其调甚高，其事甚难。其实你若懂得它的社会构造，便只见其自然而平常。因为它所要的，不过是"孝弟勤俭"四字，只此四字，便一切都有了。孝弟则于此伦理社会无所不足，勤俭则于此职业社会无所不足。说道德，道德只是这个；说礼俗，礼俗正不外此。而此四字呢，既利人而利己，亦且易知而易行。即不说在人类理性原有其根，试问当此社会构造形成，一个人处身其中，其势不亦只有自勉于孝弟，自勉于勤俭吗？此直为事实之所必趋，社会秩序在这里自尔维持，夫有何稀奇！三十年前尝见陈独秀先生文中有这几句话：

> 世或称中国民族安息于地上，印度民族安息于涅槃……西洋诸民族好战健斗……欧罗巴全部文明史无一字非鲜血所书。（《新青年》一卷四号，陈著《东西民族根本之差异》一文。）

当时不甚得其解。今日看来，这"安息于地上"确乎一语道着，亦足见事实之所在，有识者无不见之也。此度为外国学者之言，第未知出于谁氏。

四、士人在此之功用

中国旧日社会秩序之维持，不假强制而宁依自力，已如上述。然强制虽则少用，教化却不可少。自来中国政府是消极于政治而积极于教化的，强制所以少用，盖在缺乏阶级以为操用武力之主体，教化所以必要，则在启发理性，培植礼俗，而引生自力。这就是士人之事了。士人居四民之首，特见敬重于社会者，正为他"读书明理"主持风教，给众人作表率。有了他，社会秩序才是活的而生效。夫然后若农、若工、若商始得安其居乐其业。他虽不事生产，而在社会上却有其绝大功用。

道德、礼俗、教化，是辗转循环互为影响，三者无一定先后之序，而有贯乎其中者，则理性是已。理性，宽泛言之，就是人们的心思作用，狭义则指人心所有之情义（详第七章）。道德之自觉自律，舍心思作用则无可能，舍情义之感则不能生动有力。礼俗当其既成，在普通人未必还有多少自觉，又隐然有其威力，在普通人似亦难语于自律。然论其所由形成，则固自有其为社会众人所共喻共信者在，这便是理性了。而况它不同乎一般随附于宗教之礼俗，原受启发于孔子一学派呢（见第六章）。至于教化之在启发理性，又不待言。虽在统治者之提倡，未必全为了启发理性,而不免别有用心。士人自觉地或不自觉地供其利用,亦是有的。然中国士人与西洋教士不同,他们没有教会教区那样组织系统,亦没有教堂那样正式宣教机关,更没有宗教那样经常定期的集会,以至种种。他们零散在民间,只是各自随意应机以发挥其所学而已,这就难得控制利用。

相反地,我们且可见出:在传统思想中,是要以统治者所握有之权力依从于士人所代表之理性的。固然在事实上尽未必能如此,但权力却更不能包办了理性。在昔士人已见尊于社会,士人而为师(实行其代表理性而施教化之职分),更是最高不过。《礼记》上说:"君之所不臣于其臣者二:当其为尸,则弗臣也;当其为师,则弗臣也。"本来文武百官,皆要北面朝君,而君则南面而王。然当他遇着他的师,却还要北面事师,而师则南面。像西洋中古要抬出上帝来压王权,这里却不用。这里则是"师严而后道尊",明夫理性不可屈于权势也。——意在为了你自己的必要,非为旁的。试表之如图:

师(士人) | 君主
　　　　　| 众人(士人亦在内)

照中国原来理想,君就是师,所以说"作之君,作之师""能为师然后能为长,能为长然后能为君"。政就是正,"政者正也""其身正,不令而行",不必再说政教合一。但事实难如理想,君师未必一致,则争着不要权势压倒理性才好。于是有人爵天爵之论(见《孟子》),有士贵王贵之辩(见《国策》),而士人立志就要为"王者师"。

按之历史实情,社会秩序最后既然仍不能无借于王权,则不可免地，君主还是居于最高。于是士人只有转居于君主与民众之间，以为调节缓冲。仿佛如下图：

君主 ← 士人 → 民众

权力不遵乎理性而行，在人群中不会没有问题的。彼此以力对力，便容易演惨剧而大家受祸。此时只有尽可能唤起人们的理性——从狭义的到广义的——使各方面自己有点节制。谁来唤起？这就是士人居间来作此功夫了。理性渐启之中国民族，当它还不能出现一个理性居于最高以指导权力的局面，就只有落到如此。君主权力自为最高，但最好不与民众直接见面。盖在事实上，君主越多用权力，自己越不易安稳，实不如施温情，兴教化，以理性示人。在民众则大体上原无所需于权力，而只希望它不扰民，却亦要各人孝弟勤俭，无问题发生而后免于权力干涉之扰。士人于是就居间对双方作功夫：对君主则时常警觉规谏他，要约束自己少用权力，而晓得恤民；对民众则时常教训他们，要忠君敬长，敦厚情谊，各安本分。大要总是抬出伦理之大道理来，唤起双方理性，责成自尽其应尽之义，同时指点双方，各自走你们自己最合算最稳妥之路罢！这样就适合了大家需要，而避免其彼此间之冲突。不然的话，君主发威，老百姓固然受不了，老百姓揭竿而起，君位亦难保险。

士人就是不断向这两面作功夫，以安大局。究竟理性唤起到怎样，且不说它，但彼此消极忍耐，向里用力，却几乎养成了中国人第二天性。孟德斯鸠说"其民为气柔而为志逊"，信乎不差。浅见之人，误以为这是专制帝王所施压力之结果。其实他不晓得自然定律，压力必引生抗力，倒不会有此结果的。

五、治道和治世

当此社会构造形成，其形势信有如上文所借用之古语："自天子以至于庶人，一是皆以修身为本。"士人不过是从乎其形势上之必要，而各为之指点提醒。天子果能应于此必要，而尽他兢兢业业以自维持其运祚之道；士农工商四民亦各能在其伦理上自尽其道，在职业上自奔前程。那确乎谁亦不碍谁的事，互相配合起来，社会构造见其妙用，一切关系良好，就成了治世，此治世有西洋中古社会以至近代社会所不能比之宽舒自由安静幸福。反之，天子而不能应此必要，以自尽其道，四民亦不能，那天子便碍了庶人的事，庶人亦碍了天子的事，种种方面互相妨碍。于是社会构造失其妙用，关系破裂，就成了乱世。此乱世，迫害杂来，纷扰骚乱，不同于阶级革命有其一定之要求方向，及其划然之壁垒分别。"治世""乱世"是我们旧有名词，用在中国历史上切当的。于西洋历史却显然不洽。本章和上几章所说的，社会构造如何，社会秩序如何（特如说社会秩序自尔维持），即是说它的治道和治世之情形。至于乱世及其所以乱者，则将在下章言之。治世和乱世亦只是相对的，难于截然划开。然治道得显其用，以成治业，或治道浸衰而入乱世，其一进一退之间，有心人未尝不觉察分明。

所谓治道何指呢？放宽说，即指此全部社会构造（特殊政治制度在内），及一切所以维系而运用之者。简单扼要说，则"修身为本"（或向里用力之人生）一句话，亦未尝不可以尽之。而语其根本，则在人类的理性。因为这一切不外当初启发了一点理性，在处处为事实所限之中，勉强发展出来的规模条理，还待理性时时充实它，而后它才有生命。再则，我们径不妨说，此治道即是孔子之道。试看它在过去之得以显其用，而成治世者，不都是靠孔子之徒——士人——在那里作功夫吗？

论起来，具体的礼俗制度为一时一地之产物，极有其时代性和地域性，似不能径以孔子所不及知之后世制作，属诸孔子。况且近二千余年局面之开出在秦，而坏封建以开新局面者，明明是战国时那些功利派，那些法家之所为，何曾是儒家？相反地，儒家之王道思想迂缓作风，从商鞅变法一直到秦并天下，原是被抛弃的。然须知秦运短促正在于此。就在一般对秦诅咒之下而汉兴，汉兴，惩秦之弊，不能不资乎黄老清静儒术敦厚以为治。当时思潮和风气，亦早从战国时之倾向而翻转过来。到汉武帝黜百家而崇儒术，只不过把它又明朗化而已。儒术自汉而定于一尊，成为中国思想之正统，汉室运祚亦以此绵远，不同于秦。是故开出此大一统之局者，不是儒家，而稳定此大一统之局者，则是儒家。事情虽不自它发之，却待它来收功。此后二千年便再不能舍儒者和儒术而求治。[①] 夏曾佑

[①] 关于此点，陈顾远《中国法制史》有足资参考者：（一）原书第54页，论儒家思想支配中国，数千年为治之道，终莫能有外。中国法制当然经其化成。中国法系所以独异于人者，即因儒家思想在世界学术上别具丰采所致。（二）原书第29页，论中国法制之最大变动有四：秦商鞅、汉王莽、宋王安石、清康有为等。但法虽变，其间成败所关之一中心势力（儒家）未变。

先生在其《中国古代史》上说："孔子一身，直为中国政教之原，中国历史，孔子一人之历史而已。"好像言之太过，却亦不是随便乱道。

事情自然没有那样简单。旁人可以诘问：汉初法制率因于秦，而思想作风又取黄老，岂得以一儒家概之？二千多年历史不须细数，总之应该说，儒家、道家、法家（甚至还要加上佛家）杂糅并存，方合乎事实。须知这其间原有一大矛盾在：儒家奔赴理想，而法家则依据于现实。理想上，人与人之间最好一于理而不以力。这末后，原是可以有此一天的。但理想达到之前，却总不免力量决定一切，此即谓之现实。儒家总要唤起人类理性，中国社会因之走入伦理，而远于集团，仿佛有舍力用理之可能。于是他更不肯放弃其理想。但在现实上，力固不能废，而且用来最有效。法家有见于此，如何不有他的一套主张。不独在战国角力之世，他最当时，天下一统之后，中国尽管不像国家，政刑亦还是有其必要。二千年来儒家法家相济为用，自属当然。至道家，又不过介于其间的一种和缓调剂作用。单纯道家，单纯法家，乃至单纯儒家，只可于思想上见之，实际政治上都不存在。按之历史，他们多半是一张一弛，一宾一主，递换而不常。然其间儒家自是居于根本地位，以摄取其余二者。不止实际政治如此，即在政治思想上亦复如此。此无他，就为此时中国已是融国家于社会，自必摄法律于礼俗也。近二千年儒家之地位，完全决定于此社会构造社会秩序逐渐形成之时，不是汉儒们所能争取得来，更不是任何一个皇帝一经他主张，便能从此确定不移的。

说到这里，我们便可以解答这一问题：为什么西洋在中古基督教天下之后，出现了近代民族国家，而中国却总介乎天下与国家之间，二千年如一日呢？此问题之被觉察而提出，是最近之事。在发问者，是把民族国家认作进步的东西，歉恨于中国之未成国家，而亟问其几时才得成一个国家。究竟孰为进步，不忙较量，我们且把中西作一对照：

（一）西欧（欧洲的大半部）当中古时，借着基督教和拉丁文，形成一种文化统一的大单位，与中国当汉以后统一于孔子的伦理教化和中国文字，颇可相比。

（二）中国人意识上，仿佛知有天下而不知有国家。当时西洋人在他们文化统一的大单位内，恰亦同我们一样。像近代国家之政治的统一，和近代人之国家观念，尚未形成，而当时封建的各政治单位，原都被笼罩在文化统一的大单位下也。

（三）当时基督教会，上从罗马教廷下至各教区，不唯时常干预各政治单位的事，抑且其自身构成一大组织系统，亦仿佛就是一种统治。所以其统一是文化的，而又不仅止于文化。中国在一面是文化统一的大单位时，一面亦常常就是政治统一的大单位。即以天下而兼国家。

（四）但此基督教文化的统一，卒告分裂，而出现了近代西洋各民族国家。于是国家观念乃代天下观念而兴。人们不再统一于文化，而各求其政治之统一。这在中国却不同了。中国之文化统一始终没发生问题，因此亦就始终不改其天下观念。政治上即有时陷于分裂，总看作非正常。如西洋"各求其政治统一"者，曾未有之。

于是就要追问：为什么西洋基督教文化的统一，不免于分裂，而中国文化的统一却二千年如一日呢？此其故，约言之有五点：

（一）凡古代宗教所不能免之神话迷信独断固执，基督教都有。当人的知识日进，头脑日见明利，其信仰自必动摇失坠。儒家本非宗教，完全信赖人类自己，而务为理性之启发，固宜无问题也。

（二）中古以前，基督教出世倾向特著，一旦人们由禁欲思想翻转到逐求现世幸福之近代人生，其何能不有变动分裂发生？然在孔子自始即以郑重现世人生为教，便又没有这问题。

（三）儒家本非宗教，所以无所谓在教与否，亦没有教会之组织机构，其统一不在形式上。基督教与此相反。它有组织，便有分裂，它有形式，便有破坏。而此无拘束无形式的东西却分裂无从分裂起，破坏无从破坏起。

（四）引发西洋之宗教革命的，实为其教会教廷之腐化堕落。在事实上，这一点影响最大，假如没有这一点，则前三点可能不暴露其短。而在中国却又不发生这问题。

（五）当时拉丁文全是借着基督教会而得通行，为其文化统一形成之一助。然只是通行在上层，于一般人不亲切，不实际。及至宗教革命，肯定了现世人生，人们兴味态度大变，各种语文及其文学，随而抬头。民族自觉自此发生，民族感情由此浓厚。作为精神维系之中心的，就不再是出世宗教，而转移到民族国家。拉丁文字亦随之代谢。文化统一的大单位，至此乃分裂为好多政治统一的小单位。然中国自有所谓"书同文、车同轨、行同伦"以来，全国文字却始终统一。此盖由中国文字以形体符号为主，不由拼音而成。尽管各地方音不同，而不碍文字之统一。尽管古今字体音韵有些改变，隔阂亦不大。其结果，且可使此文化统一的宽度继续加宽（推广到邻邦外族亦用中国文字），深度继续加深（文学情趣、历史记忆、礼俗传习，皆濡染益深）。分裂问题不止未曾有过，恐怕是永不会发生。

今天除蒙古西藏和一些未曾汉化之回族，只是在中国这个政治的大单位内，还没有融合到文化的大单位里，暂时不说外，其余可说早已融合为一体，而不可分了。秦汉是此融合统一之初果，先秦战国还正在费力以求融合之时。中国之文化统一的大单位，原出现于各个政治统一的小单位之后，原是由分而合的。即我们战国七雄，正相当于西洋近代国家之所谓列强。可注意的是：我们由分而合，他们却由合而分。我们从政治到文化，他们却从文化到政治。我们从国家进为天下，他们却从天下转回国家。

这种相反，正为这种相比原不十分相合之故。不合之一根本点，就在以孔子伦理比基督教。二者所以被取来相比，盖为其对于人群同有指导人生价值判断之功用，各居于一文化中心而为之主。又同样标举理想，而放眼到世界（天下观念本此）。但他们本质不同：其一指向于个人道德，其一却是集团的宗教。虽同可以造成社会秩序，而一则启发其心，一则偏乎外铄，深浅迥异。基督教天下之出现，若从其创教说起，真不知经过多少流血斗争。盖凡宗教信仰，信其一为真，则其余必假。是以"基督教不以建立其自身之祭坛为满足，必进而摧毁异教之祭坛"。但儒家在中国之定于一尊，欲由时势推移，慢慢演成，及其揭晓，不过轻描淡写之一笔。如史书所载：

> （汉武帝）建元元年丞相（赵）绾奏：所举贤良或治申、商、韩非、苏秦、张仪之言，乱国政，请皆罢。奏可。

这只是朝廷取士不复用百家言而已，没有什么了不起。到后世仿佛变成了宗教一样，则又经过好多年代，渐渐而来的。试问似此浸润深入以渐达于文化统一，岂是他处所有？又谁能分裂它？

且基督教之在西洋，更有不同乎儒家之在中国者。中国文化是一元的，孔子述古，即已集大成。西洋文化渊源有二。希伯来宗教而外，更有希腊罗马之学术法律。正唯前者不足以涵容消化后者，故基督教天下卒为民族国家所起而代。中古文化与近代文化之交替，实即压抑在基督教下之希腊罗马精神之复活。到今天来，社会秩序全依托于权利本位的法律，与基督教已无何相干。国家意识高涨，而天下襟怀不足。面对着"非和平即毁灭"之人类前途，是否还得有希伯来精神再起，实未敢知。

张东荪先生尝论西洋文化之所以不断进步，正在其有此互相冲突之二元。[①]我深承认之。然须知何以有一元，何以有二元？若谓历史遭际如此，便欠思索。设非中国古人于人类生命深处有所见，而深植其根本，则偌大空间偌长时间，七个八个元亦出来了，岂容你一元到底！反之，二元歧出者，正是在浅处植基，未得其通之之道也。又论者群指自儒术定于一尊，而中国遂绝进步之机，我亦不持异议。然须知自来宗教上之不能容忍，思想之每趋于统制，并非全出于人类的愚蠢。一半亦是社会自然要求如

[①] 见张东荪著《理性与民主》第12页。

此。必要在人生价值判断上有其共同点，而后才能成社会而共生活。大一统的局面出现以后，向之各方自为风气者，乃形见其不同。为了应付大局需要，其势不能无所宗主。董仲舒对策，一则曰"上无以持一统，下又不知所守"，再则曰"然后统纪可一，民知所从"。明明就是这一呼求。天下事原来顾到这边，便顾不到那边。

中国文化以周孔种其因，至秦汉收其果，几于有一成不变之观。周孔种其因，是种封建解体之因，是种国家融化在社会里面之因。秦汉收其果，是一面收融解融化之果，还一面在种种问题上收融合统一之果。所谓一成不变之观，即从此中国便是天下（社会）而兼国家的，从此便是以儒家为治道之本而摄取法家在内的。秦汉后的中国，政治上分裂虽不尽免，却不再有"各求其政治统一"之事，如西洋各民族国家者。一则为中国人差不多已经同化融合到一处，没有个别民族之可言，更为此文化之所陶铸，阶级消纳于伦理，国家隐没于社会，人们定然要合不要分。分则角力，而国家显露；合则政治乃可消极，而国家隐没也。自这民族融合文化统一的大社会来说，合则为治世，为天下太平，分亦就是乱了。三千年来我们一贯精神是向着"社会"走，不是向着"国家"走。向着国家走，即为一种逆转。然国家实为人类历史所必经。于是二千年来局面，既介于封建国家与资本国家之间，更出入乎社会与国家之间。社会组织启导于儒家，儒家所以为其治道之本者在此。而法家则所以适应乎国家之需要也。假如不是近百年突被卷入国际竞争漩涡，被迫向着国家走，我们或仍抱天下意识如故，从乎其二千年所以为治者如故。

第十一章 循环于一治一乱而无革命

一、周期性的乱

在此特殊构造的社会中，一个人时时都需要一种自反的精神，如我上文所云向里用力者，这是为了他自己，亦是为了社会。社会秩序不假强制而自能维持，盖以其形势昭然，人们各知自勉于此，且已习惯成自然也（习惯未成时社会构造亦未成）。若还不够，则有士人为之表率，为之指导点醒。一句话：这就是倚重于理性及礼俗以为治。因它既缺乏两个强大威权——宗教、国家——之任何一个，则舍此更有何道？知治世之所以治，即知乱世之所以乱。历来大乱之所由兴，要不外"人心放肆"那一句老话。人心放肆即不易尊重对方，更不易节制自己，皆有悖于治道，这固是一层。更要紧的，乃为人心放肆便是其礼俗失效之征。礼俗实为此社会构造社会秩序之所寄托。礼俗之效，最上者在有所兴起，其次则给人一限度不使逾越。这虽没有一权力机关监督执行于上，却有社会舆情为之制裁于后。人心放肆，小之可见社会制裁渐已失效，大之则征明社会制裁已经没有了。到此地步，还有不乱的？

人心放肆，则天下将乱，这在有心而阅历多的老辈，感觉上非常敏锐清楚的。然而每临到某一时期，放肆辄不能免。此可从三方面见之：君主一面，民众一面，士人一面。其所以流于放肆，殆皆有从乎事实所不得不然者：

（一）君主一面——历代创业之主，多半来自民间，习知民间疾苦，社会情伪。他自己天资又极高，明白如何自处如何处人之道，自然不生问题。及至传了几代下来，天资浸已平庸，又生于深宫，长于妇人女子之手，于外边问题一切隔膜。甚至如晋惠帝问告歉岁者说"胡不食肉糜"之类，这时虽有谏官讲官亦无所用。昏淫暴虐，重刑恣杀，苛敛横征，滥用民力，一味向外，不知自反。试检史乘，几乎成一公例，而无可逃。

（二）民众一面——天下承平日久，人口逐年繁殖加多，而土地却不加广（不会向外侵略），尤其生产技术不见进步（这在中国文化里面是一定的，详后）。倘若连遭天灾（这是农业社会所最怕的），则大家吃饭问题便不得解决。此时再不能向里用力了——再向里用力，为生理所不许。而恰亦到了君主昏暴官逼民反时候，一经煽动，则饥民变为流寇，殆亦为历史定例。

（三）士人一面——不独君主、民众到一定时候各要发生问题，即在士人亦然。盖承平日久，爵禄弥觉可羡，熟软侧媚者日进，而高介之士沉隐于下。士风士习浸浸偷敝，一心贪慕于外，更无责任之自觉。于君主不能谏诤，或且助桀为虐。于社会不能领导，或且为一切败坏所自始。此验之于历史，亦几乎依时而可见。

社会秩序至此，无法维持，天下于是大乱。在大杀大砍之后，皇帝是推倒了，人民亦死伤无数。久之，大家都受不了这种痛苦。而人心厌乱。此时再有创业之主出来收拾残局，隐居不仕之士亦从其悲悯心怀，出而救民水火，而人口亦已大减，于是治道又可规复。一经休养生息，便是太平盛世。但承平日久，又要乱，乱久又治。此即中国历史上所特有的一治一乱之循环。①

当然这是极粗的说法。所谓乱世，固不仅指几次改朝换代而言。秦汉后，伦理本位职业分途之结构渐著，顺此方向，则条理昌明，而为治世。悖此方向，则结构为之破坏，失其所以相安者，便是乱世。至于干戈扰攘，鸡犬不宁，乃又乱之表面化耳。上文曾说，"中国历史就是这样逆转顺转两力相搏之历史"，又说，"治世乱世难于截然划开"，皆谓此。唯治乱之机，系于人心敬肆（或振靡）之间，则上下数千年无二致。在中国，恒见其好为强调个人道德之要求，实为此之故。此一要求既难有把握，则治难于久，而乱多于治，盖属当然。

---

① 夏曾佑著《中国古代史》第252页，有一段话可供参考：
中国历史有一公例：太平之世必在革命用兵之后四五十年；从此以后，隆盛约及百年。百年之后义有乱象；又酝酿数十年，遂致大乱，复成革命之局。汉、唐、宋、明，其例一也。（中略）大乱之后民数减少，天然之产，养之有余。而豪杰敢乱之徒，并已前死；余者厌乱苟活，无所奢望。此即太平之原理。若为君相者，更能清静不扰，则效益者矣。

二、不见有革命

中国历史自秦汉后,即入于一治一乱之循环,而不见有革命。革命指社会之改造,以一新构造代旧构造,以一新秩序代旧秩序,像资本社会代封建社会,或社会主义社会代资本主义社会那样。虽亦有人把推翻政府之事一概唤作革命,那太宽泛,非此所云。中国历史所见者,社会构造尽或一时破坏失效,但不久又见规复而显其用。它二千年来只是一断一续,断断续续而已,初无本质之变革。改朝换代不下十数次,但换来换去还是那一套,真所谓"换汤不换药",所以说没有革命。假如不是世界大交通,因西洋近代潮流输入而引起它的变革(如今日者),无人可想象其循环之如何打破。

若究问其何以不再有革命,则凡明白上来各章所说者,不难得其解答。但我们仍不妨多方以阐明之。

第一便应指证此乱与革命之不同。乱与革命之不同,上章曾说到:"此乱世迫害杂来,纷扰骚乱,不同于阶级革命有其一定之要求方向,及其划然之壁垒分别。"往者梁任公先生尝有《中国历史上革命之研究》一文[①],恰好可借来一用。他指出中国不同

---

① 见中华书局出版《饮冰室合集》之文集第5册。

于外国者七点：

（一）有私人革命而无团体革命。——此谓西洋革命类皆本于多数人之共同要求，而出之以团体行动；中国则自楚汉革秦命以来，其蓄谋、戮力、喋血、奏凯，率为一二私人之事。

（二）有野心革命而无自卫革命。——此如陈涉所说"苟富贵毋相忘"，项羽所说"彼可取而代也"，刘邦所说"某业所就孰与仲多"，皆显然可见；与西洋之迫不得已，起而自卫其生存权利者异。

（三）无中等社会革命。——近代西洋为中等社会之革命，世人所熟知。但中国革命或起自下层，如汉高祖、明太祖；或起自上层，如唐高祖之类；而起自中等社会者则缺乏。

（四）各地纷然并起而不单纯。——例如十七世纪英国"长期国会"时，革命军只克林威尔一派；美国独立战争时，只华盛顿一派；此外都没有纷杂不相统属之革命军。这便是单纯。但中国却照例是"群雄并起"了。

（五）时间比较要拖长。——此盖继第四点而来。即在推倒旧统治之后，还要削平其他并起的革命军，并群雄为一雄而天下乃定。每每这后一段时间，比之前一段还长。这似乎亦是西洋所无。

（六）革命阵营内之争颇多。——第五点已经就是革命阵营内之争，但还不止此。往往在同一派系之内，亦还要争杀。太平天国之失败，半由于此，人所熟知。事例甚多，此不具引。西洋唯法国革命有党派相残之事，其情形亦且与此有别。

（七）外族势力之消长有异。——中国每当国内革命时代，即外族势力侵入时代；综观历史，其关系暨结果可分五种：1. 革命军借外族势力以倒旧政府者；2. 旧政府借外族势力以倒革命军者；3. 属第一例而革命军与旧政府两毙者；4. 属第二例而旧政府与革命军两毙者；5. 革命军败后引外族以为政府患者。五者事例甚繁，不备引。然在西洋则法国大革命后，犹能力抗各国联军之干涉。

七点合起来，正见其为中国所特有的乱，而非所谓革命。革命是为了一阶级的共同要求向着另一阶级而斗争的，它既不是什么各人"逐鹿中原"，更不能这样分不清壁垒的乱斗。这明明是缺乏阶级，特见散漫，一人一家各求前途的职业社会，当其失去伦理秩序时，所表见之行为。除上面七点外，我们还可补充一点：即以"攀龙附凤"那句老话，可以见出他们是为了斗争而后成集团的，不同乎西洋革命是由集团而发出来斗争。他们是以一个领袖为中心，而形成的集团；领袖为本，团体为末。不同乎西洋之由集团中推出来一个领袖；团体为本，领袖为末——原来之第一点，必经此补充，方才明确。

更有好的证明：历史上每值天下大乱，往往有人率宗族戚党入山避乱，遂自成邑落者。如东汉末田畴之事，即其一例。据史书上说：

> （上略）入徐无山中，营深险平敞地而居，躬耕以养父母。百姓归之，数年间至五千余家。畴谓其父老曰：诸君不以畴不肖，远来相就，众成都邑，而莫相统一，恐非久安之道，愿择贤长者以为之主。皆曰，善。同金推畴。（中略）曰：畴有愚计，愿与诸君共施之可乎？皆曰，可。畴乃为约

> 束相杀伤犯盗诤讼之法，法重者至死，其次抵罪，二十余条。又制为婚姻嫁娶之礼、兴举学校讲授之业。班行其众，众皆便之。至道不拾遗，北边翕然服其威信。乌丸鲜卑并各遣译使，致贡遗，畴悉抚纳，令不为寇。（见《三国志·田畴传》）

孙夏峰先生（奇逢）在明末，亦有类似的事迹，不过规模或不逮。又梁任公先生尝述及广东花县人民自全于明末清初之事：

> 吾粤之花县，在明季盖为番禺之瓯脱地。流贼起，其民筑堡寨自卫。清兵入粤，固守不肯薙发，不许官吏入境。每年应纳官课，以上下两忙前汇齐置诸境上，吏临境则交割焉。一切狱讼皆自处理，帖然相安。直至康熙二十一年始纳土示服，清廷特为置县，曰"花县"。（中略）盖有明末遗老二人，如田畴者，为之计划主持。二老临终，语其人毋复固守，民从其言。吾幼时，先父尚能举二老姓名。（下略）①

这在阶级国家是不可能的。试问：若在阶级统治之下，旧统治行将被革命势力推翻，人们不是革命的，便是被革命的，两面正作生死斗争，谁能置身事外？像这整批整批的人超身问题之外，理乱不闻，究应作何解释？陶渊明《桃花源记》，是文章虚构，这却不是虚构。亦正为事实可能有此，乃有人涉笔而成文章。阶级国家不可能有此事，不是阶级国家的中国，在其消极散漫之中，乃一点不稀奇。革命虽不能避，乱则可以避。凡我所谓"社会秩序不假强制自尔维持"，我所谓"仿佛将以理性相安代武力

---

① 见《饮冰室合集》之专集第18册，《中国文化史·乡治章》。

统治",于此见其实例。我所谓"即社会以为国家,二者浑融莫分",此即其缩影。它较之整个中国,更逼近奥本海默所说之"自由市民团体"。中国的特质,在这些事实上充分透露。乱只是乱,不是阶级革命。比而同之,真乃昧昧!

历次外族入主中国时,如元代清代,好像相当构成了阶级统治,元末清末,似亦就近乎阶级革命。其实亦未能如此。外族要自居统治一面,而把中国变成阶级社会,必于两条路中择其一:一是把中国引入较高之工业经济,而自己掌握其资本;二是凭借武力支配一切土地,而把中国逆转到封建之世。假如他们具有近代西洋人之工业文明,则不唯清人以其近三百年之统治,即元人以其不足百年之统治,亦可能在前一路上成功,但他们都不是。他们的文明程度正要受中国同化,哪里能使中国同化于他们?在后一路上,虽元人受中国同化较少,其武力统治较强,其阶级形势较著,然元人一旦北去,中国还是中国,社会卒未因之变质。清人气魄逊于元人,而比较聪明,自愿接受中国文化。他满以为只须自己保持一"统治的武力集团"之地位,一切可以中国之道治中国。不晓得"以中国之道治中国",其社会构造(这是最主要的)不变,就和自己的打算恰相矛盾,而不得成功。一面虽有"跑马圈地"之事,而在全国比例上微乎其微,以视明代政治势力之支配土地且有逊。一面虽有满汉成见之存,而终须以考试制度登用士人,政治机会之开放不改于前代。[①]清祚之久,三倍于

---

① 清代中央各官署大小员缺皆汉满平分(清末始废)。外省官吏因无双缺、汉人且常占优势。梁任公《中国文化史》第五章附有顺、康、雍、乾、嘉、道、咸、同、光、宣各省督抚满汉人数比较表,可见。

元,其故在此。然经济、政治俱未形成垄断,则中国依然一职业社会。只是"八旗皆兵"糜饷以自养,日久浸归无用。不过数十年,对内对外用兵即转而依靠汉人。及至洪杨事起,此"统治的武力集团"早已成了废物。即常备汉兵(绿营)亦不中用,末后起来稳定其统治者,乃在汉族保卫乡土之乡勇团练(湘军淮军)。试问此时究竟谁是统治阶级,谁是被统治阶级,不亦甚难言乎!

试再就辛亥革命来看,大清帝国是这样大,其统治又这样久,又非遇到对外战争失败那种机会,乃竟于短短三四个月内,轻轻地就给推翻,讵非怪事!此无他,你若以统治被统治两大阶级各为其命运而作最后决斗来看,自然索解不得。那是没有这样容易的。你若晓得:它本未构成阶级统治,全国之中并没有两面确定相反的立场;社会内部形势流动散漫,而救国的民族立场又超过一切;此时革命主力寄于知识分子,而知识分子则通于统治之上层,代表清廷统治各省之封疆大吏,及其所恃为统治之具的武力,原不难于一转念间而赞成革命。则武昌举义,各省纷纷响应,一个月而大势已定,三四个月而完全解决,又何足怪!

异族统治本是造成国家一适当机会,直到异族统治而国家还造不成,则中国是社会而非国家,弥以决定。凡此皆就中国未构成阶级统治一点,阐明其没有革命之理。不过若就革命是"以一新构造代旧构造,以一新秩序代旧秩序"来说,辛亥一役应承认其为革命。它并且是中国封建解体后唯一之革命。自它以前社会构造未曾变过,自它以后,社会构造乃非变不可。克鲁泡特金在其名著《法国大革命史》上说:"一个革命的意义,是在几年之内迅速地扫荡那些已经在地上生了根几千百年的制度,使它倾覆和崩溃。"我们自辛亥以来,确是这样,今天我们尚在此一变革中,而正期待一新构造新秩序之出现。

于此又可指出二千年来所以不见有革命者,实为社会秩序社会构造寄于道德礼俗而非寄于法律制度之故。孟德斯鸠《法意》上说:

> 盖法律者,有其立之,而民守之者也;礼俗者,无其立之,而民成之者也。礼俗起于同风,法律本于定制。更定制易,变同风难。变其风者,其事危于更其制也。(见原书第十九卷十二章)

法律制度是国家的(或教会的,如中古教会所有者),而道德礼俗则属个人及社会的。法律制度恒有强制性,而道德礼俗则以人之自喻共喻自信共信者为基础。前者好像是外加的,而后者却由社会自身不知不觉演成。外加的,容易推翻它,自身演成,怎么推翻?凡推翻皆非无端而至,革命必由于矛盾发展。而这里却缺乏了内在矛盾。

何处社会无礼俗?但不像中国径为其社会构造社会秩序之所依托,而法律制度乃仅为其从属。礼俗从属于法制者,矛盾得礼俗之扶持,反之,如中国者,矛盾恰因礼俗而不立。何以言之?它既由阶级分解而使矛盾化整为零,由强变弱,更由伦理互以对方为重之义,而使彼此对立不起来。矛盾即因礼俗之不予承认而不立。由此易得调和妥协,就不致爆发为革命,这固然了。更要紧的,乃在矛盾虽不能就此解消,却使人常常抱着希望,致力于其解消(士人以伦理责勉君民双方,众人以伦理互勉及自勉)。解消得几分,固于礼俗益加肯定,即解消不了,亦归咎在人,谁能因此否定礼俗？这样，就使此共喻共信者数千年历久如一，从无翻案文章。社会构造不变，当然就无革命。法制虽间有变更，在此无关宏旨。盖从不越出传统礼俗范围，变于何有？历史上每次变法改制，皆发之自上，此即证明其变动所系不大。而每次大变乱之发生，亦从不闻其代表一种反对制度的大运动。此又证明其已是变无可变了。

即如辛亥革命，自一方面说，固不同于过去之变法改制而止，但至多亦只算得中国礼俗丕变之开端。必待"五四"新文化运动，直向旧礼教进攻，而后探及根本，中国乃真革命了。于此，孟德斯鸠有一句话正好适用：

> 礼俗者何？所习惯而公认为不可叛者也。苟一旦以为可叛，则其国乃无一存（下略）。（《法意》第十九卷十二章）

真的！中国至此，还存得有什么呢？不像这样，就不算变。然而这样的变，又岂是中国社会自己所能发生的？——不是世界大交通，从外面引发他变，一而再，再而三，不会有此。一面不这样不算变，一面这样的变，自己又不会有，此即上文所云变无可变了。①

---

① 中国之没有革命（社会历久不变），实由于其摄法制于礼俗之故。这在四十年前，夏曾佑先生已见到一些。夏为严译《社会通诠》作序。首先叹息自甲午以来言变法者其所志在救危亡，而沮变法者其所责在无君父。夫救危亡与无君父不同物也，而言者辄混。仿佛不可解。继提出一公例："宗教与政治附丽疏者，其蜕变易；宗教与政治附丽密者，其蜕变难。"而说中国自秦以来，政治与宗教既不可分，于是言改政者自不能不波及于改教。而救危亡与无君父二说乃不谋而相应，始胶固缭绕而不可理矣。未有旧教不裂而新政可由中而蜕者。中国之历数千年不出宗法社会，盖以教之故。——夏所云宗教，即我所说礼俗。

三、产业革命之不见

中国所以无革命之理，似乎已说了不少，实则尚未说到要紧处。要紧处在经济之停滞不进，产业革命之不见。此超过一切问题之大问题，实为中国之无革命之因，亦为中国无革命之果。这就是说：一面由于经济之不进，而文化和政治（礼俗、法制）不变；同时一面亦由于文化和政治之不变，而经济不进步了。正为两面交相牵掣，乃陷于绝地。必明白此中钤键，而后于全盘问题可以豁然无复疑滞，凡上文所说者亦有待此为补充，而后其义始明。

关于产业革命何以不见于中国之一问题，时流意见甚多，旧著于此，曾各加检讨，具见《中国民族自救运动之最后觉悟》，可备参考。[①] 今不拟作此类功夫，径直申明我之所见如次：

产业革命，指生产力发展到某一阶段而言。其中以机械发明，特别是蒸汽机等动力之发明为主要。唯物史观以生产力之发展，说明社会发展，原自有理。但不自觉地假定了生产力之发

[①] 见《中国民族自救运动之最后觉悟》第92—97页。唯原文作于1930年，所批评者自为当时流行之意见，其较后所发表者，自未论及。

展,好像不成问题。其实生产力岂能离开人而自行发展?而人之于此,却并不定相同。征之西洋中古人生与其近代人生,显然可见。生产是人对自然界之控制利用,而控制利用则得力于其对自然界之观察实验。生产力之发展,当然便是人类意识直接间接作用于生产活动之结果。于此,否定人生者与肯定人生者相较,沉溺于迷信玄想者与孜孜于考验自然者相较,其结果岂得一样?假如西洋没有近代人生一大转变,使人们意识密切结合于生产,谁能想象它会有十九世纪之产业革命,以至今天之物质文明?有人说现代一年间的技术发明,要多过于1750年以前一千年间的发明,这正为古今人生态度不同之故。(回看第八章)

人生态度影响生产力之发展,既不可否认,便要来看中国了。西洋近代人生与其中古人生相较,可说人生态度一大翻转。以中国人生态度与他们相较,恰似居于中间之一种,亦即因此而平平稳稳古今曾无变动。如我夙昔所作分判:近代西洋应属人生第一态度;其中古宗教应属人生第三态度;而中国则一向是人生第二态度。[①]请参看旧著暨下章,自悉其详。大致说来,他肯定人生,从不作出世禁欲等想,这就不同于第三态度,而接近于第一。但他又拒绝那种欲望本位向外逐物的人生,而偏于向里用力。这就不同于第一态度,而接近于第三。不过第三态度为宗教之路,此则为道德之路耳。对自然,他似只晓得欣赏忘机,而怠于考验控制。像所谓"人们意识密切结合于生产"者,这里恰恰不然,中国人的心思聪明恰没有用在生产上。数千年知识学问之

---

① 见《东西文化及其哲学》,暨《中国民族自救运动之最后觉悟》。

累积，皆在人事一方面，而缺乏自然之研究。殖产营利，尤为读书人所不道。我想：其经济之停滞不进，产业革命之不见，至少可从这里说明一半。

中国人心思聪明不止像上面所说，不用在求经济进步生产发展上，更有时遏阻之。此如历史上所称"奇技淫巧有禁"，如历代之贱商，商业商人所受箝制困辱，从法令到礼俗，说之不尽。又如历代屡有海禁，多守闭关主义，使交通不通，工商发展显受遏阻。除这些显而易见者外，还有许多间接不易见出的，类如前章所说伦理社会不适于资本主义之滋生苗长者，其为力更大。史不绝书之限田均田一类运动，同属此例，其间如西晋北魏以至隋唐，每励行授受，"不听卖易"，前前后后数百年，经济怎得尽其自然之发展？或者有人要说：这在西洋中古及其以前，又何尝没有。他们古时宗教不许人营利，中古一般政俗乃至工商自身制度，均束缚经济之自由发展，不过至近二百年始不然罢了。我们问答：问题正在这里！在西洋事属过去，即是遏阻未成；中国截至最近西洋风气输入前，始终未变其倾向，岂非终成遏阻？这与上面所说原是连贯的：西洋即由其中古之人生第三态度而来；而中国则发自其人生第二态度。末后他们由第三态度变换为第一态度，一切于生产力发展为不利的，已转向有利。但我们则始终持守其第二态度，一切不利于生产力发展的（从消极不用心到积极遏阻），一直延留至最后。——此即中西之大不同。

于是就要问：此不利于生产力发展的人生活动，何以在西洋末后就变了，而在中国竟不变？且究竟此不利于生产力发展的人生活动，缘何而来？

于此我先举亡友万民一先生之说[①]，他同我一样，认为唯物史观在解释历史一切发展上有所不足；但他不以人生态度立论。在他看，人类为生存，非要对付自然界以行生产不可，于是生产力从而发展，于是社会从而发展，这固自有理。但此实不过生存问题中之一养的问题而已。人类必以集体而生存。而任何一集体生命，总常要对抗其他集体而保卫自己。否则，便不得生存。此即一保的问题。同时此集体还要时时调整内部，而得其安妥。内部不安，亦是不能生存的。此即一安的问题。共为三问题。问题既不止一个，人类自非只向一面而活动。当其他问题吸引了人们心思活动时，就可能耽误其生产力之发展，甚至阻遏之。东西各民族历史之不能限定从一方向发展者以此。唯物史观只把握了一养的问题，实不足以解释一切。据他说：中国文化之特色，即重在解决安的问题，并且过分地把保和养两问题，亦当作安的问题来解决了，"不患寡而患不均"一句话，显然是把原属养的问题转移到安的问题上。其注重伦理上彼此顾恤，互相负责，其化阶级为职业，不使经济上趋于兼并垄断，种种都是实行把养的问题放在安的问题中。认为从安上即可得到养的问题之解决，而不重在向自然界进攻以解决养的问题。又如抱四海一家之天下主义，怀柔远人而同化之，即不从对外斗争上解决保的问题，却几乎把它当作对内之安的问题一样看待。中国人这样偏在安上作功夫，而不知对三问题分别处理，其结果当然就在养和保两问题上有很大

[①] 见万民一著《民生哲学的新认识》第一篇"论中国社会演进的特殊性"，佳林文化供应社出版。

失败。如人口繁增，即感土地不足以养。一切自然灾害（水旱疫疠）来了，皆无法应付。如每每受外族欺凌，乃至为其所征服统治，种种皆明白可见。尤其近百年对照着西洋人——其文化特色恰在向自然界进攻，暨对外为集体斗争——而形见其重大失败。然其失败是失败在养和保两种功夫之耽误（尤以耽误了产业革命失败最大），至如其安的功夫固未尝失败，而有很大成功。——成其民族生命扩大与延久之功。试从山川地形上看，从种族语言上看，皆非不能让中国分为若干民族若干国家者。而它卒能由人的情感之相安相通，化除壁垒隔阂，广收同化融合之效，形成世界无比之一伟大民族。对照着西洋来看，其一国或不抵我一省一县，其一族或不抵我一张姓一李姓。大大小小若干国若干族，纷纭复杂，斗争不绝，而莫望融合统一，则岂非彼此各有其得失成败？唯其功夫能收效——不止在安上收效，亦且在养和保上有不少成效——于是路子愈走愈熟，乃固执而不舍。于是路子愈走愈偏，乃于其所遗漏之一面竟无从补足。这就是中国经济不进步，生产力不发展之所以然。

万君之说，具有理致，未尝不近真。他与唯物史观同样看到人类求生存这一点上。但他却更看出人生要吃饭，还大有事在。人事关系没弄好，"虽有粟，吾得而食诸"？请看今天世界威胁人类的，是吃饭问题呢？还是饭如何吃的问题呢？是问题在人对自然界之间呢？还是在人对人之间？只看见人类同乎一般生物的那一面——对自然界求生存一面——显然太简单了。其次，把人事关系分为集体对内对外两面，亦大致不错。只可惜他的"三问题"，说来说去不出一生存问题，仍旧把人类看得太简单了。人类实已超出生物甚远，而有其无限之可能，因之，其问题亦无限。因而不能把人类活动，历史发展，限定在一个或几个问题上。他不晓得人类历史愈到后来，或人类文化愈高，便愈远于其生物性。三问题在人类文化史上地位先后不同，且亦非永远存在者。今天世界已渐渐要将保的问题摄收在安的问题中，而一旦人类合起来控驭自然界之时，则养亦即不复为问题所在。凡想要把握人类历史动因——贯乎历史全程的一个动因——而在历史文化研究上建立一普遍适用的理论，恐不免都是妄想。

然他以对内求安为中国文化特色，却是差不多。数千年中国人的心思聪明，确是用在人事上，而不用于物理，一"安"字正可综摄"修、齐、治、平"那一套。唯其在这里若有所见，而且见得太早，就出了岔子，而影响全局（全部文化）。万君虽不足以阐明中国经济不进社会不变之谜，我却不妨因他的意见之提出，而加引申以明之。——

首先我们从安的问题来看——

顺着自然趋向，人们的心思聪明原是为养的问题而用——用于奥本海默所谓经济手段，自己劳动于生产，或与他人的劳动为等价交换。乃至为奥本海默所谓政治手段——强把他人的生产无代价夺取——而用，亦同是很自然的。因一般生物总是要向外界争取养生之资；人亦是生物，除了他最亲的"自己人"而外，其他"人"与"物"最初是分不清的。不但古时欧洲海盗与商业不分，即在十七世纪与十八世纪间亦还是同样合法。[1] 这就是对外

---

[1] 见米勒利尔著、陶孟和译《社会进化史》，《万有文库》本第4卷第285页。

人如同对外物。人类从古以来，总是在自己圈内才有情理讲，在自己圈外就讲力（这是自古及今未曾变的真理）。无端地谁去理会什么安的问题？人之意识到安的问题，是一面遭遇另外一力量起来相抗，一面却又觉得不好或不能以对外物的态度对待之。此不好，或不能，就是肯定它在自己圈内，不像养的问题之对自然界，或保的问题之对外邦异族那样，可唯力是视，无所顾惜，亦无所顾忌。自己这圈愈大，就愈有安的问题，安的问题实现乎这圈的大小为比例。圈的大小，人世间万般不齐，难以一言尽。然而有两点是可说的：

（一）人类文化愈进，这圈愈放大。径不妨以其圈的大小，衡量其文化之高下。

（二）这圈之放大。通常却很少出于自动之一视同仁，而宁多由对方之争取得之。——此点最重要。

粗言之：由于人类心思聪明天天向自然界进攻，结果就知识日进，一切工具日利（参看第九章讲古今不同只在工具一段）。客观一面，彼此间关系既日以繁广，日以密切，其势乃不容不由斗力进而讲理。而主观一面，人亦经陶养得更理智更理性，两面合起来，便造成这圈的放大。一步一步放大，最后便到了世界大同，天下一家。试看眼前世界岂非正被事实造成 One World or None——"不和平即毁灭"，人们势须以理性相安共处，代替武装之自保，人类前途将只有安的问题而没有保的问题。又第八章讲过，理性要从阶级来，奥本海默亦有经济手段对政治手段步步制胜，最后完全清除之说，凡此皆可互相参证。人类历史正不外"自己人"或"同类意识"如何被动地逐渐放大之历史，理是产生在两力——力与力——之上的，是由事实发展而逼出的，不是人类理性演出来历史，倒是历史演出来人类理性。

像这样顺着自然趋向走，虽不免迂笨，却是有前途的，是可以走得通的一条路。而且事实保证了理性，步步踏实不虚。通常可说都是这样，而偏偏中国不这样走。它由亲亲而仁民，以家人父子兄弟之情推广于外，构成伦理本位的社会，自动地放大这圈。养的问题本在安的问题之先，而中国古人眼中宁多看见安的问题。安的问题原出保的问题之后，而中国古人襟怀，其对外亦有对内意味。万君指证其过分地把保、养两问题亦当作安的问题来解决，盖信有之。它实越出常途，走了捷径。顺着自然趋向走，就是从人所同乎一般生物的一面（向外争取养生之资）出发，然后慢慢转到人之所异乎一般生物的一面（理性）。而中国却是直从人之所以为人者，亦即人之所异乎一般生物的一面出发。出发点几乎便是终点。这样走，是走不出去的。中国文化发展与一般有异，全在此。试问不到"把人当人待"时候，有何人事关系之足重视？有何安的功夫之要讲求？而"把人当人待"，在一般皆力量均衡之结果，在中国宁发乎理性。这样就缺乏客观事实为保证，而不免于反复。中国历史表现，与一般有异，全在此。——此所谓"走不出去"，所谓"不免于反复"，看下文自明。

其次，我们再从安的功夫来看——

我们知道，集体对外自保固要用武力，即对内求安，照例亦少不得武力。武力统治是从古代奴隶社会经过封建社会，到近代资本社会，乃至现代向着共产而过渡的苏维埃，一直昭然存在之事实。古今前后分别，只在轻重隐显直接间接之有些不同。除从资本社会而下,可望轻减外,自封建而上,其武力都不得不重,不得不显,不得不直接。同时随着其阶级界别要严,亦有不待言者。然单单武力绝不足以获致安妥,此时宗教毋宁是更重要。阶级之发生,原在以生产劳动委诸一班人,而另一班人则以对外对内之武力为事。因此阶级界别,就在其劳动于生产与否。宗教在这里,主要是赋予阶级秩序以信仰价值,而不去究问其所以然。事实上,"行之而不著,习焉而不察",亦谁能理会其所以然?一切什么都是当然的。社会就这样在阶级矛盾中安妥下来。一般说,安的功夫只是如此(武力宗教合起来统治),岂有其他可讲求的?我们知道,养的功夫——农工生产——之被留意讲求而发达成学问,固然很晚,安的学问亦绝不早一步,或者可说更迟。然而奇怪的是中国远在二三千年前,却已留意到此而讲求之,以为士人的专业,亦为上层阶级的职责。这从孔子孟子对人问答话语中,明白可见。例如:

  樊迟请学稼。子曰:"吾不如老农。"请学为圃。曰:"吾不如老圃。"樊迟出,子曰:"小人哉,樊须也!上好礼,则民莫敢不敬;上好义,则民莫敢不服;上好信,则民莫敢不用情。夫如是,则四方之民襁负其子而至矣。焉用稼!"(见《论语》卷十三)

  子路问君子。子曰:"修己以敬。"曰:"如斯而已乎?"曰:"修己以安人。"曰:"如斯而已乎?"曰:"修己以安百姓。修己以安百姓,尧舜其犹病诸!"(《论语》卷十四)

  陈相见孟子,道许行之言曰:"滕君则诚贤君也;虽然,未闻道也。贤者与民并耕而食,饔飧而治。今也滕有仓廪府库,则是厉民而以自养也。恶得贤。"孟子曰:"许子必种粟而后食乎?"曰:"然。""许子必织布而后衣乎?"曰:"否,许子衣褐。""许子冠乎?"曰:"冠。"曰:"奚冠?"曰:"冠素。"曰:"自织之欤?"曰:"否,以粟易之。"曰:"许子奚为不自织?"曰:"害于耕。"曰:"许子以釜甑爨,以铁耕乎?"曰:"然。""自为之欤?"曰:"否,以粟易之。""以粟易械器者,不为厉陶冶;陶冶亦以其械器易粟者,岂为厉农夫哉?且许子何不为陶冶,舍皆取诸其宫中而用之?何为纷纷然与百工交易,何许子之不惮烦?"曰:"百工之事,固不可耕且为也。""然则治天下独可耕且为欤?有大人之事,有小人之事。且一人之身而百工之所为备;如必自为而后用之,是率天下而路也。故曰,或劳心,或劳力;劳心者治人,劳力者治于人。治于人者,食人;治人者,食于人。天下之通义也。(中略)圣人有忧之。使契为司徒,教以人伦:父子有亲,君臣有义,夫妇有别,长幼有序,朋友有信。放勋曰:"劳之,来之,匡之,直之,辅之,翼之,使自得之;又从而振德之。圣人之忧民如此,而暇耕乎?"(下略)(见《孟子》卷三)

彭更问曰:(中略)"士无事而食,不可也。"曰:"子不通功易事,以羡补不足,则农有余粟,女有余布。子如通之,则梓匠轮舆,皆得食于子。于此有人焉,入则孝,出则弟,守先王之道,以待后之学者,而不得食于子;子何尊梓匠轮舆,而轻为仁义者哉!"(下略)(见《孟子》卷三)

公孙丑曰:"诗曰'不素餐兮'!君子之不耕而食,何

也?"孟子曰:"君子居是国也,其君用之,则安富尊荣;其子弟从之,则孝弟忠信。不素餐兮,孰大于是!"(见《孟子》卷七)

像这样言论见解(还有许多未及征引的),出在二千数百年前,实为不应有的事。我说中国人理性早启,最好借此取证。试看:(一)在古代奴隶社会或中古封建社会,一般说来,没有不把生产劳动看成贱役可耻而回避之者。①然而从这里樊迟学稼学圃之请,和孔子的答语看去,意态却是何等明通?当时有学养之士,自甘劳动之事例不少(见第八章、第九章),皆可见出不甚有那种陋见陋习。(二)上层阶级之悠闲坐食,何处不认为当然?又谁能反省而致疑?然从这些问答看去,却竟然一次再次提出讨论,而且有许行一班人毅然倡与民并耕运动,以反对坐食。此其理性要求,又是何等明且强?(三)孔孟虽不以耕稼为士人之所尚,却绝不说人生来有贵贱,以肯定阶级;而只从社会分工原理,说明劳心劳力之分,不过为其兼营不来,而"安"与"养"乃不得不通功易事。试问更有何处封建社会看得见如此言论?(四)最特别的,自是其所讲安的功夫,尽在"修己以安人"一句话。请问这是什么?这是武力吗?这是宗教吗?明明白白完全不落封建蹊径。孔门之所讲求,可为一大表征;传至后来,就有所谓"修、齐、治、平"之一套,有所谓"内圣外王"之学。后此二千余年中国士人在社会上之职分功用,和"仿佛将以理性相安代替武力统治"之局面,皆自此开出。而追溯上去,当又有

---

① 详见范伯伦(T.Veblen)著、胡伊默译《有闲阶级论》,中华书局出版。

为孔子开其先者。大约从古社会内部形势，即必有以导致此种启悟，而理性之启，更转促社会形势之缓和。如是互为因果，循环推进，发展不已。遂使此土社会风气不同于他方，不是任何个人之功，亦莫究其端始。参看第九章所讲中国封建阶级自行融解一段，可资互证。（五）"修己以安人"，安人的功夫，只在修己。他如所谓"其身正，不令而行""苟子之不欲，虽赏之不窃"皆是一个意思。总之，不在向外寻觅方法，却须把心思聪明反身向里用。"修、齐、治、平"要以修身为本，且必求之于"格、致、诚、正"。孔孟所讲求的自是践形尽性之学。若以为中国古人所见只在安的问题，孔孟所讲只在安的功夫，未免浅隘，犹未得其根本。根本上是中国古人于人类生命之可贵，亲切地有所认识，乃有个安的问题在其怀抱。又于践形尽性之不易，深切地有所认识，而后修己功夫乃重于一切。事实上既不能外于人而有己，修己安人乃连成一片。此中学问功夫，说简易亦甚简易，说无穷，亦复无穷。现代学术虽云发达，于此尚无所窥，而中国人除非数千年白活了，否则，其贡献正在此。由此我所以说它理性早启，文化早熟。

然而岔子就出在这里！好像另一面门窗大辟，人们的心思聪明被领导着向养的问题以外用去，而回不来。分析言之，其重要关键有二：

一是化阶级为职业太早，而且很近理。——国家亦许最后被废除，但政治仍自有其不废者在。那时政务将是由阶级之事，变而为职业之事。所以中国封建解体，把政务由阶级的转化为职业的，乃是一进步的趋向，很接近于最后之理。唯其前进太早，条件不够，所以只是趋向于此，而不能完成其事。唯其很近于最后之理，所以就不易改变。我们说它近理，抑又不止此。劳心者务明人事，劳力者责在生产，安与养乃通功易事，各有其所专，这不是很合理的吗？像许行要与民并耕，虽出于理性要求，却不免开倒车。像一般之阶级剥削，虽符于进步趋向，却又乖乎启蒙之理性。试问除了今天科学技术大进，发见人类可役使机械生产，不再靠人类体力外，谁能预先知道还有劳心劳力竟可合一之更好的理想呢？所以这在当时的中国（理性渐启而生产技术尚拙），实为唯一合理，更无可代替之理想。唯其合理，就为此大社会所趋求；唯其无可代替，遂一成而不变。二千多年来就在这一直不变的划分之下，把生产之事（养的问题）划出劳心者注意圈外。然而这一部分人，恰是比较有心思聪明的，又有暇运用其心思聪明的，更且有其工具设备（文字图书等）以助其心思聪明之用的。把生产之事划出他们的注意圈外，就等于划出这伟大优秀民族的意识圈外。因在劳力者们，本是劳力，自少用心，兼以其聪明不高，空暇有限，工具设备缺乏，尽管天天在对付这些事，亦属徒然。特别是他们不易超开了眼前需用而用心思，就杜绝了理智之深入与开展，杜绝了科学之路。偶有心得，却绝开不出什么前途。

一是人们心思聪明转向里用太早，却又甚必要。——劳心者务明人事，却非研究社会科学之谓，而是如上文所说"修己以安人"。人的耳目心思生来是为向外用的，要它从理会外物者转而理会到自身生命上，这在个人偶尔亦可能，在社会成风气，则必待末后文化进至某阶段，乃得有此（看下章）。所以中国实是太早了一步。此时由于未曾彻底向外用过一番心,先有自然科学社会科学(特别是生物生理心理等学问)为基础或佐助,遽然向自身生命上理会,乃易有迷误,每每纠缠不清(指性理之学)。同时,这一理会原本亦无穷无尽。于是人们心思聪明仿佛入于无底深渊,一往而不返。此时不独返转向外不易,就令向外用心,亦不会在学术上再开出科学之路(其理后详),如近世西洋者。更须认清:其社会秩序既寄托于个人道德,其社会构造已形成"自天子以至于庶人壹是皆以修身为本"之局,向里用心乃时刻所必要。此种必要始终存在,人们心思即始终被引向里去。对外物纵然亦有些辨析考察,只在肤表,不能深入。

由吾人向外看去,一切皆物。此物固自无穷无尽,但吾人自身生命正复是一"无尽藏"。过去印度人擅长向里发掘,今世西洋人最能向外攻究。中国人却由上述二重关键,一面开了向里之门,一面阻其向外之路,特别形成其一种反身切己理会的风气。其正面成就得什么,非此所论。其负面最大结果,便是:物的考验长久地止于肤表,从而所以控制利用之者就很浅。此其限制生产技术之进步,虽云间接地,却是根本地,硬是使他无从再进一步。其他相缘俱来之结果,如:人生向外逐物之势,彼此竞争斗争之势,皆大为减杀。在己则易于知足以至自得,对人时见有公平与恕道。又如:理欲之争,义利之辨,自古为思想界之大问题,亦殊影响于社会人生。又如:物理不明(科学缺乏),福命无定(职业分途),许多宗教迷信乃在中国人生活上不知不觉据有很大势力。又如:在政治上势必落于消极无为。类此者,皆消极地或积极地,直接地或间接地,遏阻其社会经济之进步,可无待言。

再深切地来说,"化阶级为职业""修己以安人""心思转向里用"……这一切都有理想成分在内,并不全是事实。事实上常不免职业逆转到阶级,常不免既不修己亦不安人,乃至心思亦并不转向里用。那么,似乎是不能遽尔断言其结果如何了。然而不然。要知道一切具有理想成分的,就是中国的治道。它从理性早启,以至蔚成礼俗,当初既非顺着自然趋向来的,便与生产力自然发展之路岔分开,而且从此总是岔分着。生产力发展之所以受牵阻在此。治道既时时为人们所趋求,以蕲成为治世,那么,亦就时时牵阻了生产力之发展。至于事实不如理想之时,似乎治道放松,牵阻可免。而不知其时人心便流于放肆,社会逆转于封建,还不及收促进生产之功,已陷于乱世而破坏了生产。顺转不行,逆转亦不行,进退两无所可。于是生产力发展之受阻滞,乃与中国历史相终始。同时,其历史亦就在一治一乱之循环中度过,不见有革命。

总结言之:一面由理性早启,文化早熟,社会构造特殊,而中国之不发生产业革命其势决定;更一面由中国不发生产业革命其势决定。那么,当然其社会构造亦就变不出什么来。而社会构造愈不变,其不发生产业革命之势愈决定,从而其社会亦愈不变。如是两面绞扣,互相牵缠,动转不得。这就是中国经济停滞不进,社会历久不变之理。

第十二章 人类文化之早熟

一、中国何故无民主

第一章中，曾以"民主"要求之不见提出，及其制度之不见形成，列为中国文化特征之一（第九特征）。上文既把中国社会构造不变之理，说了许多，则读者于此一问题谅亦可有所体会。不过我们将更为阐明之如下。——

且先问：何谓民主？民主是一种精神，在人类社会生活中并不难看见；它原从一根本点发展出来，而次第分析之可有五点：

（一）我承认我，同时亦承认旁人。我有我的感情要求、思想意见，种种；旁人亦有他的感情要求、思想意见，种种。所有这些，我都要顾及，不能抹杀，不能排斥之，灭绝之。——这是第一根本点。若"有己无人"，便是反民主。

（二）从承认旁人，就发展有"彼此平等"之一精神出现。在团体内，则"大家平等"，若"唯我独尊"，便是反民主。

（三）从彼此平等，就发展有讲理之一精神出现。人们彼此间遇有问题，要依理性解决。什么事大家说通，你亦点头，我亦点头，就行了。不能硬来，不能以强力来行己意。凡不讲理，而以力服人者，都是反民主。

（四）从平等讲理，就自然有"多数人大过少数人"之一承认。凡事关涉众人，就要开会商议，取决多数；其中涵义，实综合以上四点而来。民主之"民"，正指多数人说；民主之"主"，则有多数人作主体，作主张，作主动等意思。

（五）尊重个人自由。——这仍是根本于第一点而来。大家的事，固应大家共同做主；若一个人的事，于他人无涉者，就应让他自己做主，不得干涉。此中自有分际，必须认识。任何一个人意志不容被抹杀，虽公众亦不能抹杀之。

民主的涵义，粗举其要似不外此五点。然却须声明：

（一）民主是一种精神或倾向，而不像是一件东西，所以难于斩截地说它有没有。它表见得一点，就算民主；表见得多，更算民主。反之，表见得少，就是不够民主；假如缺的太多，就是反民主。它在正面负面一长一消上见，在彼此比较相对上见，而非绝对如何的事。

（二）民主精神总是最先见于较小的生活圈内，即最先对他"自己人"见出民主精神来。但若于此外不能推广来用，则亦等于零耳。人民主精神偶一流露，并不难；难在恒久。所以非在较大范围成为风气习俗者，例不能以民主许之。

（三）上列五点——承认旁人、平等、讲理、取决多数、尊重个人自由——都是从一根本精神所表现。精神是一，因而各点容易相连而见；但各时各地社会生活却多不同，因而其所表现者就有出入，又非必五点齐备。如世人所知，英美与苏联互有短长，即是其例。甚至就在同一点上，亦且各有各的表现，绝不一样。与其执此而非彼，不如善观其通。

明白这些，然后可以来论中国。中国人生活上自有其民主精神，读吾书者前后寻绎，应不难大致看出。"己所不欲，勿施于人"之恕道，即其第一点精神之表见。再以中国社会（缺乏阶级）与欧洲中古社会（有阶级）相较，与印度社会（阶级多且严）相较，将见其第二点之精神。特别是第三点，最为中国之所长——中国人最爱讲理。通常之说中国无民主，盖指其缺乏第四第五两点。即：遇事召开会议取决多数之习惯制度未立；划清群己权界、人己权界之习惯制度未立。前者可说就是缺乏政治上之民主；特别是民有、民享、民治三点中，缺乏民治（by the people）之一点。后者可说就是缺乏近代法律上之民主，特别是缺乏个人本位权利观念。一句话总括：中国非无民主，但没有西洋近代国家那样的民主。

中西何为如是不同？历史所示分明两条路线。西洋之政治和法律，早于古代海国城邦见其端倪。其次，则基督教会又有千余年更好陶冶：在教会之中，个个人都是同等的，直属于团体；破除家长家族之间隔。最后则经过中古后期之自由都市，培养出近代国家。在近代国家稳定进步之中，乃更发展了其政治和法律。——这就是沿着集团生活偏胜所走出的一条脉路。但家族生活偏胜，又演为伦理社会如中国者，却天然缺乏政治其事，法律其物。梁任公先生所指出，"中国有族民而无市民""有乡自治而无市自治"（见第四章），乍看似不得其解者，真乃有确见。中国乡党成于家族。乡自治即族自治，依人而不依地，原不是真的集团（见第四章）。任公所述其家乡自治状况[1]，正是其一代表例。看那种规模条理，看那种业务经营，岂不很好很好？但它一则不能移植于都市，二则它若扩大到一千五百户以上，或一万人口以

---

[1] 梁任公《中国文化史·乡治章》述其家乡自治概况，原文如次：

　　吾乡曰茶坑，距崖门十余里之一岛也。岛中一山，依山麓为村落，居民约五千。吾梁氏约三千，居山之东麓，自为一保。余余、袁、聂等姓，分居环山之三面为二保，故吾乡总名亦称三保。乡治各决于本保，其有关系三保共同利害者，则由三保联治机关法决之。联治机关曰"三保庙"，本保自治机关则吾梁氏宗祠"叠绳堂"。自治机关之最高权，由叠绳堂子孙年五十一岁以上之耆老会议掌之。未及年而有"功名"者（秀才监生以上），亦得与焉。会议名曰"上祠堂"（联治会议则名曰"上庙"）。本保大小事，皆以"上祠堂"决之，叠绳堂置值理四人至六人，以壮年专管会计，其人每年由耆老会议指定，但有连任至十余年者。凡值理虽未及年，亦得列席于耆老会议。保长一人专以应官，身份甚卑，未及年者则不得列席耆老会议。耆老及值理皆名誉职，其特别权利只在祭祀时领双胙，及祠堂有燕饮时得入座。保长有体给，每年每户给米三升，名曰"保长米"，由保长亲自沿门征收。耆老会议每年两次，以春秋二祭之前一日行之。春祭会主要事项为指定来年值理，秋祭会主要事项为报告决算及新旧值理交代。故秋祭会时或延长至三四日。此外遇有重要事件发生，即临时开会。大率每年开会总在二十次以上，农忙时较少，冬春之交最多。耆老总数常六七十人，但出席者每不及半数，有时仅数人亦开议。未满五十岁者只得立而旁听，有大事或挤至数百人，堂前阶下皆满。亦常有发言者，但发言不当，辄被耆老诃斥。临时会议其议题，以对于纷争之调解或裁判为最多。每有纷争，最初由亲友耆老和解，不服则诉诸各房分祠，不服则诉诸叠绳堂。叠绳堂为一乡最高法庭，不服则讼于官矣。然不服叠绳堂之判决而兴讼，乡人认为不道德，故行者极稀。子弟犯法，如聚赌斗殴之类，小者上祠堂申斥，大者在神龛前跪领鞭扑，再大者停胙一季或一年，更大者革胙。停胙者逾期即复，革胙者非经下次会议免除其罪，不得复胙。故革胙为极重刑罚。耕祠堂之田而拖欠租税者停胙，完纳后即复胙。犯窃盗罪者缚其人游行全乡，群儿共噪辱之，名曰"游刑"。凡曾经游刑者，最少停胙一年。有奸淫案发生，则取全乡人所蓄之豕悉行刺杀，将豕肉分配于全乡人，而令犯罪之家偿豕价，名曰"倒猪"。凡曾犯倒猪罪者，永远革胙。祠堂主要收入为尝田，各分祠皆有，叠绳堂最富，约七八顷。凡新淤积之沙田皆归叠绳堂不得私有。尝田由本祠子孙承耕之，而纳租税约十分之四于祠堂，名曰"兑田"，凡兑田皆于年末以竞争投标行之，但现兑此田不欠租者，次年大率继续其兑耕权，不另投标。遇水旱风灾则减租。凡减租之率，由耆老会议定之，其率便为私人田主减租之标准。支出以坟墓之拜扫、祠祟之祭祀为最要。凡祭皆分胙肉，（转下页）

上，便难保其良好秩序。都市是五方杂处，依地不依人，像那种依于家族伦理关系以为组织运用者，便用不上。而单位大了，人数多了，必须用法，用礼便嫌不足，但它原是用礼的。此即见其本质上有异乎集团，而其所可能有之团体生活不越乎是。像三国

（接上页）岁杪辞年所分独多，各分祠皆然。故度岁时，虽至贫之家皆得丰饱。有乡团，本保及三保联治机关分任之，置枪购弹，分担其费。团丁由壮年子弟志愿补充，但须耆老会议之许可。团丁得领双胙，枪由团丁保管（或数人共保管一枪）。盗卖者除追究赔偿外，仍科以永远革胙之严罚。枪弹由祠堂值理保管之，乡前有小运河，常淤塞，率三五年一浚治。每浚治，由祠堂供给物料，全乡人自十八岁以上，五十一岁以下，皆服工役。唯耆老功名得免役，余人不愿到工或不能到工者，须纳免役钱，祠堂雇人代之。遇有筑堤堰等工程亦然。凡不到工又不纳免役钱者，受停胙之罚。乡有蒙馆三四所，大率借用各祠堂为教室。教师总是本乡念过书的人。学费无定额，多者每年三十几块钱，少者几升米。当教师者在祠堂得领双胙。因领双胙及借用祠堂故，其所负之义务，则本族儿童虽无力纳钱米者，亦不得拒其附学。每年正月放灯，七月打醮，为乡人主要公共娱乐。其费例由各人乐捐，不足则由叠绳堂包圆。每三年或五年演戏一次，其费大率由三保庙出四分之一，叠绳堂出四分之一，分祠堂及他种团体出四分之一，私人乐捐四分之一。乡中有一颇饶趣味之组织，曰"江南会"，性质极类欧人之信用合作社。会之成立，以二十年或三十年为期，成立后三年或五年开始抽签还本，先还者得利少，后还者得利多。所得利息，除每岁杪分胙及大宴会所费外，悉分配于会员（乡中娱乐费，此种会常多捐）。会中值理，每年输充，但得连任。值理无俸给，所享者惟双胙权利。三十年前，吾乡盛时，此种会有三四个之多。乡中勤俭子弟得此等会之信用，以赤贫起家而致中产者盖不少。又有一种组织颇类消费合作社或贩卖合作社者。吾乡农民所需主要之肥料曰"麻麸"，常有若干家相约以较廉价购入大量之麻麸，薄取其利以分配于会员。吾乡主要产品曰"葵扇"，曰柑，常有若干家相约联合售出，得较高之价，会中亦抽其所入之若干。此等会临时结合者多，亦有继续至数年以上者。会中所得，除捐助娱乐费外，大率每年终，尽数扩充分胙之用。各分祠及各种私会之组织，大率模仿叠绳堂。三保庙则取叠绳之组织而扩大之。然乡治之实权，则什九操诸叠绳堂之耆老会议及值理。

旧日之乡村社会生活，最为今日所当研究。顾前人则以习见而鲜加记载，或散碎不得肯綮。此文于其组织制度、机构运用、办理事项、社会制裁、争讼公断、征工服役、地方保卫、公共娱乐、经济合作、子弟教育等，均扼要叙出，实为极宝贵之材料，故全录于此。

之田畴，明末之花县（见第十章），皆因特殊机会，偶一表见，要它维持长久，或扩大范围，都是不可能的。老实说，这些社会生活并不缺乏民主——其内部秩序不恃武力而恃理性，即其诚证。而因其不能成为强大集团，却实缺乏政治——政治和法律全是强大集团所有事。要它扩大或持久，就必须增加武力成分，那亦即是历代建立王朝之路。然而就令如彼，其政治不依然是落归消极无为吗？根本上中国是无数家族借伦理联锁以成之社会，纵然增加武力成分，亦还变不成阶级统治之地缘国家。它借礼教维系一消极相安之局，就在这一瞬间，一面有几分民主，一面却断送了政治。任公先生说"西洋人之市自治为其政治能力之滥觞，而中国人之乡自治为其政治能力之炀灶"，其论精湛无比[①]。归结来说：中国不是缺乏民主，乃是缺乏集团生活，缺乏政治和法律。或者说：中国非因缺乏民主而缺乏其第四第五两点，其缺乏于此，实以缺乏集团生活之故。

以上只是笼统说，以下更就第四第五两点分别说明其不见于中国之所以然。

[①] 由于中西历史事实所在，卒使任公先生觉察"中国有族民而无市民""有乡自治而无市自治"，并指出西人之市自治养成其政治能力，中国人之乡自治却断送其政治能力。但于家族生活偏胜与集团生活偏胜之两条脉路，先生犹辨之未明，虽为此言，不能深识其义。

二、人权自由之所以不见

人权自由之观念，诚非中国所有。然从其初输入中国时，人们之不感兴趣，维新家之以为非急务，革命家且嫌过去自由太多（以上均见第一章），种种看来，就可知道事实上中国人未尝不自由，只是观念不明。或者说：中国人恰介于自由不自由之间——他未尝自由，亦未尝不自由。这种怪事，从下文可以明白其所以然。

这必须借镜于西洋：人权自由之著见于近代西洋人之间，乃是由于近代人一个个都强起来，使你不得不承认他。旧日梁任公先生有几句话，说明得好：

> 前此唯在上位者乃为强者，今则在下位者亦为强者。……两强相遇，两权并行，因两强相消，而两权平等，故可谓自由权与强权本同一物。（见《饮冰室自由书》，《饮冰室专集》第二册）

> 自由者，人人自由而以他人之自由为界。譬之有两人于此，……各扩充一己之自由，其力线各向外而伸张。伸张不已，而两线相遇，两力各不相下，而界出焉。……苟两人之力有一弱者，则其强者伸张之线必侵入于弱者之界，其自由

即不能保。(同见前书)

个人为自由之主体,自由为个人之无形领域,言自由固不得不以个人来说。然而从人类历史上看,自由之受屈抑,并不开始在此一人对彼一人之间,而是在集团对集团之间,集团对其分子之间的。恒为自由之敌者,是作为代表一集团之权力机关——这在国家就是政府。所以小穆勒的《自由论》(严译《群己权界论》)上说:"其君所守之权限,其民所享之自由也。"前在第九章,根据西洋历史所讲"民主期于尊重人权,而始于限制王权"一段,正亦指明问题出在阶级对阶级之间,问题之解决尤必待阶级起来相抗,个人是抗不了的。此时固然要个人强起来才行,但既不可能是某一个人先强起来,亦不可能是所有个人普遍同时强起来。乃是其间一部分之个人先强起来的,这就是所谓新兴阶级了。社会形势至此一变,个人自由乃借阶级相角之均势而得以保障。新兴阶级本由经济进步而来,经济继续进步,阶级更有兴起(第四阶级),个人强起来的又以加多,享有自由者随而增广。末后可能有一天,所有人们普遍强了起来——人人知识能力都很高很高——亦就普遍自由了。这是从西洋过去社会形势发展上,可以望见之人类前途。

前讲民主始于承认旁人,今亦可说:民主始于不得不承认旁人。承认旁人,出乎自己理性,不得不承认旁人,正由这种社会形势使然。由外而内,从事到理,西洋之路如此,或者一般亦都是如此。我们在前既曾指出过:

> 理是产生在两力——力与力——之上的,是由事实发展而逼出的,不是人类理性演出来历史,倒是历史演出来人类理

性。(第十一章)

中国恰好不然。中国恰好是先自动地承认了旁人。为何能这样呢？要知"行于家人父子夫妇之间者为情，而存于集团与集团之间、集团与其分子之间者为势"（第十章）。在情如一体之中，时或忘了自己而只照顾旁人。周孔因之以为教化，就推演而成中国之伦理社会。伦理社会彼此互以对方为重，早已超过了"承认旁人"那句话。这明非形势所使然，而且就此遮断了形势之路。形势乃因彼此相对，两力相较而见。在伦理社会一切都是情谊之中，形势盖已被化除，无从得见了。但当我们推家人相与之情以及于社会国家，把阶级消融于伦理之时，集团生活偏胜之西洋人却把集团与集团相对之势，集团与其分子相对之势，推演到此一人与彼一人之间，虽父子夫妇不免相对起来。梁任公先生尝叹息说：

> 权利观念，可谓为欧美政治思想中之唯一原素。——乃至最简单最密切者如父子夫妇相互之关系，皆以此观念行之。此种观念入到吾侪中国人脑中，直是无从理解。父子夫妇间何故有彼我权利之可言？吾侪真不能领略此中妙谛。（梁启超著《先秦政治思想史》，第147页）

还有遍游欧美的孔大充先生数道其感想：

> 中国人是泥与水（混在一起），西洋人是钢铁与石头（硬碰硬）。
>
> 中国人的劲儿，就是一个"混"字，而西洋乃深得一"分"字。（见孔著《大地人文》，战地图书公司出版）

中西显然是两回事。事实上中国人未尝不自由，但人权自由观念却不得明白确立，就是为此。——这就是中国社会之为伦理本位那一面来看，它没有像西洋那样的社会形势，先叫人失去自由，再叫人确立其自由。

但决定中国人不得确立其自由的，更在其社会之为职业分途的那一面。何以言之？中国虽说融国家于社会，颇不像一国家；然其为国家，终不可免，是一个国家，便少不得强权势力。尽管收敛而不多用，亦还是用。临到这时候，形同散沙一盘的中国人，缺乏阶级以相对抗：限制王权的话，始终喊不出来。每个王朝只有等待它失尽人心，自行倒毙，总不能形成一种均势以立自由。这是从封建毁于士人，阶级化为职业以后，所必有之结果。伦理本位使中国人混而不分，不成对立，不过使自由不得明确而已。而遇着对立时候，又无可以对立者（个人抗不了），则自由不立，此职业分途之局实决定之。

以上皆就社会形势说话。因为西洋是借社会形势之发展，开出其个人自由的，故亦从社会形势之有异，来说明中国。然中国所以不见有人权自由，第一还是受阻于其特殊之人生理念，他的路与西洋相反，宁是由内而外，从理到事的。即其社会形势之有异，亦无非由于理性早启而来。

在中国，根于理性而来之理念有种种，而要以两大精神为中心：一则向上之心强——亦称"人生向上"；又一则相与之情厚——亦称"伦理情谊"。第七章因讲人类理性，而讲到中国民族精神社会风尚，皆曾提出说过。人权自由首先就从这里发生不出来。这并不难明白。当你明白人权自由如何发生在西洋近代人生活中，就明白它如何不发生在过去中国人生活中。

西洋近代人生是其中古人生之反动。中古人生特征有二：一是宗教笼罩了一切，而其宗教又是倾向出世禁欲的，二是生活于集团之中，而其集团又是干涉过强的。一个人从心到身，就被这样"双管齐下"管束着。自宗教改革以来种种运动，如世所称"个人觉醒"的，要无非一个人感情、要求、思想、意见被压抑被抹杀之反抗。前说"一个个人强起来"，指此。对集团则抬高个人地位，反干涉而要自由——首先是信仰自由。对宗教则翻转来肯定了欲望，而追求现世幸福。当此之时：（一）自由就是幸福；（二）倘没有自由，又何有幸福？在强烈要求下，自由于是确立。但在中国，其历史路线、文化背景恰有不同。它恰不像出世宗教那样，把现世人生看得可贱，而相反地乃是看得非常可贵，要郑重地生活去，唯恐有所亏失。如所谓"食无求饱，居无求安"者，个人欲望既在所屏斥，现世幸福亦不足尚。在人自己则以就正有道，求教高明为心；在社会或国家则以明礼义，兴教化为事。试问：于此谁能说"我的事，由我自己，你们不要管"！？一面这里没有像西洋那样过强集团，逼得人非提出这种消极性的自由要求不可；更一面这里充满着大家相勉向上之积极精神，早掩盖了它，不好提出。就为此，人己权界、群己权界数千年始终混含，难得确立。①

在另一面，其所以教化为第一大事者，又是由家族中亲长对子弟那种关系衍下来的。亲长要对子弟尽其教导责任，乃是文

---

① 张东荪先生于所著《理性与民主》一书中，曾说"西方因为与教化不生直接关系，所以会引出平等自由等概念来，而中国则因为必须有待于教化，逢不发生平等与自由两概念"（见原书第三章"人性与人格"）。其言足资参考印证。

化得以继承之本，而为社会生存所攸赖。教导之内容，固不少属于生活之手段方法技术一面的，但重要更在其属于人生规范价值判断之那一面。在伦理社会，既仿佛一切都是此一人对彼一人之事，社会秩序条理寄于各人之私德，私德遂为其所注重。似此注重私德之教化，即是上而国家政府下而乡里自治所有事，中国人的自由大半断送于其中。记得清末草定新刑律，和奸为罪不为罪，是当时新旧派最大争点之一。这问题把中西之不同正好显示出来。从西洋来看：（一）饮食男女，人生之幸福在此；（二）个人之事于他人无干，于公共无碍者，即有其自由，国家不应过问。根据这两点，无配偶之男女只要彼此同意，则他们所为即属其个人之自由，有何罪名可立？并且若有人妨害他们这种自由，国家还应当为之保障。倘国家而干涉及此，乃无异干涉人家饮食那样荒谬！但中国人的观念和推理却有别：（一）饮食男女，人生本色；但行之自有其宜。如只求欲望满足，不问其他，则亏失理性，下同于禽兽。（二）男女居室，一切伦理关系所由造端，故曰"人之大伦"；于此不知郑重，其所给予社会之破坏影响实大。（三）有子弟而不教，则为之亲长君师者，所为何事？教化有不及，则刑罚从之，其动机仍在教化。于是就在"出于礼则入于刑""明刑弼教"之理论下，虽和奸亦不能不为罪了。西方盖各有其足以自信之理念，作为其不同文化之支点。

自由——一个人的无形领域——之不立，实为向上精神所掩盖，略说如上。但其为伦理情谊所掩盖，似更有力，在伦理情谊中，彼此互以对方为重，早已超过了"承认旁人"那句话，而变成"一个人似不为其自己而存在，乃仿佛互为他人而存在者"，信有如张东荪先生所指的 dependent being（见第五章）。在以个人为本位之西洋社会，到处活跃着权利观念。反之，到处弥漫着义务观念之中国，其个人便几乎没有地位。此时个人失没于伦理之中，殆将永不被发现。自由之主体且不立，自由其如何得立？在西洋近代初期，自由实贵于生命，乃不料在中国竟同无主之弃物！

　　中国文化最大之偏失，就在个人永不被发现这一点上。一个人简直没有站在自己立场说话机会，多少感情要求被压抑，被抹杀。五四运动以来，所以遭受"吃人礼教"等诅咒者，事非一端，而其实要不外此，戴东原责宋儒理学："人死于法，犹有怜之者；死于理其谁怜之？"其言绝痛。而谭复生（嗣同）所以声言要冲决种种纲罗者，亦是针对这一类的理念而发。不知者以为中国桎梏于封建，其实封建不过依恃于武力与迷信，植根甚浅，何足以久存？久据中国而不可去者，是伦理理念。理念虽后天形成，而在人类理性中远有其根，终不可拔——只可修正。自由是一种理念，产生于西洋历史，曾被认为自明之理，俨若神圣而不可犯。伦理是另一种理念，产生于中国历史，其若为自明与神圣亦同。中国正为先有这种理念起来，所以那种理念便起不来。虽起不来，而中国人未尝不自由。害就害在这"未尝不自由"上，从此便难得有明确之自由。

三、民治制度之所以不见

遇事开会，取决多数，是谓民治。例如今之英国美国，每当大选之时（在英为国会选举，在美为总统选举），真所谓国事决于国人。在中国虽政治上民有民享之义，早见发挥，而二三千年卒不见民治之制度。岂止制度未立，试问谁曾设想及此？三点本相联，那两点从孟子到黄梨洲可云发挥甚至，而此一点竟为数千年设想所不及，讵非怪事？此其故，亦要从人生理念社会形势两面言之。——

中西理念各有它的背景来历不同：西洋之民治，盖从其集团生活来的，但中国人则过着家族生活。遇事开会集议，正是生活在团体中自尔养成之一种习惯，生活在家族中，却不必然。他的习惯，宁是父兄领导于前，子弟迫从于后了。民治之在西洋，可以说早有的，并不始于近代。反之，在中国从古就不大看见[①]，亦不必待后来始然。这大约就为一则集团生活偏胜，一则家族生活偏胜，彼此分路是很远很远的事了。复次，则基督教义之于他

---

① 《周礼》小司寇，有掌外朝之政，以致万民而询国危、询国迁、询立君之说。梁任公《先秦政治思想史》第三章，曾从《左传》暨其他古籍搜集二三事例以实之，谓战国以后无得而稽。

们，周孔教化之于我们，其间关系甚大。集团生活赖基督教而益强大，益永固。家族生活则赖孔子伦理而敦笃其情谊，提高其精神，延长其寿命。一个人生长家族伦理中，其所习见者为长幼尊卑，亲疏远近，种种不等。反之，一个人处在教会组织中，则从上帝来看，恰是人人平等，谁亦不比谁大。所以在这里，取决多数为理所当然。在彼而取决多数，势必祖父服从于诸孙，此在我则殊觉不可思议。民治或否，乃由此判分。

基督教人人平等之议，有助于民治，是从正面的，其助力尚小。由基督教而逼出近代政教分离之局，其从反面为助于民治者乃最大。此对照中国即易明白。中国政府主持教化，由亲长对子弟之教导责任衍来，已说于前。而其理性早见，人生观之不同，尤为重要关键。我们从没有人生带来罪恶那种观念；相反地，却以为人具有理性，至德要道不必外求于神，圣贤师表皆与我同类。人生至此，乃一息离不开好学向上，求教寡过。不然，不足以为人。人生而离开向上，既是不可以的，则政又岂可以离开教？无论是政教合一，或以教统政，此时尚贤尊师之不暇，若云少数服从多数，直是匪夷所思。西洋恰不是这样。他们从中古宗教之出世禁欲，反逼出近代人之现世幸福主义，同时政治亦就与宗教分家。所谓政治，不出乎保障私人利益图谋公共福利之云，而一个人的事只有自己亲切清楚，谁能替他作主张？所以事情关涉到谁，只有问谁。事情关涉到大众，就必开会征问各人意见。取舍不一之时，只可少数迁就多数。此即民治之理，原甚平常。民治在西洋虽早有之，而卒必至近代其理大著其制大成者，除由于社会形势发展容另说外，其在理念上实因这种人生观而加强，以共成所谓"近代思潮"之故。但我们的人生理念,自周孔奠其基,却一直未曾变过。抑且宋以后,愈表见一种严肃面孔,贤愚之分看得愈重,多数取决乃愈为设想所不及了。

然须知:中国走不上多数政治之路,固先阻于人生理念之不同于西洋;而近世西洋之走上此路,却正由社会形势演成,并非启导于理念。举例言之,议会制度即不以理念产生,而是西欧国家不知不觉演成之事实。其选举议员之权,亦是被迫一步一步开放给众人,初非根据了平等之理,一上来就行普选制。第九章讲西洋因有阶级而政治乃得日进于民主,就是讲明这种社会形势之发展。读者请参看前文,此不重述。又严译甄克斯《社会通诠》,把近代民治制度初发生种种情形,说得十分明白。惜乎其文太繁,不能具引。只摘一斑,以见其概:

> 古之民,不识从众之义也。有一议,十人之中为七人之所合,古不以是为可用也。此自今观之,若甚怪者,然事在历史,固无可疑。(中略)古之人无从众之说矣,然未尝无门户党人也。党人者何?一众之人利益相合,而共为所事者也。闻者将曰,既有党人,其争于外者无论已;假有同气之争,非有三占从二之术其何以定之乎?曰,出占探丸均非所用。一议未决,考于旧章;旧章不足,乃为调停。调停不能,唯有战耳。胜者得之,负者禁若。(下略)

> 凡初民所以决疑定争者,大抵皆出于斗,则选举之争,亦犹是耳。斗而胜,则胜家簇拥其所举者,以贡之于有司。有司受之,书其名以传之于国会。今之报章每及议院之选举,所用之成语皆沿于古初。其争选也,无殊其战也。此非

仅借喻而已,盖古之事实流传于文字间也。(中略)故其始出于实斗,浸假乃名为斗,而一党之人胜焉。虽然,何党?曰,使他物而平等也,则必党之最众者。此计数多寡以为胜负之所由也。而出占(vote)之法,亦从之以始。其始之出占,非若今之书名投匦也。众各呼其所举者之名,为哗噪。所众举者,其声洪以闻,所寡举者,其声微以溺。此其以众蚀寡之道也。其法之粗如此,使举者异,而众寡之数略均,又无以办也。于是效战阵之行列,而料简其人数,此亦古法也。今日国会选举所以不敢以此法行者,恐民将由今之文,而反古之质也。故雍容揖让之术行焉,则出占是尔。

吾党由是而知从众之制,所谓以少数服从多数者,其始乃武健忿争之事,而非出于礼让为国之思。使常决于战斗,则战者才力之高下,将者指挥之巧拙,皆将有胜负之异效。惟用从众之制,前之事皆可不计。易而易知,简而易从。是以其法大行,用以排难解纷,至于今不废。(见原书第120—122页)

由行而知,先行后知,亦即前说"由外而内,从事到理",西洋之路,正是如此。甄克斯这种叙出,在文化研究上真是关系非常重要。读者务须好好记取,以后许多讨论均将根据于是。

民治制度绝非单建筑于一种理念之上,还建筑于客观形势之上。今日英美,国事决于国人,盖为其社会形势所决定。认真讲,他们于此亦只行得几分。所差几分,非因理有未明,而实由于其形势还不够。过去中国民治制度之不立,固先阻于其理念之不同,抑亦由其社会形势之有异。此社会形势之异,由中国封建之解体开始，至秦汉乃豁然全露。是追源上去，当又在中国古代贵族阶级之不甚凝固，缺乏封畛。如梁任公所指出的，中国贵族政治从不见有合议机关（如罗马元老院或中古各国之阶级会议），应即其一大特征。而像西欧那样先把政权公开于一小圈内，以为后此民治制度之端萌者，于此遂不可得。无端萌，即无发展，像西洋那样以阶级作阶梯而逐步展开民治者，自亦不可得。——凡此均应请回看第九章所讲的。

问题就在阶级缺乏，社会形势浑沦不明。特别是秦汉后的中国，阶级以隐于伦理而浑，以化为职业而散，复何有形势之可见？第九章曾指出它不可能有三权分立制度产生，而只能有权力一元化，特置一自警反省之机构于其中，此种政治制度与此种社会形势，相应不离，几同一物而不可分，且永久是这个样子，不会变了。此不会变，盖早伏于其形势无可见之初。——凡此皆言其正面，其负面，便是民治制度之不立。

民治制度在中国建立不起，是固然了。但并非中国人就没有开会集议徇从多数之事。这些事在中国人生活中，亦是寻常易见，初不稀罕。即如梁任公所述其家乡自治概况，就不少其例。特别像是所述"江南会"一类经济合作组织，其遇事开会取决多数，盖尤不待言。我们可以模仿前例而说：在中国未尝自由，亦未尝不自由；未尝民治，亦未尝无民治。

四、人类文化之早熟

在过去几章为讨论某些问题，屡曾说到"理性早启""文化早熟"这一类话。但究竟何谓"文化早熟"，本章将予明定其意义。

为行文方便，可接续上文来讲。上文从中西"理念不同""形势有异"两面，说明自由、民治所以不见于中国之故。现在我们仍从这两面讨究去。——

我们先从理念上看，将见出中国理念较之西洋恒有所超过，而非不及。例如大家的事要征询大家意见，意见不一之时，只有依从多数。这在中国人何尝不知，何尝不行？只是不十分看重，不那样拘定。因为这固然有理，然而理又岂止此一条？还有更长于此之理在。恐怕不见得任何时候这样行之，都是合理的。《左传》上：

> 或谓栾武子曰：圣人与众同欲，是以济事。子盍从众？子为大政，将酌于民者也。……《商书》曰"三人占，从二人"，众故也。武子曰：善钧从众（意谓两善相均则从众）。夫善，众之主也。

此即不否认从众之理，但所见更有在从众之外者。取决多数，只算聚讼不休时一个最省事的解决方法。执行起来，容易行得通而已。至于其是否当理,就不得而知。但人类是理性的动物,其根本要求或在真,或在善,或在美,或在巧(指实用上最经济有效者),统可名曰当理。人类理性一天一天开发,此根本要求愈来愈明强。那不问是否当理,糊里糊涂从多数的办法,将不为人所取。近今西洋立法,时或舍民意而取专家。① 乍看形式似舍多数而依少数,其实专家所为正所以达成民意。栾书所云"夫善,众之主也",正是说:善为众所宗主,民意本在求善。拘定要从众者,或反不如尊尚贤智之合理。此实为民治制度之进步,夫岂民主精神之取消?民有民享之理,中国人充分见到,顾不以民治制度行之者,并非见不及此,盖从乎理性所见又超过了一步。中国,乃是病在高明,非失之愚笨,这是最应当记取的。

再例如一个人在中国只许有义务观念,而不许有权利观念,乃起因于伦理尊重对方,反而没有站在自己立场说话机会。虽亦不免于被压抑被抹杀,但其压抑抹杀之者,是"理"而非"法"。其义务乃本于情义而自课者,初非外来强权之所加,是道德上之义务,非法律上之义务。各人站在自己立场则相争,彼此互为对方设想则相让。中国实吃亏在讲礼让,看对方重于自己,超过了"承认旁人"那句话,与起因在不顾旁人者适相反。近代西洋人既由相争而达于互相承认,两得其平,此时乃信有非中国之所及者。然其不及,原从有所超过而来,并不是因不及而不及的。如我所见,中国不及西洋之处,一切皆同此例。这又是希望读者记

---

① 旧著《乡村建设理论》第154—159页,论及开会取决多数,曾引近今西洋之"专家立法""技术行政"为例,可参看。

取的。

从上理念之研究，即可进而研究其社会形势。此恒有所超过之理念，发乎理性，不由客观形势所逼出，乃转而变化了客观形势。这实在是中西一切不同之所由来。凡上文所论社会形势之异，试追上去，皆可寻出其根由在此。上文说过中国社会形势之异，至秦汉而豁露。此豁露乃由先秦封建之解体。此封建解体，如第九章所论证乃有大异于西洋者：西洋起于经济进步，经济手段对政治手段之一次确定制胜，即封建败于一种新兴之外力而不得不代谢以去。中国却由内部自行分化融解，而非政治手段果败于经济手段，封建因此未遽为新兴势力所代，而不免于反复。在此自行融解又时不免反复之局势中，正见其有一种与封建自为矛盾之力量在。封建之所依恃，一在武力，二在宗教。而中国一则以理性早启，趋重于道德之自觉向上，宗教遂以不足；再则以理性早启，乃不以对物者对人，更且以对内者对外；唯相安是尚，不尚武力（详第十一章）。矛盾就起于此，其构成矛盾者，实为理性之力。封建既以矛盾而软化崩解，崩解又以矛盾而不免纠缠。二千余年社会形势之特殊，端由人们主观上理性之萌动而衍来。这是很明白的。

两面讨究，总结一句：西洋文化是从身体出发，慢慢发展到心的，中国却有些径直从心发出来，而影响了全局。前者是循序而进，后者便是早熟。"文化早熟"之意义在此。向下将讲明它，凡上文所云"由内而外""从理到事"，第九章所云"由文化和政治影响了经济，似由心到物，由上而下"，……亦皆于此得其着落。

何谓从身体出发？又何谓径直从心发出来？这就要回到第

七章所讲那许多话。身体为个体生命活动之具,是人类与其他动物所同有的。心在其他动物虽不是没有,但其心思作用大多掩没于其官体作用中,而不易见。独至于人类,官体反应减低而心思作用扩大,才可说有心。心思作用原有理智理性两面,这里又单指理性为心。所谓从心发出者,正谓从理性发出。因此,"理性早启""文化早熟",可算同义语。何以必指理性为心?前曾说:一切生物均限于"有对"之中,唯人类则以"有对"超进于"无对"。只有理性是人类生命"无对"一面之表现;而其"有对"一面之活动,或运用理智,或不运用理智,却莫非从身体出发。原意在以"有对""无对"作中西之比较,故于此言心,即单指理性。

何谓"有对"?何谓"无对"?辗转不出乎利用与反抗,是曰"有对";"无对"则超于利用与反抗,而恍若其为一体也。人类本于其生物之要求(个体生存及传种),其一切活动恒不出乎有所利用与有所反抗;而利用之中每含反抗,反抗之中每含利用,利用反抗正自难分。此即所谓"有对"。还有许多活动——例如好名争胜——看似与那些要求不甚相关,但其落于"有对"之中,固极显然,其为从身体出发,并无二致。只有超越这些,或发乎向上之心,或发乎同体之情,内有自觉而外无所为,斯乃所谓"无对"。理智原不过是工具,有时顺乎理性而显其用,则同属"无对",但最多是为身体所用,以应付外面,那便落归"有对"了。我们对身而言心,指理性而不指理智,其义亦在此。

明白这些,再看上文讨究所得,则于我们说西洋"从身体出发",中国"径直从心发出来",应不难得其解。然身心关系之间,尚待一说,庶几早熟之论可以明白。

中国文化为人类文化早熟之论,余发之于二十七年前(见旧著《东西文化及其哲学》)。当时见解是这样的:古希腊人、古中国人、古印度人在人生态度上之不同,实为其文化不同之根本。而此三种人生态度实应于人生三种问题而来。即:第一态度适应于第一问题,第二态度适应于第二问题,第三态度适应于第三问题。由于问题浅深之不等,其出现于人类文化上实应有先后之序。从而人类文化表现,依之应有三期次第不同。本来人类第一期文化至今还未得完成,而古中国人在文化上遽从第二问题第二态度以创造去,古印度人遽从第三问题第三态度以创造去,所以就说它是早熟。今本书只比较中西,印度且置不谈。见解大致如前未变,说法稍有不同:

第一问题即人对物的问题;第一态度即向外用力的态度。现在总说作:从身体出发。

第二问题即人对人的问题;第二态度即转而向内用力的态度。现在总说作:从心(理性)出发。

一般生物总要向外界争生存,而由吾人向外看,一切皆物。此"物"包含一切生物无生物乃至其他人类都在内。生存问题则发生在身体对外物之间。身体为争生存之具,而同时主要亦就是为了身体生存而争。第一问题径称为"身体的问题"亦不为过。此问题居一切问题之先,人的心思聪明首先是为它而用。眼向外看,耳向外听,手向外取,心向外想……这都是自然趋向。而必从前面对方下手,变更外在条件,改造客观环境,以为问题之解决,亦是一定的。这就所谓第一态度,其实亦就是生来身体的态度。当人类本第一态度适应第一问题而不断活动,有所解决,那种种活动正是从身体出发;其所解决种种,即属第一期文化。

对于一个人,原可能作一"物"看待,同时亦可能作一"人"看待,当我照顾到他的感情意志之时,便是以人看待;不顾他的感情意志如何,只作一物来利用,或视为一障碍而排斥之,便是以物看待。譬如两军作战,彼此砍杀,其与斩草伐木岂有两样?坐下来讲和,似乎要照顾到对方感情意志了,而威胁利诱无不至,其与调驯犬马亦复不甚相远。真正照顾到对方感情意志者,虽泛然相值,而对方在我意识中亦有位置,遇事不单站在自己立场而止,这亦就是所谓承认旁人,必如此,乃有人对人的问题——第二问题——之发生,而不属第一问题之事。第一问题原从身体出发,第二问题则从理性而来。

二十七年前我还不认识理性。但颇有悟于人类社会生活之所以成功,有远超乎个人意识作用之外者,遂因克鲁泡特金之《互助论》而信"社会本能"之说。认为:意识觉醒所以促个人主义之抬头,而社会之构成则筑基于此种本能之上。本来植物动物既然皆有社会之可见,则社会本能或者亦是有的。但一经晓得人类生命原是从本能解放出来,其重点宁在本能以外,则说人类社会出于智力固非,说它筑基于本能,尤觉无据。因为人类是社会的动物,远非其他物类所可比,而同时人类又明明白白以擅长理智迈越其他。如若以这两特点相联属,还说得近理,若以其优于社会者,归功于其所短之本能,如何说得通?再看物类之合群互助,乃至舍己为群,虽间或有的,然而各有所限定,因之,其社会生命亦各有所限。此诚所谓本能了。唯其社会生命有限,故物类生命仍偏重在个体上。人类却早从偏重个体者，进而倚重于社会；其社会生命更日见开拓变化而无所限，此无所限者哪里还是靠本能？本能又岂得无所限？然则人类社会之心理学的基础竟何在？这就在其本能松开后，透露出来的生命本身，本身对工具而言，生命本身在物类早为其生命工具——本能、身体——之所锢蔽，透露不出。而人类则自从本能解放出来，生命乃不复局于其身体，而与其他生命相联通。特别是与其他人的生命相联相通，彼此感应神速，有非一般物类所及。《孟子》书上"乍见孺子将入于井"一段话，指点甚明。我们前曾说：

  人在情感中，恒只见对方而忘了自己。（第五章）

  人类生命廓然与物同体，其情无所不到。（第七章）

  一个人的生命，不自一个人而止，是有伦理关系的。（第七章）

  凡痛痒亲切处，就是自己，何必区区数尺之躯。（第七章）

其义可以互证。此际一片天理流行，无彼我之见存，是曰"无对"，表现在意识上，即是理性。

人当有理性时，对于旁人的感情乃能相喻而关切之。而亦唯关切，乃能相喻。既相关且相喻，而彼此意志顾有出入，乃有人对人的问题发生。此所以说，第二问题从理性来。如果不从狭义理性来，亦要从广义理性来。那就是：除由本心情感上承认对方外，人们亦可能从其心思计虑上（利害关系上）而承认对方。总之，人对人的问题实以对方在我意识中既有其位置为前提，它之被排除，只有过强的本能冲动起来，把理性理智都掩蔽了之时。而这时第二问题亦随之转为第一问题了。

第二问题原从理性来，亦且须得理性以解决之。大致说，恒须向里用力。何以故呢？第一问题第二问题相较，本质上大有不同。在第一问题中，为当前之碍者无非是物，而上天下地一切之物无不可由人控制之改造之，以满足我们的要求。在第二问题中，则为碍者却不是物，而是与我同样的生命——活的人，特别是他的心。对于他心，只能影响之感召之，而且不可必得，说不到控制改造。譬如我只要把一女子的身体得到手，那是第一问题，不难用巧计或强暴之力得之。——这些都是向外用力。如我真想得此女子之爱，那便是第二问题，此时强力求之则势益乖，巧思取之则情益离，凡一切心思力气向外用者，皆非其道。所谓人对人的问题，其实就是心对心的问题，彼此互相感召之间，全靠至诚能动。这正是狭义的理性，这亦是最纯粹地向里用力。通常自未见得是这样两极端（身体或真心）。而一经照顾到对方感情意志上，亦即入于第二问题范畴，其向外用力辄有所限，而逼得转向内里用力。——

（一）在我所得而为者，不过如何影响他的心，外此无能为，此是第一限。在求所以影响他之时，时时要转回来看自己，乃至改变自己以适应于他——中国古话"反求诸己"。

（二）无论如何用力，其结果还要看他，并非由我这一面所能决定者，此是第二限。求满足于外，既不可必得，要求的重点乃从外而移内，但求自己力量尽到，不留丝毫歉憾于心——中国古话"尽其在我"。

这些初时都不免辗转往复于向外向里之间，而以广义之理性居多。然若对于问题把握不放松，终必渐归于纯粹向里，狭义理性而后已。所谓唯第二态度适应于第二问题,其义在此。凡此可与前章论安的问题安的功夫两段参看。安的问题即属第二问题,安的功夫必归于修己,犹是向里用力之义也。

就人的个体生命说,心身之发育成长,是心随身来,身先而心后。这同样之顺序,亦可于社会生命见之。社会是随着文化之发生开展而发育成长的,文化之发生以至开展,则最先是环绕着生存问题(第一问题)这一中心。所以社会之发育成长,此时实寄于那些从身体出发的活动上。大略说来,身体本是生存工具,人在图生存中,又不断在身内身外创造许多工具(包括知识技能而言)来用,使身体活动加大加强,乃至更加灵便。就由这些工具之发达,社会关系日益繁密,社会单位日益拓大,这就是所谓社会之发育成长。然而这不过是社会发育成长之一面——偏乎人的身体这一面。同时还有人的心思那一面。

所谓人的心思那一面何指?人没有工具不能生存,人不结成社会亦不能生存。但人类是不能全靠有意地无意地(本能地)彼此利用而结成社会的。除了这些,更靠他们超越了各自身体而有其心的相联相通之道在,人与人之间,从乎身则分则隔,从乎心则分而不隔。然卒以身之故,此不隔之心却极容易隔起来。故在文化上恒必有其联之通之之道,而后乃得成社会。所谓人的心思那一面,实指其所以成社会之道。这在文化初期,通常就是宗教。宗教是社会文化在人心一面所有之端萌。继此发展去,更有礼俗、法律、道德种种。但宗教并不因有种种继起者就消灭,而仍自有其无穷之变化发展。其他种种亦都不是此以彼为瓜代。浑括说,此四者实为社会成立维持以至发皇拓大之所攸赖。有此,才有社会，有社会，才有种种工具之发达。工具属于身体一面之开展，此则属于心思一面。

譬如以强暴机诈对人，而大家相习，恬不为怪者，自古到今虽都是有的。然而其间却不知经过多少发展变化了。显然可见的：（一）古初之民，远比他们的后代要少有此种恶德，而后此社会，经由良好风教可能亦同样少有此种恶德。前者只是混沌未凿，后者则出于文化，其间显然有着很长一段历史发展在。（二）对于此种恶德，虽云古今相习不怪，但若从另一面说，则恰又是古今人所都不许可的。此即是：人类对比，无不有其限制与范围，不越其限制范围，则不怪耳。这限制与范围，即是文化。如何限制，如何范围，各时各地万般不同，而最简单扼要一句话，便是不能行之于自己圈内。否则，社会不成社会，人亦无法生存。而此圈自古到今却显然是愈来愈扩大，今天联合国就是在努力实现最大的一个圈，把全世界纳于法律及道德之中。虽可惜尚不成功，国际间依然不以机诈强暴为怪。但回顾当初之小圈，此其发展不已经很远很远了吗！

所谓文化实包有以上这两面，由于这两面之逐渐开展，而社会得以发育成长。通常应该是这两面彼此辗转增上，循环推进的。其间盖必有一种最适当之配称关系，凡不相称者，必出毛病。然却须晓得：发育先是偏乎身之一面，后乃偏乎心之一面。当身之一面长成时，心之一面却还有它的成长。明白言之，当社会在经济上实现其一体性，人与人不复有生存竞争，而合起来控取自然界时，实为文化发展上一绝大转捩关键，而划分了前后期。因为社会在经济上既实现其一体性，生存问题就好像有了交代，从此不须各自操心，一向从身体出发的活动，渐自告休，人的理性（心）乃得以透达流行。前此之环绕着第一问题而发展文化者，至此已成过去，而转换到第二问题。第二问题代替第一问题而占据人心，即由此以开出第二期文化。第一期中并非没有第二问题，而为第一问题当前，有不遑多顾者。故其所成就，主要在发达了身内身外种种工具。工具发达到社会在经济上足以实现其一体性地步，则身之一面可云长成，人类第一期文化亦即完成。第二期中并非没有第一问题，而为一切既有安排，可以行其所无事。同时，如何配称了身的一面（发达的工具），以实现其社会一体性，正需要心的一面有其伟大开展。故第一期假如可称为身的文化，第二期正可称为心的文化。第一期文化不过给人打下生活基础，第二期才真是人的生活。

　　此前后期之划分，亦可用武力一事来说明。武力为身体之事。在缺乏心思的动物之间，其所有问题不外是身体的问题，其解决亦只有身体厮拼来解决。在人实不应当如此。然第一期文化中，对外则战争，对内则死刑，武力之当令行时为此期之最大特征。此期之所以收束，即在武力之不能复用。何以说武力不能复用？要知此期文化全在发达工具，加强身体活动之力。工具发达到末后，身体力量加强之结果，其效能便有两面：一面是把世界缩小，把自然控制在人手，生产力极高，把社会从经济上密织在一起，分离不开，准备好了"社会一体""天下一家"的条件而无所不足。另一面，便是把这小世界及其有限人类拿来毁灭掉的力量，亦已具备。力量是一，用法不同。不论用在哪一面，都可收到伟大效果，好则极好，坏则极坏。我说武力不能复用，正亦不外今人已经唱出之"不和平即毁灭"那句话而已。

弭兵运动自古有之，却总不成功。战争始终作为人类之一制度而存在。说它是制度者，就为大家公认某些问题从战争解决之有效，战争成了解决某些问题之一定办法。此制度之存废，是人类文化问题，视乎人类理性展开之程度如何而定，非少数人主观一面之要求所能为，然而现在时机却近成熟。一面由于工具发达，人都受到教育，文化普遍增高，人命弥足珍贵。一面由于工具发达，战争破坏力增大，以致可能毁灭一切。两面通到非废止战争不可。客观形势既促理性之展开，而经过很久文化陶冶，人类已不那样冲动，在经过很多锻炼后，国际组织亦终可成功。

至于死刑废除，则今日既见其端。死刑之成为一种制度存在于世界，自有很多理由。而用其他方法处置罪人皆不经济，实为其卒以存续之故。然物贵是以人贱，物贱而后人贵。在生产发达，物力宽纾，经济生活社会化之将来，必将以感化代死刑，亦有不待言者。

凡以较富于理性之观念、礼俗、制度代替其旧者，即是理性在社会文化中之展开。而由社会形势促成理性之展开，实为理性展开之通途。例如从经济上把社会密织在一起，把世界联结成一气，人与人势必积极求所以合作共处。又如人人都受教育，头脑开发，势必谁亦不能抹杀谁，则第二问题于是形成，理性之客观需要于是形成。同时一面以经济进步，物力宽纾，无所不给，凡建立新办法新制度之种种条件即从而具备，其事亦遂有可能。本书自第八章以下，于此社会形势之来因去果多有论及，试参看自明。是故第二期文化实以第一期文化为基础而出现。所谓"心随身来,身先而心后"之顺序,于人类个体生命见之,于社会生命亦同样见之者,正指此。

明乎此,再回头把本章起始较论中西之自由、民治各段通看一过,则对于"西洋文化是从身转到心的,而中国却有些径直从心发出"[①],"中国文化是人类文化的早熟",应无疑义。

---

① 北新书局出版的鲁迅译、厨川白村著《出了象牙之塔》有"从灵向肉和从肉向灵"一段,与此所论不无关系,值得参考。

第十三章 文化早熟后之中国

一、由此遂无科学

必从讨论中国民主问题入手，才得揭开他那文化早熟之谜，而揭开之后，首先便要指出由此遂无科学。民主属于人对人的事，科学起自人对物之间。一旦把精神移用到人事上，中国人便不再向物进攻，亦更无从而攻得入了。以下只就这几句话来分释。——

科学虽然好像不限于对物，自然科学之外，还有社会科学，但科学实起自人对物。并且我们还可以说：科学起自人对物，物亦起自人的科学。离开人还有没有物，且置不谈；但人所知之物，总是从人才有的。而人之有所知，即其有科学之始。科学非他，就是人的精确而有系统的知识。前曾说："心思作用是行为之前的犹豫作用，犹豫之延长为冷静，知识即于此产生。"（见第七章）冷静地向外看，生命由紧张而松弛，空间遂展开于吾人之前，物体遂展开于吾人之前。就在这一瞬间，是物之始，亦是知之始。感觉（看）所得为物，空间则出自理智推计。生命原不是静的，但感觉和理智却是生命中最静的了。知识从生命而出，原本静不了，然而极力趋向于静。其精其确，即于此得之。静观即客观。科学就是顺此趋向，力求客观，乃得成其为科学。对于物又不以感觉所得为满足,更究问其质料为何,是有物质观念。物质观念就是把纷杂陈列于吾人面前之物体,化为更具客观性之物质,以贯通乎一切,智识乃因之而成系统。知识精确而有系统,方为科学。则科学与物质,物质与科学,盖如是其不相离。生物有生命,即其有超于物质者在。生物愈高等,其生命愈强大,其离物质乃愈远。至于人,其生命之强莫匹,其超离于物,更不待言。吾人虽同样要把许多生物以至人类都收入科学研究之中,求得其精确有系统之知识,以便于应付,如同应付物质那样,而卒不尽可能。结果只能把捉其接近于物的那几分,亦即其比较机械的那几分,而其余则略去。从生物科学到社会科学,所把捉愈少,所略去愈多,就愈不准确而难语于科学。社会科学只算得是"准科学",正为此。

更且对于人的行为或社会现象,若徒看其外表动作,而不从其情意了解之,有何可研究者,而人情则非体会不能得。这必须回省自己经验——非复一味向外看,更须设身处地去想——非复一味静观。尤其像法律、政治、经济,一些应用的学问,处处离不了人的情感反应,理想要求,岂是单单客观所能了当?这其间时时要视人如己,以己度人,多是理性之事,不徒为理智之事。科学从理智来;从理性来的,却不属科学。此其中大部分只是思想(包含哲学及主义)而非知识了。

中国人讲学问,详于人事而忽于物理,这是世所公认的。中国书籍讲人事者,盖不止十之九,这只须一翻开中国书就晓得。中国人心思聪明之所用,何为如是偏于一边?此应究问者一。中国学问虽云详于人事,却非今之所谓社会科学。社会科学还是顺着自然科学之路，尽可能地作客观研究，此则处处以主观出之——多从道德观点，亦或从实用眼光与艺术眼光。即在客观叙述之中，亦寓有主观评价，纯客观研究百不一见。盖不唯真学问对象偏于一边，做学问的态度和方法根本亦不一样。是又何为而然？此应究问者二。倘若于此两大问题不注意，便是无识。注意了，而如果不用我们从上（第十一章）以来所作解答，亦是莫得其解。盖自从化阶级为职业，变贵族为士人，一社会之中，劳心者务明人事，劳力者责在生产，这样一划分，就把对物问题划出学问圈外，学问就专在讲人事了。又所谓务明人事者，原是务于修己安人。从修己安人来讲人事，其一本道德观点或实用眼光，而不走科学客观一路，又是当然了。这是就后二千年历史来说。后二千年社会，伦理本位、职业分途之形势既成，此二千年间中国学术大势即随以决定，此无可疑也。（伦理本位则促成其修己安人之学问。职业分途则划出农工商，使不入于学问。）

"中国文化以周孔种其因，至秦汉收其果。"（见第十章）凡后二千年之事，皆果之事。秦以前，中国学术尚不如此成定型。然而周孔以来，宗教缺乏，理性早启，人生态度遂以大异于他方。在人生第一问题尚未解决之下，萌露了第二问题暨第二态度，由此而精神移用到人事上，于物则忽略。即遇到物，亦失其所以对物者，科学之不得成就出来在此。既不是中国人笨拙，亦不是文化进步迟慢，而是文化发展另走一路了。

张东荪先生最看到此点，在他所著《知识与文化》一书，较论中西学术不同之故，曾有极可贵之阐明。第以散见各篇章中，难于引录原文。兹综其大意，而为之条列于次：

从语言构造上看：西洋一句话必有主语（subject）、谓语（predicate），其语言中盖甚注重主体。中国则主谓语之分别不清，其语言不注重主体。

从思想态度上看：西洋发问恒先问"是什么"，可谓之"是何在先态度"（What priority attitude）。中国恒先问"将怎样"，可谓之"如何在先态度"（How priority attitude）。

科学的对象是物，历史的对象是事。西洋人极有物的观念，且或化事为物；中国人极有事的观念，且或化物为事。

西文动词 to be 转为名词 being，实为物的观念之所寄，西洋哲学之本体观念亦即出于此。但在中国思想中，则似只有 becoming 而没有 being。

西洋哲学直问一物的背后，像是直穿入的；中国哲学则只讲一个象与其他象之间互相关系如何，像是横牵联的。

在逻辑上，西洋以同一律为根本；中国不重同一律，却可说有一种相关律。

在哲学上，西洋以本体论为开始，且作为最重要之一种讨论，中国人却从不见其究问本体。在西洋无论如何只能以宇宙观为人生观之前奏曲，不能合并为一。然而在中国则宇宙人生合一炉而冶，或且宇宙论吸收于人生论中。中国简直可说只有实践哲学，而没有纯粹哲学。[1]

如上列出这些点，实在是一贯的。东荪先生指出是中西人心思

---

[1] 张东荪著《知识与文化》，商务印书馆出版。此见原书第三编之第二、第三各章，及附录之一、二、三、四各篇，附录各篇尤重要。

（mentality）有些不同。当其最初亦许不显著，而辗转熏习，卒致各自走上一路。西洋一路正是产生科学之路，中国之路恰是科学不得成就之路。明白说：西洋有物的观念，而中国没有。虽严格来说，物的观念是西洋近代（十六世纪以来）科学家创造出来的，然却渊源自古。有人认为中西思想学术之不同，只不过是古今之别，并无中外之异，显见其不然。

　　东荪先生所谓心思之不同，若用我的话来说，便是：西洋人从身体出发，而进达于其顶点之理智；中国人则由理性早启，其理智转被抑而不申。盖就身体是图生存之具来说，理智是身体的顶点，犹兵器之有锋刃，必用到理智方得尽其图生存之能事。然若理智直接为生存要求而用，其用有限。必借理智和官体对外产生出知识来，再根据知识以解决生存问题，其用始大。这就要经过好奇心或游戏本能转一个弯。好奇心或游戏本能，在生物进化中随着理智之逐渐展开而肇见于高等动物间，至人类最发达。它一面是从身体来的一种本能兴趣，有异乎理智之冷静，却又一面超脱于身体之生存要求，而近乎理智之无所为，恰恰在身体理智间作桥梁。尤其是好奇心，殆为动之终而静之始。其为研究而研究，实知识学问创造之所资。西洋自古艳称"爱智"，其科学正由哲学衍来。中国后世之无科学，即为其古代无哲学，哲学只是西洋所有物，亦犹乎科学只是西洋有之。在古中国，哲学只不过是其道德实践之副产物，在古印度则为其宗教实践之副产物，皆未尝独立自存。似此思路之不同，岂非彼此人生态度有所不同？在学术上，在文化上，明明是东西流派之分甚早，岂得看作一古一今？

中国学术不同，亦有可看作一古一今者，我们初不完全否认。即如学术混合，学不能独立于术之外而自行发展，古时通例如此，中国亦如此。中国几千年来学术不分，其所谓学问大抵是术而非学，最为大病。其结果学固然不会有，术亦同着不会发达，恰落于"不学无术"（借用）那句老话。旧著《东西文化及其哲学》曾痛予揭出。[1] 若问何以古时通例如此？则为人类文化之初，莫不从身体出发，其时头脑冷静不足，理智尚未得申。必从身体出发，而进达于其顶点，理智申发，乃不涉应用，专于求知而成学。此即西洋之路，亦即是一般应有顺序，却不料中国沿袭古初，一直不改。关于中国人不能离用而求知这一点，有识者多能见到，东荪先生外，故张荫麟教授亦曾提出说过。[2] 他并且说：

> 许多中国人认定西方文明本质上是功利主义的文明；而中国人在这类（利用厚生）事业之落后，是由于中国人一向不重功利。这是大错特错的。（见《思想与时代》月刊，张著《中西文化差异》）

其实张君亦是知其一，未知其二。流俗的错误，是忽略了西

---

[1] 旧著云：虽然书史上面有许多关于某一项某一项（经济政治等）的思想道理，但都是不成片段缺乏系统的。而且这些思想道理，多是为着应用而发，不谈应用的纯粹知识简直没有。这句句都带应用意味的道理，只是术，算不得是学。凡中国学问大半是术非学，或学术不分，离开农政和园艺，没有植物学，离开医经和治病的六书，没有病理学，更没有什么生理学解剖学等等。（中略）此其结果，学固然没有了，术亦不得发达。因为术都是从学产生出来的。——见《东西文化及其哲学》，第26—31页。

[2] 张荫麟教授论文有云：过去中西文化一个根本差异是，中国人对实际活动的兴趣远在其对纯粹活动的兴趣之上。在中国人的意识价值里，实际价值压倒了观念的价值。——原文见《思想与时代》月刊第十一期。

方学术之成就，正在其静心求知，绝不急功近利，张君所指斥者诚是。然若根据这个，就硬说西洋是不尚功利的，而中国却一向是重功利，把从来一般论调完全翻案，是否得为公允？是不是中肯？正恐张君亦自不能无疑。这就为他未及认识人类生命这一曲折，功利为图生存之表露，发乎身体，然当其进达顶点，却变为理智冷静，恍若无所为，冷静本为犹豫之延长，虽若无所为，其实还是功利。西洋之卒不出乎功利者以此。质言之，非超越身体之有对，而到人心之无对，不能超越功利。近代以来之西方文明，大致是顺着身体发展工具（见上章），世人以功利目之，岂无由哉！至于中国不能离术而有学，当然是冷静不足。但冷静不足有二，一为通例，一为变例。张君又未及辨，身体势力方强，头脑未进于理智，是为古初之通例，中国人显然不属于此。何以言之？（一）身体势力方强，头脑未进于理智，最好之例是甄克斯《社会通诠》所述西洋人，当民治初起，还不晓得投票时，那种开会表决，那种选举竞争。——请回看上章所引录。窃恐在中国早不会有这样事情。反之，温文尔雅，雍容揖让，以理性代冲动，在中国却见之最早。老实说，自周孔之礼乐教化以来，中国人的身体势力毋宁是弱而不强了。（二）冷静分析莫如论理、数理。论理学和认识论，在先秦尚有可见，而后来倒没有了。《周髀》《九章》发明何等早，而后来历算倒要靠伊斯兰教和西洋。是知中国不是未进于理智，乃是进而复退。前于第一章讲第八特征，即曾指出科学在中国早有萌芽，无奈其后退而不见。理智未进是通例，倒退不能不说是变例。吾人由（一）可知其非通例，由（二）可定其为变例。

变例怎样发生？中国文化亦如一般之例，先自身体出发。但正在进达理智之际，理性肇启，理性以无私的情感为中心，是动而非静。于是身体之动，转化为理性之动，本能之情导入于理性之情。若云以此代彼，诚有未能，然出入于二者之间，牵混不清，接连一气，却是极容易的了。坐此而理智不申，冷静不足，冷静不足之由来在此。

从这里便有下列三点情形呈现——

前云"即遇到物亦失其所以对物者"，就在此时，此时人与大自然之间，融合相通之意味多，不像西洋那样划分出一个自然界，而人与之相抗。此为中西人生态度一大不同，学者多能言之。① 人之所以对物者在知识。知识之道在分别明确。而中国人则以此（融合相通）之故，其生命中对外求分别求确定之倾向，大为减退。所以中国学术中，恒以浑沦代分明，以活动代确定，亦即是以思想代知识。物生于知识，知识生于物。中国人不倾向知识，亦就失去了物。

前云"精神移用到人事上，于物则忽略"，就在此时。此时人与人之间，其生命相联相通之一面易得流露，所以人对人的问题就不致全为人对物的问题所掩盖。当人类文化初期，争求生存，对物问题居先，即遇到人，亦以对物者对之。一般说：人对物问题是掩盖了人对人问题的，独中国不同。如我所说，第二问

---

① 在西洋，人与自然仿佛分离对立，在中国，则人与自然融合。杜威博士在北京大学讲演会言之，又鲁迅《壁下译丛》译厨川白村《东西人之自然诗观》，论之最详。张东荪先生近著《民主主义与社会主义》中说：自然界的独立分出是西洋文化上一大特色一大贡献，亦是此意。中外学者言之者尚多，不备举。

题暨第二态度中国很早萌露；如亡友万君所说，中国文化特色在把安的问题提到养的问题之上（见第十一章），都是指此。修己安人的学问和"士"之一项人，亦都生于此。一切请回看前文，此不重叙。以在人生第一问题尚未解决之下，遽尔如此，故为忽略于物。

前云"不再向物进攻，亦无从攻得入"，就在此时。此时由第二问题引起第二态度，由通常之向外看转而向里。有如旧著所说：

> 两眼向外看，则所遇为静的物质，为空间（其实化宇宙为物质，化宇宙为空间耳。曰遇物质，遇空间，特顺俗言之），为理智分析区划所最洽便适用之地。转回来看自己，则所遇为动的生命，为时间（一新意义之时间，非俗常所说分段的时间），为理智分析区划所最不便适用之地。西洋天才英伟之伦，心思聪明向外用去，自就产生了物质科学和科学方法，更以科学方法普遍适用于一切。而中国天才英伟之伦，则心思聪明反用诸其身……（下略）（《中国民族自救运动之最后觉悟》，第77页）

心思聪明反用诸其身，即是不再向物进攻。以习于反身理会动的生命之故，纵然仰观俯察，而观点已换，思路不同，对物即无从攻得入。——用张东荪先生的话：只是"横牵联"，不作"直穿入"。

末后要说：唯西洋有其宗教，斯有其科学。习俗但见宗教科学之相冲突，而不知其间线索之正相联。东荪先生在《知识与文化》上既加以申论，并援以西哲为证：

>　　斯宾格拉告诉我们说，自然科学的前身是宗教（*The Decline of the West*. vol. I. p.380）。怀特海亦说：近世科学之发生与中世纪宗教信仰有关。西方学者对于这点，似早有明切认定，我不必再引为是自我作古了。科学既是从宗教来的，则可知在西方文化上二者乃是一枝并蒂花。（见原书附录三第九段）

这大都是从思路上说。事实上，当初科学研究及其传播，岂不又是得力于教会教士们？尤有不可不知者：科学进步是属于知识一面的事。在一社会中，这一面所以能有进步，端在其众人情志一面之能安稳而向前，而此在西洋却全靠其宗教。若没有宗教作文化中心以维系其社会，则近世科学之发生发展又是不可想象的。对照中国，则由理性早启而宗教缺乏，与其无科学，亦正是一贯的事情。

二、长于理性短于理智

中国人既理性早启，冷静不足，辗转相引，乃愈来愈长于理性，愈短于理智。西洋人反此，他们恰是长于理智而短于理性。试为勘对，事实昭然——

（一）在中西文化彼此交流上，中国固曾以一些物质发明传给西洋，那只为我们文化之开发早于他们一步。其后便不然了。

十七世纪（明末清初）耶稣会士东来传教，中国所欢迎的是他们带来作见面礼的物质文明——天文学、数学、物理学、气象学、地理学、生理学、医学及其他技术等，而却不是那人生方面的宗教。十八世纪为西洋所衷心崇拜的中国文化，全在其人生方面的社会理想、伦理组织、政治制度等，虽那些德国人法国人将中国社会一切都理想化了，但亦知道自然科学在中国之不足。十九世纪以来，此种形势一直未改，不过中国人于震惊西洋物质文明之余，更在社会人生一面失去自信罢了。1920年杜威博士在北京大学哲学研究会上讲演，亦还是说"中国一向多理会人事，西洋一向多理会自然"，今后当谋其融合沟通。[①] 体认情理者为理

[①] 民国九年杜威博士来华，在北京大学哲学研究会上讲演，特致此意。当时张申府曾拟译为《天人合一》，似亦未善。

性，考验物理者为理智。中西各有偏长，此可见者一。

（二）西洋之向知识发展者，更还而追穷分析到知识自身，是即康德以来之认识论，认识此认识，冷静复冷静，达于理智之最高点。偏乎理性一边之中国，则不尚知识而重情义，发展至王学（王阳明之学）乃造其极。王学讲良知，尚力行（知行合一）。良知则无所取于后天知识，力行则反冷静。良知之知，千变万化总不出乎好恶，力行之行，唯指此好恶之贯彻实践，亦不及其他。中西两方遥遥相对，各趋向于一极端，此其可见者二。

（三）西洋人自古依凭宗教，知有罪福不知有是非，知有教诫不知有义理。中国则自古宗教不足，而以孔孟极力启发人之自觉向上，从来是要凭良心讲理的。凡我们之有所不敢为者，内恧于不合理，知其非也。西洋人则惧于触犯教诫，得罪于神。在欧洲，一个不信宗教的人将是任意胡为、没有道德的人。所以罗素游中国后，曾深深叹异中国人没有"罪"（Sin）的观念。又说：在中国"宗教上之怀疑"，并不引起其相当的"道德上之怀疑"，有如欧洲所习见者。① 此其理性之长短，岂不昭然？直待后来宗教改革，人们意识乃见觉醒。然在西洋之所谓"理性主义"，其大陆哲学之所谓"理性派"，其史家所指目十八世纪之为"理性时代"，要皆心思作用之抬头活跃而特偏于理智之发挥者，于此所谓理性，尚不甚显。试看其近代人生风气丕变者，曾不外一变于逐求现世幸福而可知。哲学虽代宗教而兴，但最流行的是功利思想之哲学，如所谓乐利主义、幸福主义，以致后来之工具主

---

① 罗素著《中国之问题》，第35页及第189页。

义，实用主义等皆是。其必要确立个人自由、保障个人权利，正为划清各自欲望活动分限，而得遂其活动。讲经济，则从欲望以出发。讲法律，则以权益为本位。论到政治，则不过求公私欲望之满足。总之，人生以欲望为本，而运用理智，计算得失而已。其不同于中古者，只在以利害代罪福，以法律代教诫。然利害观念和罪福观念，原属一条脉路，变而未变。对于义利是非，向上一念，岂不依然缺乏？中国民族精神如第七章讲，正是"向上之心强，相与之情厚"，彼此理性长短，此其可见者三。

（四）中国人好讲理，乃于各宗教不复沾滞在其特殊名象、具体仪文、表面关系等，而理会其道理。每有人想把各大宗教融合沟通，在昔则有所谓"三教同源"，在今则有所谓"五教合一"，其他类此者甚多。他们总喜欢说：教虽不同，其理则一。此固不免笼统可笑，然正见其是直接地信理，间接地信教。即此抽象理解力，可为其理性发达之征。但理性发达，并不足补救其短于理智，许多幼稚可笑之迷信，依然可流行于读书人之间。反之，在西洋虽不能以道德代宗教，却可有科学以代迷信。两方互有短长，此其可见者四。

（五）讲理与斗力，二者互不相容。中国人在相争之两造间，若一方先动武，旁观者即不直其所为，虽于本来有理者亦然。因情理必从容讲论而后明，一动武即不讲理，不讲理即为最大不是。此耻于用暴之美德，外国有识之士如罗素曾深致叹服：

> 世有不屑于战争（too proud to fight）之民族乎？中国人是已。中国人天然态度，宽容友爱，以礼待人，亦望人以礼答之。道德上之品行，为中国人所特长。（中略）如此品性

> 之中，余以其"心平气和"（pacific temper）最为可贵。所谓心平气和者，以公理而非以武力解决是已。（罗素《中国之问题》第192页，中华书局出版）

罗素此叹，正是自悟其西洋之短。往古文化浅之人，冲动强而理性短，于彼此相争之际，不能论辩以明其是非，辄以斗力决曲直。此风在欧洲直至近代初期，犹未尽除，既行于私人彼此之间，亦且行于公众。看甄克斯《社会通诠》便可晓得。前引其所叙旧时选举竞争之事，即其一例。在他书中说：

> 胜者得之，负者嗫若。

> 两造相持，得请一斗为决，虽或曲胜直败，无后言。

这正合了"有力者就是有理"（Might is right）那句话。文明既进，血斗似不复见，然而工业上劳资之两方，此以罢工为手段，彼以闭厂为武器，依然是不决于理而决于力，以胜负定是非。风气移人，今日中国少年口里笔下亦爱用斗争一词，完全模仿布尔什维克而来，北伐以前犹未见也。中西理性长短，此其可见者五。

以上五点虽云未尽，可得其大要。但假如我们想指出西洋在理性上有优于中国之处，却亦有一点可指。那就是：他们理性虽浅，却是随着其社会形势之开展而次第开发，并不像我们是早熟的。早熟的，常常蕲向虽明，而事实多有不逮。常常只见于少数人之间，而不能普遍于社会，尤其缺乏客观保证，不免于反复。次第开发者，从事到理，心随身来，稳实可靠，便不致如此。关于此方早熟之为病，向下续有说明。

三、陷于盘旋不进

前讲中国循环于一治一乱而无革命，源于产业革命之不见（第十一章）。现在又可看出产业革命之不见，源于无科学，盖从心思上之中西分途，其文化之后果便全然两样。中国虽于其途尚未大分之时，有科学之萌芽，而当其途既分之后，科学卒以夭折，不能再有。同时，就专以修己安人为学问，而农工商业一切技术则不入于学问，被划出于劳心者注意圈外。学术研究之题材既隘，又以不易捉摸之生命为对象，遂盘旋而不得进。同时，农工商诸业得不到学术研究以推动之，亦不能有进步。此两者以分离而同蹈绝境，中国人在人生第一问题上乃留滞于产业革命以前。

试更取西洋与中国对照作表以明之——

西洋	中国
心思偏于理智。 满眼所见皆物，不免以对物者对人。 科学大为发达。 科学研究与农工商诸般事业相通，相结合。	心思偏于理性。 忽失于物，而看重人。 科学不得成就。 把农工商业划出学术圈外。
学术研究促进了农工商业，农工商业引发了学术研究，学术与经济二者循环推动，一致向大自然进攻。于是西洋人在人生第一问题上乃进步如飞，在人类第一期文化上乃大有成就，到今天已将近完成。	学术研究留滞于所到地步，一般经济亦留滞于所到地步。且学术思想与社会经济有隔绝之势，鲜相助之益，又加重其不前进。于是中国人在人生第一问题上陷于盘旋状态，在人类第一期文化上成就甚浅，且无完成之望。

所谓学术思想与社会经济有隔绝之势鲜相助之益者，例如两汉经学，魏晋清谈，宋明理学，以及后来之考据、词章，哪一样不如此？而此外，像是伦理化的经济，伦理化的政治，向里用力的人生，又何莫非使中国人在第一问题上不得前进之有力因素？前在第十一章讲产业革命所以不见于中国那一段，已曾数说过，请参看前文，今不重复。前前后后各种因素加起来，就使得中国人在第一问题上不能前进，决定而又决定。然试检看这许多因素究从何来？则又莫不来自一个根本点：理性早启，引入了人生第二问题和第二态度，若将向于人类第二期文化而前进，便消极搁置了第一，积极遏阻了第一。

那么，就要问：不能成就第一，是否能成就第二呢？第一路通不过了，第二路可不可以通呢？不能行。第二问题是理性的问题，第二态度是理性的态度，第二期文化是人类理性充分展开之文化。本书从第八章便讲过"理性要从阶级来"之理，其后续有阐明。然而中国自封建解体，化阶级为职业那时起，把这作为人类进达理性之阶梯的阶级却拆散了，即再无办法。所有周孔以来早启之理性，其表现与成就只得"纳人群于伦理""化阶级为职业""融国家于社会"……这些，不能再多。这些只可算是第二期文化一点影子，缺乏经济进步，实无望其完成第二期文化。上章曾细剖"心随身来，身先而心后"，第二期文化必以第一期文化为基础的种种道理。读者回看前文，自可明白，此不多说。

那么，再问：第二路不通，是否可以回复到第一路去呢？这亦不可能。第二回到第一，那就是由理性又退回到身体，向外用力又代向里用力而起。这在人的生命上便是退坠。并不能复其从身体发轫之初,在中国历史上便是逆转。亦不能再回到没有经过理性陶冶那样。换言之,这只是由成而毁而已。读者试回看第九章所论"逆转于封建",第十一章所讲"周期性的乱",就可明白,此不多说。

前进不能,后退不可,只有盘旋。盖生命现象中固无停住不动之事。中国历史上一治一乱,固然是盘旋,凡其一切不进者,若经济若学术亦都是在盘旋。此真人类文化一奇迹!旧著于此,早有点明:

> 他再不能回头补走第一路(西洋之路),亦不能往下去走第三路(印度之路),假使没有外力进门,环境不变,他会要长此终古!

> (上略)从此简直没有办法,不痛不痒。真是一个无可指名的大病!(以上并见《东西文化及其哲学》,第203页)

中国近两千年社会,单从经济上看,无疑是介于封建社会资本社会之间的。固然它亦许是正在过渡——从封建到资本之过渡。但为什么老在过渡,而总渡不过来呢?不肯在封建资本之外建立第三方式者,不能解答这问题而受窘,即建立第三方式者(如李季建立"前资本主义生产方法"之说),依然窘于解答。这都是把盘旋不进误认为进步慢,昧特殊为常态。于唯物史观不能善为理会,而固执之,以自陷于不通。

我在另一旧著又指出其所以盘旋之故,在交相牵掣——

> 照此社会形势,的确有使人走入人生第二态度之必要。但人能不能应于此必要而走去,固未易言。在这里至少有两层问题:一层是人生落于第一态度则易易,进于第二态

度则较难（中略）。一层是第二态度固于此时有必要，而第一态度于此时亦同有其必要。盖从人与人的关系（第二问题）以为言，此时固以第二态度为必要，而第一态度殆无所用之——此其异于西洋社会者。然从人与物的关系（第一问题）以为言，则此时又以第一态度为必要，而第二态度又殊不适用——此其不异于西洋社会者。两个必要交陈于前，两个态度乃迭为起伏交战于衷，数千年中国人生所为时形其两相牵掣，自为矛盾者此也。由上二层问题，第二态度虽为中国人所勉自振拔以赴之者，而有时失坠，数千年中国社会所为一治一乱交替而叠见者此也。（《中国民族自救运动之最后觉悟》，第85页）

（上略）知其既向别途（第二路）以进，则产业革命之不见，工产资本之不成，固有由矣。更次，乃见其所遗之一途（第一路）固为所遗而不进，其向别途之进者，亦卒有所限而止于其可能之度。而同时又还以此所牵，不能复回于彼一途。彼此交相牵掣，是即绝境所由陷（下略）。（同前书第95页）

具体指出来：有职业而无阶级，是社会而非国家，原为人类所必至之一境。如从第一路贯彻下去，终可到达。却是中国人不终循第一路，径自折向第二路，化阶级为职业，融国家于社会。此未尝不是迈进于第二期文化，但卒为其第一路上成就尚浅之所限，劳心劳力不能合一，只能拆散阶级而已，不能达到无阶级。——所谓"止于其可能之度"类指此。当其把劳心劳力作为职业划分之时，亦即是学术思想与社会经济彼此隔绝之时，心思聪明乃只用于修己安人，而不用于物质生产。此一面既因迈进于第二，而第一路为之耽误，彼一面又因第一之不足，而第二路受到限制。欲复回于第一路，则此化阶级为职业者格于理性既进（不许政治上有垄断，不许经济上有垄断）而退不转。欲在第二路上更进一步，则此别劳心于劳力者既无望其有合一之事实出现（生产技术大进）而进不得——所谓"交相牵掣"类指此。类此交相牵掣之事尚多，留心体察，不难看见。以中国人智力之优越而无所逊，中国人数量之众多而罕与此，自秦汉后经历岁月又如此之长久，乃在文化上竟尔陈陈相因，讫不见有新机杼之开出，如果不是有此一种交相牵掣之形势，消磨其智于内，试问这些智力上哪里去了？只有此交相牵掣，不得自脱，其为阻力乃最大也。

四、中国文化五大病

中国文化原只有一早熟之病,旧著曾设为譬喻云:

> 好比一个人的心理发育,本当与其身体发育相应,或即谓心理当随身体的发育而发育,亦无不可。但中国则仿佛一个聪明的孩子,身体发育未全,而智慧早开了。即由其智慧之早开,转而抑阻其身体的发育,复由其身体发育之不健全,而智慧遂亦不得发育圆满良好。《中国民族自救运动之最后觉悟》,第96页)

本病虽只有一个。而表现之病象则有五:

(一)幼稚——中国文化实是一成熟了的文化,然而形态间又时或显露幼稚。举例言之,人与人之间的隶属关系,为封建社会之象征者,在中国社会中即未能免除。子女若为其尊亲所属有,妇人若为其丈夫所属有。乃至主奴之分,许多地方亦且有之。中国虽已经不是宗法社会,不是封建社会,而总被人指目为宗法社会封建社会者,盖亦由此等处而来。其实它乃以走伦理情谊之路,既鲜西洋中古对于个人过分之压制干涉,遂亦无西洋近世个人自由之确然奠立。不唯自由不曾确立而已,如我在上章所论,个人且将永不被发见。这样就让宗法的封建的形迹有些遗留下来，没有剥除。再如有不少幼稚可笑的迷信流行在民间，似亦为文化幼稚之征。其实中国古人远在二三千年前，头脑思想之开明有非任何民族所及，神话与迷信比任何地方都少。但为它不走科学一条路，对于大自然界缺乏考验，没有确实知识之产生，就让这许多幼稚迷信遗留下来，未及剥除。其他事例尚多，不备举。总起来说：骨子里文化并不幼稚的中国，却有其幼稚之处，特别在外形上为然。流俗认病不真，即执此以为中国是幼稚落后。其实中国若单纯是一尚未进步的社会，那问题不早简单容易解决，没有今天这么麻烦了吗？

（二）老衰——中国文化本来极富生趣，比任何社会有过之无不及，但无奈历史太久，传到后来，生趣渐薄，此即所谓老衰了。譬如骑脚踏车，初学亟须用心费力左右照顾。习惯成熟，便抽出其中自觉心，而动作机械化。必要这样机械化，才腾出心力来向最高阶段用去，如骑在车上玩许多巧妙花样把戏等。社会亦复如是。常将许多合于需用之事，保留传习，成为习俗制度。自一面谈，这于社会生活极有方便，是很好。但另一面，又因其变得机械僵固，积重难返而不好。中国文化一无锢蔽之宗教，二无刚硬之法律，而极尽人情，蔚成礼俗，其社会的组织及秩序，原是极松软灵活的，然以日久慢慢机械化之故，其锢蔽不通竟不亚于宗教，其刚硬冷酷或有过于法律。民国七八年间新思潮起来，诅咒为"吃人的礼教"，正为此。举例言之，如一个为子要孝，一个为妇要贞，从原初亲切自发的行为而言，实为人类极高精神，谁亦不能非议，但后来社会上因其很合需要，就为人所奖励而传播发展，变为一种维持社会秩序的手段了。原初精神意义浸失，而落于机械化形式化，枯无趣味。同时复变得顽固强硬，在社会上几乎不许商量，不许怀疑，不许稍微触犯。触犯了，社会就予以严厉之压迫制裁，此时一遇西洋新风气的启发，自非遭到厌弃反抗不可。厌弃就是因为领会不到它的意味，反抗就是不甘服这种强性压迫。假使在当初中国文化方兴，礼俗初成，意趣犹新，自觉未失，则断不会有此。所以其病完全在老衰这点上。

（三）不落实——西洋文化从身体出发，很合于现实。中国文化有些从心发出来，便不免理想多过事实，有不落实之病。何谓现实？何谓理想？现实不外两个字：一是利益之利，又一是力量之力。力量所以求得利益，利益所以培养力量。二者循环发展，可通为一。从身体出发者，所务正在此，是故西洋文化为现实之路。反之，若一发乎理性要求，而不照顾到此，那就是理想了。从心发出的中国文化——中国之社会人生——就恒不免这样。[①] 慈孝仁义，最初皆不外一种理性要求，形著而为礼俗，仍不过示人以理想之所尚。然中国人竟尔以此为其社会组织秩序之所寄，缺乏明确之客观标准，此即其不落实之本。例如政治制

---

① 张东荪先生近著《民主主义与社会主义》一书第17页，有下面一段话：
　　欧人自由主义开始于反抗不自由。例如英国1215年所谓"大宪章"亦仅立若干琐事，都是当时的实在情形。又1789年之"人权法典"，亦只是历举若干件君主侵犯议会的事情，以禁其再犯。我写到此，忽感觉中国的情形恰与西方相反。西方是从实际上把一件一件侵犯自由的事实打消了，顶回去了，然后乃实现抽象的自由之全义。中国自辛亥以来即是由在上者先自己宣布一抽象的自由宪法，而实际上却依然一件一件来破坏人民的自由。
　　张先生指点在西洋抽象之理念为后出，而中国恰与之相反，自然很对。其仅举辛亥以来为例，盖犹未悟西洋文化是从身体出发，而中国却从心发出来，一则从事到理，理念在后，一则从理到事，理念在先。彼此原来不同也。

度，在它即为其礼之一部。说它是专制与说它是民主，同样不恰当。它固不曾以民主为礼，又何曾以专制为礼？事实上亦许不免于专制，然而那非它本意。从其本意表现得很好之时，便具有高度之理性，不过不甚多见。前曾说中国社会秩序恒自尔维持，若无假乎强制之力，那确有其事，有非西洋社会所能梦见。但治世少而乱世多，像西欧国家可以近二百年无内乱者；又非我们所能梦见了。谈中国文化总不能以其乱世作代表，而要举其治道治世来说。但这样说，又嫌理想有余，事实不足。又我常说：中国之民主存于理（理念），西洋之民主存在势（形势）。存于理者，其理虽见，其势未成，纵然高明，不能落实。存于势者，其势既成，其理斯显，虽或了无深义，却较稳实。这就为西洋是从现实（利与力）中发展出理性来的，而中国人却讳言力，耻言利，利与力均不得其发展。离现实而逞理想。卒之，理想自理想，现实自现实，终古为一不落实的文化。

（四）落于消极亦再没有前途——与其不落实之病相连者，尚有一病，就是落于消极。政治为力之事，然而不独为力之事，没有一点理性是不行的。经济为利之事，然而不独为利之事，亦恒必有理性在其间。总之，凡是人的事缺不了理性，只是理性多少问题。人类文化渐高，原是利、力、理三者循环并进，然人的理性日启，则利与力的地位随以递降，这是一面。又一面，利发达了，人之所需无不给，则利亦不足重；力发达了，人人有力，则亦难以力服人。末后经济上完成社会主义，政治上完成民主主义，那便是利、力、理三者同增并富，而理性居于最高，以决定一切。西洋循现实之路以进，自能渐次达此一境，其文化都是积极的。中国理性早启，以普其利于伦理而经济不发达——经济消极，失其应有之发展进步。以隐其力于伦理而政治不发达——政治消极，失其应有之发展进步。它似乎是积极于理，而不积极于利与力，然理固不能舍利与力而有什么表现。卒之，理亦同一无从而积极，只有敷衍现状，一切远大理想均不能不放弃。中国文化多见有消极气味者以此。同时，它亦再没有什么前途。

（五）暧昧而不明爽——以中国文化与其他文化（类如西洋文化）——相对照，令人特有"看不清楚""疑莫能明"之感。例如在宗教问题上，西洋有宗教，是很明白的，中国却像有，又像缺乏，又像很多。又如在自由问题上，西洋人古时没有自由就是没有自由，近世以来有自由就是有自由，明朗而确实。中国人于此，既像有，又像没有，又像自由太多。其他如：是国家，非国家？有阶级，无阶级？是封建，非封建？是宗法，非宗法？民主不民主？……一切一切在西洋皆易得辨认，而在中国则任何一问题可累数十百万言而讨论不完。这一面是其内容至高与至低混杂而并存，一面是其历史时进又时退往复而不定。盖暧昧不明之病与其一成不变之局，原为一事而不可分。

第十四章

结 论

一、讨究特征之总结

第一章列举中国文化十四特征，经过许多讨究到现在，约可结束。归根结蒂，一切一切，总不外理性早启文化早熟一个问题而已。兹就各章所论究，贯串起来以明之。——

（一）很显然地，其中第十二特征所谓"无兵的文化"，是源于第十一特征"不像国家"而来。第九章具有解答，可不烦多论。

（二）而中国之所以不像国家，则为其融国家于社会了——此亦见第九章。设更问其如何竟可把国家消融于社会呢？第一层是因为：家族生活与集团生活同为最早人群所固有，而中国人浸浸家族生活偏胜，与西洋人之集团生活偏胜者，恰各走一路。从集团生活一路走去，即成国家；从家族生活一路走去，却只是社会。第三、第四两章即系论证此议。然而其社会生活若仅止于为一种家族生活，或其社会不外一家族本位的社会，则既不能强，尤不能大，缺点甚多，必将无以自存于竞争之世。换言之，在天演淘汰中最能见优胜者应该是强且大之集团。中国人缺乏集团生活不难，难在其缺乏集团组织而竟能长久存活，不被淘汰。相反地，他并且能有极大之发展。此诚何故？于是继第一层之后，就要说出第二层。第二层是因为，理性早启，周孔教化发生，使古代一般之宗法制度转化为吾人特有之伦理组织，以伦理本位代替家族本位。伦理始于家族，而不止于家族，规模宏远，意识超旷，精神大为提高。家族本位社会是不能存在到今天的，伦理本位社会却前途远大得很。凡此均详见于第五、六两章。然中国与西洋分途虽早，而在早期还不能分得甚明。周孔教化发生于封建之世，那时还像国家。战国七雄一面更像国家，却一面亦正是国家要被消融之始。必到周孔教化收功结果之时，封建既已解消，阶级化为职业，国家永被涵容于社会。此看第八、第九两章可以晓得。

（三）就在解答中国所以不像国家之时，便亦同时解答了中国人的家之所以重要——第七特征。盖正唯其是从家人父子兄弟之情放大以成伦理社会，所以不成阶级统治之地缘国家。又正唯其缺乏集团组织以为其生活之所依靠，乃不得不依靠于伦理作始之家族亲戚。除上面所说几章外，其在前之第二章在后之第十章亦皆所以解答此问题，参看自得。

（四）近代西洋之所谓民主，要在其人对国家有所参权，有自由权，这是在集团生活中个人地位提高之结果。所以中国之缺乏民主——第九特征——乃是从缺乏集团，不像国家而来，不可误作压力太强之没有民主看。此其理，具详于第十二章。

（五）集团生活与家族生活，此重则彼轻，彼松则此紧，二者不可得兼。像在中国那样家人父子情谊之重，西洋人没有，像在西洋那样国民对国家观念之明强，中国亦没有。然中国西洋在此之所以分途，却端为周孔教化与基督教之相异。故我郑重指出宗教问题为中西文化之分水岭。——以上见第三、四、五、六各章。一般说来，文化都是以宗教作中心而发展，中国独否。——中国文化第六特征，宗教乃被非宗教的周孔教化所代替。宗教乃为感情之事，不出于理智，抑且颇远于理智。周孔教化自亦不出于理智，而以感情为其根本，但却不远于理智——此即所谓理性。理性不外乎人情。而宗教感情却总见其激越偏至，有时不近人情。因此周孔赞美人生，敦笃人伦，与宗教之倾向出世常要离弃家庭者就刚好相反。宗教之动人，恒在其不平常，而周孔之教化则于平易切近之中深有至理，不必动人而人自不能出。当其代替宗教位居中国文化中心而为之主的时候，我们就说它是以道德代宗教了。——见第六章，第六章盖一面说明了第六特征"缺乏宗教"，又一面说明了第十特征"道德气氛特重"。

（六）西洋中古社会靠宗教，近代社会靠法律。而中国社会如吾人所见，却是以道德代宗教，以礼俗代法律。此即是说：在文化比较上，西洋走宗教法律之路，中国走道德礼俗之路。宗教自来为集团形成之本，而集团内部组织秩序之厘定，即是法律。所以宗教与法律是相联的。道德之异乎宗教者，在其以自觉自律为本，而非秉受教诫于神。礼俗之异乎法律者，亦在其慢慢由社会自然演成，而非强加制定于国家。其间精神正是一贯的。中国古人之迥出寻常者，即在其有见于人心之清明正直，而信赖人自己。所谓一贯精神非他，即是倚乎自力，而非如西洋之必倚乎他力。我所云理性早启者，正指此点。——凡此请看第六、七及第十、十一、十二各章。唯理性为道德在人类生命中之真根据，故第十特征之确切解答应在此。

（七）云何为自觉自律？好好恶恶而心中了了，是曰自觉；

基于自觉而行吾所好，别无所为，是曰自律。如我好公平而恶不公平，我本此而行，非屈于力或诱于利而然，亦不因屈于力或诱于利而改，即是其例。说理性，即指自觉自律之条理天成而言，说无对，即指自觉自律之浑然不二而言。道德根于理性无对而来，为人类生命之最高表现。却不料中国古人直欲将社会秩序依托于此，而不尚政刑①。有如孟子所说"无为其所不为，无欲其所不欲"，其信赖人而爱人，爱人而信赖人，旷观世界诚所未有。由此端萌展去，三千年来中国文化遂以大异于他方。他方文化发展，总不出乎力与利之间，以力量求得利益，利益则培养拓大其力量，力量又求利益，利益又培大其力量。如是循环推进不已，利与力二者互通为一。盖从生物之生存发展以来，原不外此一回事，人类文化最初从身体出发，正亦莫能外也。所谓中国之大异于他方者，第一表现在政治消极上，其次表现在经济消极上。——

表现在政治上者，即缺乏集团，不像国家，根本消极于政治，不向此方面发展。此何以故？集团生于斗争，国家起自武力。政治上一事正要从"力学"上了解才得。中国人虽然亦跳不出利与力之循环圈，而不能无事于力。但它却于人身之外直揭出人心来，每在有对之中表现无对，遂使政治力学上骤乱其例。这在远古至战国以前，即是阶级不甚凝固，缺乏封畛；在战国以后至清季，即是化阶级为职业，以相安代统治。所有近两千年来之循环于一治一乱而无革命，政治永无进步，盖在此。——请参看

---

① 《论语》："道之以政，齐之以刑，民免而无耻。道之以德，齐之以礼，有耻且格。"

第九、十、十一、十二、十三各章。

表现在经济上者,即农工商业一切不入于学问(士人不讲求这些),学术思想与社会经济有隔绝之势,鲜相助之益。二千年经济上停滞不进之直接原因在此。——说见第十一章。然其间接原因,却更具有决定性。此即科学在中国之夭折无成。科学何以无成?科学在人类生命中之根据是理智,而道德在人类生命中之根据则是理性。道德与科学不冲突,理性与理智更无悖,然理性早熟却掩蔽了理智而不得申。——说见第十三章。

于此可以看出,前所列第五特征"文化盘旋不进,社会历久鲜变",及第八特征"缺乏科学",其关键皆在道德之代宗教而起太早。一般说,文化都是以宗教开端,并依宗教作中心而发展,道德视宗教远为晚出,而此独不然。此其所以为人类文化之早熟。

第一章所列举十四特征中,第五至第十二之八点,曾在本书各章予以讨究者,已为贯串如上。还有其后之第十三第十四,其前之第一至第四各点,书中论究未及,但这里却已不难把它亦贯串起来。——

(八)说中国文化是"孝的文化",自是没错。此不唯中国人的孝道世界闻名,色彩最显,抑且从下列各条看出它原为此一文化的根荄所在:1. 中国文化自家族生活衍来,而非衍自集团。亲子关系为家族生活核心,一"孝"字正为其文化所尚之扼要点出。它恰表明了其文化上之非宗教主义——因宗教总是反对这种家族感情的(见第四章)。它恰表明了其文化上之非国家主义——因国家都要排斥这种家族关系的。中国法家如商鞅韩非皆曾指斥孝友之违反国家利益①。2.另一面说，中国文化又与西洋近代之个人本位自我中心者相反。伦理处处是一种尚情无我的精神，而此精神却自然必以孝弟为核心而辐射以出。3.中国社会秩序靠礼俗，不像西洋之靠法律。靠法律者，要在权利义务清清楚楚，互不相扰。靠礼俗者，却只要厚风俗。在民风淳厚之中，自然彼此好好相处。而人情厚薄，第一便与家人父子间验之。此其所以国家用人亦要举"孝廉"也。又道德为礼俗之本，而一切道德又莫不可从孝引申发挥，如《孝经》所说那样。

（九）说隐士是中国文化一种特色，亦没有错（惜蒋著对隐士缺乏了解）。一般高人隐士显著之共同点有三：第一在政治上，便是天子不得而臣，诸侯不得而友，虽再三礼请亦不出来。试问这是任何一封建国家专制国家所能有的吗？就是资产宪政国家，无产专政国家，或任何国家亦不能有。唯独不成国家的这松散社会如中国，才得出现这种人物。不但出现，而且历代都很多，在历史传记上占一位置，在社会舆情上有其评价。第二在经济上，便是淡泊自甘，不务财利，恰为宗教禁欲生活与近代西洋人欲望本位之一中间型。他们虽不足以影响中国经济之不进步，却为中国经济难于进步之一象征。第三在生活态度上，便是爱好自然而亲近自然。如我前所说，对自然界只晓得欣赏忘机，而怠于考验控制。如西哲所誉，关于融合于自然之中，而不与自然划分对抗。其结果便是使艺术造乎妙境高境，而不能成就科学。

---

① 韩非《五蠹篇》尝论君之直臣、父之暴子、父之孝子、君之背臣，以明孝友与国家利益相反。

（十）第一至第四特征可并作一个问题来说。第一特征广土众民一大单位之形成。如上来各章（特如第十章）所论证，它原是基于文化的统一而政治的统一随之，以天下而兼国家的。其内部盖以伦理相安代阶级统治，人缘重于地缘，而摄法律于礼俗，融国家于社会。质言之，其所由拓大到如此之大，非靠武力而靠文化。这是与第二特征第三特征既相互关联，又互资证明的。第二特征在此广大地面同时并存之许多部落种族，除天演淘汰之外，率能融为一大民族而泯忘其不同者，即由其文化所具有之同化力特强，而别无其他故可指。第三特征历史所以绵长不绝者，要在其民族生命文化生命能不遽亡于一时武力之绌败，而每有以复兴。当他统治了异族时，固常能使其同化融合于自己——不独以武力取之，且以文化取之。就在他被统治于异族时，由于异族每要用他的文化来统治他之故，卒亦使其同化融合于自己——先失败于武力，终制胜于文化。盖唯其长久，故不难于大，亦唯其大，故不难于长久。此两特征又皆以第二特征对异族之同化融合为其本。而一贯乎三大特征之中者，实为其文化之优越。所谓一个问题即中国文化所优越者果何在之问题。如第四特征所指出，明见其非以知识擅长，非以经济擅长，非以政治军事擅长（甚且毋宁说他皆短于此），而又明见其所由成就必有一伟大力量在，此力量究为何种力量？

为要深刻认识中国伟大的出奇，还须取印度西洋来相对照。印度与中国同为有名之古老文化区，同样地广人多。但两方情形却绝然相反。在中国区内，有此融合无间之一大民族。在印度区内，其人却陆离庞杂，隔阂分歧，说之不尽。宗教相仇视之外，又益以种族成见，俗禁通婚。长时各保其血统个性，更加以社会阶级（Coste）分别至二千以上，真乃集支离破碎之大观。又语言不同，多至二百余种，举其重要者（使用之者均在五百万人以上），亦有十四种。因此逼着其知识分子，今天在教育上及交际上，只可借用其精神上本无关系之英语。其为遗憾，可想而知。所以伯尔纳·约瑟（Bernard Joseph）著《民族论》[①]说"欲研究印度者，第一应知之事，就是印度实不成为印度（没有一印度民族）"。并且说"虽欧洲全洲亦无此离奇复杂"。然而在他书中论到中国人（蒙藏等族在外），却大称道其文化之统一，民族之浑整。在这里宗教虽然有儒、释、道种种，却能不相妨碍，或且相辅而行。种族上，若追源溯流自有甚多不同，而今则都已浑忘。方言虽不免有殊，而"官话"大体通行。尤其文字是完全统一的。所有其历史、文学、礼俗、信念，即借此种文字典籍以传布全国，直接间接陶养了每一个中国人的意识和感情。所以远从江浙到甘肃，或者像东北到云南之遥远，而其人还是那样地没有隔阂。若是他们在外国相遇，更亲切如一家人。似此同化融合三万万以上近四万万人为一大民族之一事，印度固梦想不到，西洋亦梦想不到。在西洋虽不同印度那样破碎，而仍复有一种与中国相反之情势。中国总是化异为同，自分而合，末后化合出此伟大局面来，数千年趋势甚明。西洋却不尽然，宁见其由合而分，好像务于分而不务于合。中古西欧基督教文化统一之天下，分裂

[①] 伯尔纳·约瑟著《民族论》(*Nationality, Its Nature and Problems*)，刘君木译本，上海民智书局出版。

而为近世各民族国家，即其显例。虽近代国家之形成，其间亦尽有并拢糅合之可见，而每每仍难相处，更难于同化。试看比利时卒必分于荷兰，挪威卒必分于瑞典，爱尔兰卒必分于英国……民族自决之呼声不绝于耳。一度大战之后，辄有许多小国家出现，或者复国。总因为他们合起来似甚勉强，必分乃得安。假如去就一任其自然，则此与中国人口面积相埒之欧洲，其间将分划为若干民族单位，实非吾侪谫陋所能算计，反之，在我们却是合甚自然，分之则不安。此与欧洲人口面积相埒之一大单位。假如要分几不知从何分起。

更有一事值得附此一说，犹太人的民族个性最强，世界有名。他们亡国后流散四方，竟然仍保持其遗风故俗，数千年不改。但是他们虽然在任何国度内总不同化于人，独来到中国却不自觉地大为同化了。明清两代居然有应试做官者。现在河南开封城内，俗称"青回回"，又名"挑筋教"者，就是他们。"中国几乎是一切原则的例外"（西洋人恒为此语），真是不错。

我们于是不能不问，这究竟是一种什么力量？

对此问题，往者梁任公先生尝予注意，今《饮冰室合集》存有《历史上中国民族之观察》一文，并附《史记匈奴传戎狄名义考》及《春秋夷蛮戎狄表》，似皆早年所作。晚年又有《中国历史上民族之研究》一文，指出中华民族同化诸异族所用程序共有七种，而其同化力所以特别发展者则有八。兹录其八点如次——

（一）我所宅者为大平原，一主干的文化系既立，则凡栖息此间者被其影响，受其涵盖，难以别成风气。

（二）我所用者为象形文字，诸族言语虽极复杂，然势不能不以此种文字为传达思想之公用工具,故在同文之条件下,渐形成一不可分裂之大民族。

(三)我族夙以平天下为最高理想,非唯古代部落观念在所鄙夷,即近代国家观念亦甚淡泊。怀远之教胜而排外之习少,故不以固有之民族自囿,而欢迎新分子之加入。

(四)地广人稀,能容各民族交互徙置,徙置之结果增加其交感化合作用。

(五)我族爱和平,尊中庸,对于其他族杂居者之习俗恒表相当尊重。所谓"因其风不易其俗,齐其政不易其宜"。坐是之故,能减杀他方之反抗运动,假以时日,同化自能奏效。

(六)同姓不婚之信条甚坚强,血族婚姻既在所排斥,故与他族杂婚盛行,能促进彼我之同化。

(七)我族经济能力发展颇达高度,常能以其余力向外进取,而新加入之分子亦于经济上组织上同化。

(八)武力上屡次失败退婴之结果,西北蛮族侵入我文化中枢地,自然为我固有文化所熏育,渐变其质。一面则我文化中枢人数次南渡,挟固有文化以灌东南,故全境能为等量之发展。

凡此所说:未尝不是,但只说到边缘,未能深入。再要向深入抉发才得明白。

中国文字为其文化统一之一大助力,信乎不差。此试与西洋文字比较对照,则事实自见。人类生命彼此相联相通之具,原初在语言。衷怀情意由此而相通相融,经验知识由此而逗合组织。然语言寄于声音,声音旋灭,不能达于异时异地。因又有寄于图像符号之文字发生,以济其穷而广其用。顾西洋文字仍不外代表声音，即是以文字附于语言而行。人之语言既各族各地不同，又且以异时而生变化，此附于语言之文字自亦因之而不同，因之而变化，所谓济其穷广其用者，实自有限。中古西欧文化统一之分裂于近代，即在各民族语言起来代替了公用之拉丁文。其问题不外古今之变，古不通于今，异族之间，彼此不相袭，由土俗文学而引生民族情绪，因民族自觉而固守其传统语文。其势趋于分而不趋于合。后来东欧各地之纷纷民族自决者，亦悉依语言为准，同为斯拉夫族犹不相通，而各自为谋。假使中国当初亦走此路，其结果恐怕亦差不多。要混东南西北之多族而为一大民族如今日者，其事决不可能。但中文却径取图像符号为主，文字孳衍乃在形体。语言文字浸浸分别并行，初不以文字依附语言，而语言转可收摄于文字。二者恒得维系不甚相远，今古之间即不甚难通。时间距离恍若为之缩短。而字义寄于字形，异族异地不碍相袭（故远如朝鲜，日本，越南等处亦都尝采用中国文字，流传中国典籍）。其结果，遂使种族隔阂为之洞穿，语言限制为之超越，久而久之，一切同化浑忘，三四万万之众，明明由东西南北多族之所合，却竟共一历史记忆，莫不自以为黄帝子孙。

  语言文字为人类生命相联相通之具，而彼此生命之联通与否，却不一定。且文字亦不过一载文化之具，而文化固不在此。文化统一之易得成功于中国，信有赖乎其文字，而文化之统一，却首在其人生态度礼俗信念，次则在生活上之知识经验方法技术，并不在文字上。中国四周围那些邻邦外族开化比较在后，大概没有疑问。因此他们在生活之知识方法上，就一定要学中国，此为中国所以能同化他们之故，实不待言。但只在知识方法上模仿袭取，仍不关事，如其风教不同，人生意趣不合，文化还是统一不了。尤必在情意上彼此能融合相安，而后乃可共成一社会，合为一民族。——生命相联相通指此。任公先生所提第三第五两点，算是说到人生态度及彼此情意间了，可惜尚嫌肤浅。

试问，中国人有平天下的理想，外国人难道没有？罗马教廷之标名Catholic甚为明白；基督的襟怀原没有国家在。然卒之国家观念西洋人却最强，而天下襟怀不足，可知单有理想不中用，要从人的生命深处有其根本不同者在，而后才行。这就是我所说，中国人发乎理性无对，而外国人却总是从身体有对出发。——请看第十二章。唯其从根本上便有些不一样，理想乃不徒为理想，而后态度真切恒久，自然著见于生活间而发生影响。影响到社会结构，则阶级不固而分解，及至伦理本位，职业分途的社会出现。中国遂以社会而代国家。国家是有对抗性的，社会则没有。天下观念于是而永奠，不同西方之仅见于一时。无对抗故无分裂，而只有愈来愈拓大。我民族之泱泱大国举世无比，与西洋小国林立者相较，正为文化植根深浅之有殊，明眼人当早见之。

然此根于理性而发育之文化，其同化力之所以特强，要必从两面认识之，宽宏仁让，与人相处易得融合如上所说者，只不过其一面，还有一面是其开明通达，没有什么迷信固执。迷于此者便与迷于彼者分家，凡自己有所固执，便无法与人合得来，此一定之理。中国自周孔以来，务于理性自觉而远于宗教迷信，后世普通人恒于圣贤佛一例崇拜，直接地信理，间接地信教（见第十三章），皆最少固执。异族相对之间，所以少有隔阂冲突，首先在此。同时在积极一面，更以人所自有之理性领导人，人谁不归之！凡此所云同化者，正不外使人有他自己，而非舍其自己以从我，其同化力所以为强无比，正以此故。

我们知道人类得脱于古宗教之迷蔽，只是最近之事，何为中国古人乃如此之早？此处不可轻忽看过。迷信生于畏惧与希求。古时人群迷信所以不可负，正为其时多有自然灾害而啬于生活物资，人类生存时不免感受威胁，而知识学问顾甚不足。中国古人那时灾害多少如何，物资丰啬如何，以及其知识方面如何，是否皆大有异于他方，今日似乎都难以证明，想来或者亦差不多。那么，其心思开明而少迷信，不能不说是奇迹。我不能追原其故，使此奇迹不奇。但我愿指出，产生迷信的那些畏惧与希求，都从身体而来，无所怵诱于外，而平平正正，开明通达，却是理性之本质。我说一般皆从身体出发，而中国独理性早启，于此又可回证其不谬。

仁厚一面，开明一面，皆其所以最能同化异族之故，自可无疑。然须知此两面之所由表现者，还在其人生态度之正当适中。何谓正当适中之人生，实不好说得出。这只可从其不落于禁欲（例如西洋中古宗教），恣欲（西洋近代人生有此倾向）之两偏言，恣欲者不免陷在身体中，禁欲者似又违反乎身体。禁欲实从恣欲引起来的，而禁欲每又翻转到恣欲。不论恣欲禁欲，要皆失去人类生命应有之和谐，而与大自然相对立。反之，得乎人类生命之和谐而与大自然相融合，是即正当人生仁厚有容，开明无执，皆不过其表现于外者。非宗教的文化之出现于中国古代，正为其时有人体现了此种人生，体验了此种人生——这就是所谓圣人，他本乎此种人生以领导人，就有所谓周孔教化。异族之同化，即与我一同向往于此种人生，文化之统一，即统一于此种人生之向往。正当适中自不易谈，而郑重以事人生，不偏乎恣欲或禁欲，却蔚成此土之风尚。——此土风尚所为翘异于西洋迥别于印度者，唯在此。

当然不待说，此种人生态度不枝不蔓近情近理，其本身就是最易使人同化的。更加以最利于传送到异时异地之文字，其收效乃更大更神。配合上各种知识方法在当时之比较优越。军事政治亦复不弱于人，此伟大出奇的局面不知不觉就成功了，前问：在知识，在经济，在军事政治，既一一皆非中国所擅长，他究竟靠一种什么力量而得成功？现在可以回答：这就是理性之力。

试再取印度西洋来对照以明之，前在第十二章曾指出，人类社会因文化发达进步而得发育成长，实有两面：一面是属身的，一面是属心的。身体本是生存工具，人在图生存中，又不断在身内身外创造许多工具（包知识技能而言）来用，使身体活动加大加强，以及更加灵便，由这些工具之发达，社会关系日益繁密，社会单位日益拓大，此即社会发育成长之属于身的一面，西洋自产业革命以来到今天，其文化之进步特偏此一面，其社会之发育成长亦特偏此一面，显然可见。唯其有此一面之成功，故其社会生活所表现者不像印度那样支离破碎，而且亦能有伟大局面如不列颠联合王国，如苏维埃联邦者之出现。但这些是国家而非民族，是政治上之联合统一，而非文化上之融合不分。那即是说，其伟大局面之形成，宁从身来而不从心来，和我们不同。始终停留在产业革命前的我们，身体工具一面文化不发达，较之今天西洋落后何啻千里之远。大部分乡村犹不失自然经济之面目,水陆交通胜于原始者不多,则以其固有种族之繁,山川之阻,岂有联成一体之可能?然而竟有此一伟大局面之出现,而且此一大单位是文化上融合不分之民族,并不像他们只是政治上联合统一之国家,随时还有分裂可能。对照着见出我们的伟大,宁从心来而不从身来。此即是说,我们虽未能由工具发达,使人与人从经济上密织起来,在政治上为远大之抟控,而实现社会之发育成长于身的一面,但我们却因另一面文化之进步性,使人与人从彼此了解之增进而同化,从彼此情意之款洽而融合,卒能实现社会之发育成长于心的一面。

　　人与人之间,从乎身则分则隔,从乎心则分而不隔,然卒以身之故,此不隔之心却容易隔起来,故在文化上恒必有其相联相通之道,而后人类乃得成社会而共生活。人类从最初有社会那天,便有宗教,就是为此,凡宗教,道德,礼俗,法律一类东西,皆为文化之属的一面的。说心即指理性(见第十二章)。凡社会之发育成长,属身一面的皆由理智对物有进步,属心一面的,皆由理性对人有进步,理智对物有进步,不外自然之物更为人所控制利用,其表见则在种种工具之发达。理性对人有进步,不外那些歧见猜防、褊心固陋——此多起于后天而存于群与群族与族之间——渐得化除,恢复其本来不隔之心。其表见则在宗教、道德、礼俗、法律之闳伟明通。宗教是一怪东西。它一面涵有理性成分,一面又障蔽了理性,它方使人在此得相联通,同时却又使人在彼隔阂起来。上说那些歧见猜防、褊心固陋,如其不尽出于宗教迷信,至少亦与宗教有关。在西洋,其文化所以不能统一，民族所以难于融合，至今欧洲卒必分若干单位而不止者，正为他们当初走宗教之路所不可免。而中国的好处，就在早早脱开宗教，创辟其非宗教的文化。所以论人口面积，我与欧洲相埒，且他们经济进步而我未能，他们交通发达而我未能，相形之下，人们在生活关系上自又大为疏远，地面又显得格外辽阔，却是他们所不可得之融合统一，我先得到。此即中国文化虽未能以理智制胜于物，独能以理性互通于人，他们尽管身近而心不近，我们虽则身远而心不远。更从中国西洋以看印度，印度宗教最盛最多（印度文明自有独到在此），西洋所未有，莫论中国。因此中国式之社会发育成长，在印度不能有。同时，它在身体对外发达种种工具一面，似尚不如中国，莫论西洋。因此西洋式之社会发育成长，在印度又没有。这两面都没有，自然难怪其社会陷于支离破碎之奇观了。统起来可以说，中国，西洋，印度之不同，其问题皆在宗教上。

社会之发育成长，身心两面原自相关，因亦常相推相引而共进。但由于西洋是从身到心，中国是从心到身，中西卒各落于一偏，失其身心应有之配称关系。西洋之失，从近代资本社会最易看出，一大工厂，一大公司，成千成万之人在一起共生活，虽事实上互相依存，而人人各自为谋，彼此缺乏承认，缺乏了解。有如一盘机器的各部分，诚然为着一公共结果而在协作前进，但他们却于此公共目的无认识无兴趣。因其只是机械共处而非理性合作，所以不能按着公共目的而各自约束自己。相反地，有时且各为自己而破坏了公共目的。整个西洋社会便是这样机器式生活着，其间联锁关系多偏在身一面，而缺心为适当配称。杜威博士于其《民本主义与教育》一书，尝论今日欧美虽不能不说是一进步的社会，但仍有其"不社会"之处，正为此。现在逼着转向社会主义，仍不外一机械力之逼迫，尚少悔悟于其理性之不足。今后如何亟从理性求补充，是其前途所切需。

表见在中国人之间者，好处是不隔阂，短处是不团结。西洋人与我相反，其好处是能团结，其短处是多隔阂。因此若在西洋，不隔阂就一定团结得很好，而中国却不然。伯尔纳·约瑟在其《民族论》既盛称全中国的文化十分一致，却又说中国人缺乏民族意识民族情绪，不算一真正民族。此在西洋将不可解，何以其人文化都十分一致了，而其间还不曾有民族意识民族情绪存在？盖民族意识民族情绪养成于团结对外。习于团结对外之西洋人，有时于文化不一致者犹不难团结成一民族。不习于团结对外之中国人，尽文化如此统一，依然有不成民族之讥。证之于抗日战争，说中国人没有民族意识或者太过。然中国人散漫无组织，家族意识乡里意识每高于其国家意识民族意识，甚且出国在外犹所不免，其病不可谓不深。问其何为而然？一句话回答，就是其社会在心一面之发育有余，而身一面之发育不足。身体属于对性。当社会从身体有对一面发育而成长，首先即依宗教以团结对外，继此还是依于宗教进步而扩大团结（参看第三章），末后可不依宗教，而还是不改其团结对外。西洋之路正如此，中国独以理性早启，于此颇有缺略。及至社会组织以伦理不以集团，其缺略乃更决定。其不隔阂即理性之表见，其不团结即缺身一面之发育以为配合。这是很明白的。至于种种工具不发达，身体活动不能加大加强，经济犹偏乎自给自足，政治倾向于消极无为，使其人益形松散，几若不甚相关，其为社会在身一面发育不足之表现又不待说。然尽它在这一面如此短缺，而另一面其融合统一之出奇伟大局面，你总否认不得，此即所谓在心一面之发育有余了。

末后总结：中国的伟大非他，原只是人类理性的伟大。中国的缺欠，却非理性的缺欠（理性无缺欠），而是理性早启，文化早熟的缺欠。必明乎理性在人类生命中之位置，及其将如何渐次以得开发，而后乃于人类文化发展之全部历程，庶得有所见。又必明乎中国之为理性早启文化早熟，而后于此文化不可解之谜乃无复疑滞，并洞见其利病得失之所在。所有中国文化之许多特征（如上所举乃至上所未举者），其实不外一"文化早熟"之总特征。这是从上论证到此，毫不含糊的结论。或问，此早熟又由何来？早熟就是早熟，更无谁使之早熟者。西洋未曾早熟，却又嫌熟得太晚——其理性开发不能与其身一面之发育相配称。偏此偏彼，中西互见，不得问其何为而偏。岂独中西有偏，世界各处文化所以表现种种不同者，正为其发乎种种不同之偏差。必以其地理、种族、历史等缘会不同言之，虽有可言者，究不足以尽。一切文化都是创新，不徒为外缘之适应，愈伟大的文化愈不是。

二、民族性之所由成

如第一章所说，中国民族性为研究中国文化一极好参考佐证资料。兹于文化既大致讨究有结论，应即取民族性互为勘对印证。第在分就前所列举十点（见第一章）数说之前，特对民族性之形成从根柢上一为说明如次。——

近见雷海宗教授有《本能、理智与民族生命》一文[1]，特举中英两民族为比较。大致说：现在世界上生存本能最强的是英国人，反之，中国人则此本能衰弱到几乎消灭的程度。为理论而不计及其国家根本利害之人，除英国外，各国或多或少都有，而最多是中国。每每一主义或一制度，在西洋本有其具体内容，一移到中国就变质，而成了纯粹理论。既与过去历史无关，亦与今日现实无涉，而许多人竟可为此牺牲一切，牺牲自己不算，并要牺牲国家。中国自与西洋接触即犯此病，至今不改。在英国人殆不能想象这是如何一种心情。英国人本能强而不害其理智之高，理智高而不掩其本能之强。最奇怪的是中国人，理智不发达而本能却如此衰弱。此其所论，于中英民族性之不同，可称透彻。惜于

---

[1] 雷氏原文载《独立时论》，此据《现实文摘》第2卷第3期转载。

人类生命犹了解不足，譬如雷先生文内说，理智是本能的工具而不是本能的主人。推翻历史，支配社会，控制人生的是本能，绝不是理智。理想家如果认此为可憾，那亦是莫可奈何的。说理智是工具是对的，但他没晓得本能亦同是工具。理智一本静观，没有好恶取舍，诚非历史动力所在，但生物的本能到人类早已减弱，它又岂能推动历史，支配社会，控制人生？此其缺欠实在不认识理性。二十七年前我亦还不认识理性，同意克鲁泡特金道德出于本能之说，而不同意罗素本能、理智、灵性三分法[①]。及至有悟于理性、理智之必须分开（详见第七章），而后恍然罗素之三分法为不易之论。——罗素所云灵性相当于我所谓理性。雷先生称道英国民族生存本能强而其理智同时亦发达，没有错，指摘中国民族生存本能衰弱，而同时其理智不发达，亦没有错。错就错在他的二分法，又把本能理智二者看成有冲突的。雷先生原说一为主人，一为工具，主人与工具又岂有冲突者？显然不对。再从中英两实例上亦经证明其不对。照我的说法，本能理智动静虽殊，同属身体一面，而理智居于其顶点——见第十三章。英国人所表见，明明是我说"从身体出发"之成功者。中国人的受病，则在雷先生所不及知之理性之早启。为了便于说明，我再引另一位先生一段话：

中国人遇到一件事情，只考虑应该不应该，不考虑愿意不愿意。——这是几个朋友闲聊天说的话。他们以前谈什么，我忽略了。只是这两句深深被我听进。因为它正搔着我

[①] 此见罗素著《社会改造原理》，有余家菊译本，中华书局出版。

所眩惑的问题的核心，中国人做事情没有精神，缺乏热诚，就是因为只考虑到该做不该做，而不问其愿做不愿做。所以社会那么多伪君子，而没有真小人。（中略）圣人简直不教你意识到自己的存在。——我既不存在，我不晓得我还会不会感觉到其他事物的存在。（中略）我劝人要意识到自己的存在，以自己作出发点。——我存在，主要地还是为我自己存在。我不是为做父亲生儿子而存在。关于这一点，欧美人是比东方人高明，因为他们没有像我们那么多该不该的道德律。（中略）把人看作必须吃饭的动物，其实就够了。①

这段话正代表中国人理性早启走出去太远，现在要求返回到身体到本能之一种呼声。数千年来中国人的身体和本能从某点上看，无疑是衰败了。"伦理本位"与"自我中心"，"从理性出发"与"从身体出发"，不相协调在这里显得何等分明！使得中国人本能孱弱者是理性，尤其貌似理性的那些习惯。

　　理性、本能其好恶取舍尽有不同，而同属人情。中国人所谓应该不应该，原非从外（宗教上帝）加于人者。正唯其离本能颇近，乃排斥了本能。从外加的，终会遭到反抗，其结果或强化了本能而非削弱之。请看中古以后之西洋人，岂非如此？然又不可误会理性本能相冲突。人类生命因理智而得从生物本能中解放出来，一面其好恶之情乃不必随附于本能。——这就是理性。一面其本能乃不足当工具之任，而必从后天补充。——这就是种种习惯在人类生活中一切莫非本能习惯之混合，纯本能殆不可见。严

---

① 见1946年出版之《导报》第12期，《忠恕与民主》一文，原作者似为戈衍棣。

格说，只有理性是主人，理智、本能、习惯皆工具。但理性不论在个体生命或在社会生命，皆有待渐次开发。方其未开或开发不足之时，人的生活固依于本能习惯以行，乃至理性既启，亦还是随着本能习惯之时为多。除根本无好恶可言之理智，只会作为工具，永不能做主人外，本能习惯盖常常篡居理性之主位。所谓理性、本能不冲突者，当理性为主，本能为工具之时，理性的表现皆通过本能而表现，固无冲突。当本能篡居主位时，理性不在，亦何有冲突？然理性虽其著见于好恶似与本能同，其内则清明自觉，外则从容安和，大有理智在，却与本能不同。本能不离身体，理性却远于身体，恒若超躯壳，甚至反躯壳。中国人理性早启，久而久之，其本能当然不堪与英国人从身体出发者相较。从头脑言之，则习尚于讲理，而以应该代本心情愿。从动作言之，自古雍容文雅之风尚既成，则多有貌似理性之动作习惯代替了本能反应。其本能与身体相偕以俱弱者，昭然在此。同时其理智不过随其理性（或貌似理性之习惯）而生作用，既非同英国人循身体作用进达其顶点那样，且反而随身体作用同受抑阻，当然就无从发达。

譬如西洋人以握手、接吻、拥抱为礼，还有群众拍掌欢呼，把所欢迎之人高举起来等等表情。中国人乍见直骇然退缩，感觉受不了。此即西洋之礼主于亲爱，其情发乎身体，更要借身体来表示。而中国之礼则主于敬让。其情发乎理性，虽其表示亦不能无借于身体，而温文尔雅，含蓄有致。却实在离身体很远。其间如握手拍掌，今日中国人虽亦能模仿一二，可见人情本不相远，而卒于拥抱接吻感觉受不了，是即其数千年来身体本能积渐萎弱之明征。——在数千年前，对此固所不取，尚不致怯缩，有受不了之感。

然在身体本能积渐萎弱之后，中国人的理性亦就不行了。因为生命浑整不可分，未有其身体本能既萎弱而理性犹健全者。今日的中国人，从某些地方看其理性尚不如西洋人，即为此。前列民族性第八点，所云对人（如凌迟处死等酷刑）对牲畜之残忍，最为西人讥弹者，是其例。

大抵民族性所由成，有两面，以上所论为其可能遗传递衍之一面；还有一面则是后天习惯，主要因社会环境之刺激反应而形成。凡前所列中国民族性十点，一一皆可本此两面以了解之。——

例如第四点"和平文弱"，其间即有出于遗传与成于后天之两面。成于后天者，主要在"集团与斗争相联，散漫与和平相联"，第十章特有分析，可不赘。然而对于他族之从身体出发者而说，此理性早启之中国人根本上就是和平的，又不待其社会形势散漫始然。由理性早启驯至身体本能弱下来，是其所以文弱之本，而社会有许多貌似理性的习惯，尚文不尚武，自又为其后天成因。第五点"知足自得"，一面是由理性早启，生命得其和谐，又有一面是由此社会特殊构造之所锻炼，看第十章讲"个人安于所遇"一段可以明白。第二点"勤俭"当然是此职业分途的社会，政治上经济上各机会均难保持不坠，而人人各有前途可求之自然结果（见第十章），主要是得之于后天。但中国人精神上实用主义实利主义之倾向，却好像是天生的理智冷静不足（见第十三章）。第三点"爱讲礼貌"，当然是此伦理本位的社会彼此尊重对方，相尚以敬让之所演成。但其落于虚情客套，便属前所云貌似理性的动作习惯，特别在后世身体本能既弱，理性随以不足时为最多。

第六点"守旧"，其少有冒险进取精神，一动不如一静，自是身体本能萎弱之征，但其所以必要守旧者，却多决定于后天。一则为秦汉后之中国，势必循环于一治一乱，在社会构造上不能推陈出新。社会构造是文化的骨干，骨干不变动，其他附丽于骨干者固亦无多大出入。即在此二千年因袭局面下，其守旧习惯遂以养成。再则为古人智慧太高（理性早启），文化上多所成就（文化早熟），以致一切今人所有，无非古人之遗，一切后人所作，不外前人之余。后来人愈钻研愈感觉古人伟大精深，怪不得他好古薄今。三则为其学术走艺术之路，而不走科学之路。艺术尚天才，靠个人本领，不像科学那样客观凭准，从浅处一层一层建筑起，总是后来者居上，而况中国人的禀赋既积渐而弱，后世难得古人那样天才，其俗自必以古为宗，异乎西洋科学之趋新，又是当然的。

第七点"马虎笼统，不求精确，不讲数字"，往者李景汉先生在河北乡村作社会调查，感触最深。而日本人内山完造则于此特有了解，他指出：中国人非有得多，不能说有；大部没有，即可说无；而非有一个便说有，一个都没有，乃说无。后者为模型的思考法，前者为实物的思考法。后者彻底，前者不求彻底，后者为理论的，文章的，前者为实际生活的。因此他称中国文化为生活文化，与文章文化相对待[①]。其所见已接近于前引张东荪先生

---

① 内山完造著《一个日本人的中国观》，开明书店出版。

西洋有科学中国无科学由彼此心思（mentality）根本不同之说。盖知识之道在分别明确，由身体对外静观而来。中国人则以理性早启，理性与本能接连牵混，其生命与大自然偏于融合相通，对外求知识之倾向乃大为减退（具见第十三章）。至于其间后天之熏习渐染，自亦是有的。

第八点之"残忍"已说于前。其坚忍（自己能忍耐至甚高之程度）则显然为向里用力之人生（见第十章）训练出来的。且不妨说坚忍亦足引致残忍。第九点"韧性及弹性"，似可说即其生命上坚忍力养成之实际表现。这有许多事实曾引起西洋医生、军官、教士之惊奇，散见中外各书[①]，此不叙。唯地理学家沙学浚先生有《中华民族的气候适应力》一文[②]，具有学术价值，略略引叙于此。据说各地方的气候（寒暖湿燥），从其纬度的高低，距海的远近，和地形高低等等因素以形成，全世界共可分为十一个区。所有各区都可找到中国人的聚落，证明中国人的气候适应力最强，更无他族可与相比。气候适应力之含义，主要有两点：（一）在如此气候下依旧可以劳心劳力工作；（二）长久住下去，有固定聚落，传后代，长子孙。譬如白种人在热带便难适应，而日本人则较怕冷，中国人竟自冷热都可以行。俄国人虽有耐寒之称，中国人耐起寒来，比他还强。我们要问：中国人何以这样特别？论身体，中国人并不比他们更健壮，相反地，中国人的身体本能毋宁是较差。况且体育运动，卫生营养，又不讲究。从先天

---

① 见潘光旦著《民族特性与民族卫生》一书，商务印书馆出版。
② 1948年6月30日重庆《大公报·星期论文》。原文罗列证据，此只举其大意。

禀赋到后天方法，均非优胜。如果你只把生命看作身体之事，当然就索解不得。但你如其知道身体不过一生活工具，生命初不局限于此，而源泉深远，那么，你于中国人的长处将亦不难有认识。中国人的长处无他，只在其能从生命更深源泉处取给活力，便不像西洋人那样浅而易竭。人类自身体本能中大得解放后，其生命主要已不在身而在心。心是什么？前曾说"生命充实那松开的空隙，而自显其用，是为心"（见第七章）。不过心不一直对外，还是要通过官体其用始显。中国人气候适应力之强，不强于身而强于心，犹惜其身不够健全，否则将表现更好。西洋人之所以不逮，非缘其外面工具（身体及方法）不够，而是其里面容积不够，以致没有回旋余地。虽韧性及弹性包含甚广，此第就其一端而言其理。然大体说，其他一切亦无不根本在此。盖西洋人多向外作理会而发达了工具，中国人多向里作理会而涵养了生命。论工具，中国不如西洋，论生命，西洋又不如中国。此其大较也。

第十点"圆熟老到"，为我民族性总括的特征，含义甚丰，难于分说说明。然读者却亦不难看出其与本书所论中国文化是成熟非幼稚，是精深非粗浅者之相合。同时亦就知道一切固执社会发展史，抱持文化阶梯观，认定中国落后于英美苏联一二阶段者，显然不对。但我们亦初不否认英美苏联在某些地方为先进。即由此先进后进之参差互见，吾人是有中国文化为人类文化早熟之论断。所谓"不露圭角而具有最大之适应性及潜力"，则又其所成熟在内不在外，在生命本身不在生活工具之证明。反观今日西洋人正有自己不能适应其文明进步之苦，都市中精神病患者日益加多，则其所成就在外不在内，在生活工具不在生命本身，又彰彰也。

末后要论到第一点"自私自利"。潘光旦先生曾以为这是遗传的。他欣赏人文地理学者亨廷顿（Ellsworth Huntington）以自然淘汰和人口移殖来说明中国民族性[①]。说是中国数千年不断水旱灾荒，唯自私心强者易得存活殖种，不然则灭亡，遂淘汰而得此结果。我们实在不敢深信。很显然地是潘先生本其优生学研究，只向遗传上着眼，根本没有明白中国社会构造之特殊，及其如何陶铸了中国人的第二天性——习惯。

本书于中西两方社会生活之不同，再三致意，其间中西第一对照图（见第五章），第二对照图（见第九章），读者最不可忘记。如图所示：从一个人到他可能有之最大社会关系，约划为四级，在西洋人生活中意识中最占地位者，为个人及团体两级，而在中国人却为家庭及天下两级。团体与个人，在西洋俨然两个实体，而家庭几若为虚位，中国人却从中间就家庭关系推广发挥，以伦理组织社会，消融了个人与团体这两端。——这两端好像俱非他所有。必胸中了然于此不同，而后于此一问题的曲折，乃可望辨察明白。——

（一）中国人因集团生活之缺乏，而缺乏公共观念，缺乏纪律习惯，缺乏组织能力，缺乏法治精神（见第四章），一句话总括：缺乏为营团体生活所必需的那些品德——公德。其所以被人看作自私自利多半为此。西洋人之有公德亦不是天生的。既锻炼于血的斗争，又培养于日常生活，其开端盖在宗教组织，而从中古都市自治以还乃大为成功（见第三章）。

---

① 见潘光旦著《民族特性与民族卫生》，商务印书馆出版。

（二）公德所由养成，端在公私利害之一致，为公即所以为私，为私亦势须为公。譬如在国际经济竞争下，一个国民总要用他的国货，这固然可以说他爱国，但他却亦正是要巩固他的生计。又如在政党选举竞争下，一个党员为他的党而奔走，这固然可以说他忠党，但他却亦正是在争取他的前途。往时教徒于其教会，手工业者于其行会，近代产业工人于其阶级组织……其例甚多，不必悉数。总之，公与私相合而不相离，积久而行乎自然。反之，如其公私恒若两回事，为公就要废私，为私不免害公，在那种情势下断无法养成公德。所以径不妨说，西洋人的公德正是由自私而养成。

（三）假若说西洋人公德之养成，只是顺乎人情自然，无所谓自私，那在我完全赞成。但我却要提出说，中国人没有养成公德，同样亦只是人情自然，而无所谓自私。人总不能离社会而生活是一定的，但社会结构彼此却不定相同。西洋人所不能离者是其自古及今种种团体组织，中国人所不能离者是其若近若远种种伦理关系。伦理所不同于团体者，不划定范围，更不作对抗，而推近以及远，又引远而入近。中国人说近就是身家，说远就是天下，而其归趣则在"四海兄弟""天下一家"。此其精神宁不伟大？岂有什么自私？然而可惜是小起来太小，大起来又太大——大到没有边际，抓亦抓不着，靠亦靠不得，真所谓"大而无当"。不像西洋人小不至家身，大不至天下，有个适中范围，公私合成一片，正好培养公德。其公德所以没有养成在此，似乎并无应受谴责之处。要知不能离团体而生活者，就养成其团体生活所必需的习惯，不能离伦理而生活者，就养成其伦理生活所必需的习惯。同时，各于其所不必需者，每每不习惯之。中国人不习于爱国合群，正亦犹西洋人之不习于孝亲敬长。夫何足怪？然而于不习孝亲敬长者不闻有讥，于不习爱国合群者则人人诟病，此无他，逢到今天急切需要国家意识团体行动，而他偏偏不会，且狃于积习，惰性难改而已。生命是活的，时势不同，随时宜为新适应。责他今天还在各顾身家，照顾亲戚故旧为自私，诚不为过，但若说中国人一向就在自私自利中生活了数千年，则是笑话！一味自私便是"反社会的行为"，将不适于任何社会生活，一民族果真有此症候，早不能存在于天壤间，又何以解于我民族生命延续之久，延扩之大，为其他民族所莫得而比？说自私自利是中国民族性者，殊觉无据。中国人并不见得比西洋人格外自私。

（四）翻转来，我倒要指出西洋人实在比中国人自私。近代西洋人的个人本位，自我中心，显然比之从来中国人的伦理本位，尊重对方为自私，且不说。即就他们的团体生活言之，除合作社一类组织外，几无不有极强排他性。罗素所著《爱国功过》一书，尝言英国人惯用仇嫉外国之手段以奖励其国民爱国心，最初仇西班牙人，继则仇法国人，继则仇德国人。今后又不知当仇谁氏[①]。盖"争之与群乃同时并见之二物"（孟德斯鸠语）。论西洋人之轻其身家，似公；而各徇其群，又不过是大范围的自私，不是真公。真公，还要于中国人见之。中国人怀抱着天下观念，自古迄今一直未改，真是廓然大公，发乎理性之无对。说民族性，

[①] 此据商务印书馆出版梁任公先生著《先秦政治思想史》第3页转引。

这才是中国的民族性。今日世界不讲公理，不得和平，正不外西洋人集团生活的积习难改①。依我看：中国人要被自私之讥的时代快过去了，西洋人被自私之讥的时代却快要来。究竟谁自私，不必争论，时代自有一番勘验。

（五）综核以上所论，问题只在社会结构与时势需要上，中国人西洋人根本没有什么不同。如其有之，那就是西洋人从身体出发而中国人理性早启这一点。从这一点上说，比较不自私的当然属中国人。但论其过去则然，非所论于今日。今日中国人恒不免落于两偏的情形：一偏于自私，一偏于不私，而不像西洋人大致总差不多。西洋人当初从身体出发，与一般生物为近之时，虽说辗转不出乎自私，然人毕竟是人，其与人与物通而不隔的生命，不知不觉随时流露出来，便是公而非私。及其理性随社会形势渐次开发，"自己人"的圈步步放大（看第十一章），则更趋向于公。从大事到小事，许多礼俗制度既随以养成，生活于其间的人自私不自私就大致相去不远。唯生于今日的中国人不然。一则礼俗制度破坏凌乱，大多数人失所依傍，自易堕落，而少数人之理性自觉此时却以转强。再则身体本能浸弱，生发之气不足，亦最易流于贪吝。古语所谓"血气既衰，戒之在得"是也。然如是者纵居多数，而火尽薪传，其少数人理性乃愈不可掩。所以今天

---

① 国家主权之无上，是使世界陷于无政府状态，无法得到和平之症结所在。有识者言之已多。而此一牢不可破之观念，正是西洋人集团生活的积习也。日本人藤泽亲雄任国际联盟秘书多年，为怀抱热心而卒归失望之人。他于失望之余，恍然有悟于儒书王道霸道之说，深信只有中国文化能致世界于和平，欧洲人是没办法的。因此他回国创立"东光书院"，以儒书教青年。1932 年曾来北京访问于各大学教授，竟无人加以理会。我曾与晤谈并得其赠书。

中国人，其自私过于西洋人怕是事实，却是另一面，其不自私亦超过西洋人。——只这其间有些是与遗传有关。

中国文化有其特殊之根本由来，我们既经寻绎得到，具说如前，今与其民族性又如是互相印证而不谬，本书即于此结束。

梁漱溟学术年表

马 勇

清光绪十九年九月初九（1893年10月18日），重阳节，梁漱溟生于北京西城安福胡同。

梁家一世祖也先帖木儿为和克齐之子；和克齐为忽必烈第五子。至元十七年（1280），也先帖木儿封云南王，后改营王。

元亡，蒙元宗室重臣大都随顺帝逃回漠北。然也先帖木儿一系滞留河南汝阳，无意北归。明初，留居中原元宗室后裔纷纷更名改姓，一从汉人。也先帖木儿一系五世成公便以所居之地汝阳旧属魏都大梁之故，遂取"孟子见梁惠王"一语改姓梁。也先帖木儿于是被视为梁氏始祖。

五世祖梁成官至钱塘县尉，只是维持地方治安的低级官吏。梁成有子三人，长子铭，次子镛，三子鉴。

六世梁铭，靖难之役时追随燕王朱棣征战，积功为都督佥事，后任参将，出镇宁夏，英勇善战，封保定伯。

七世梁珤，继承乃父封爵，官至副总兵，参与镇压邓茂七。景泰二年（1451），又以"平蛮将军"平定湘贵苗乱，进爵保定侯。

梁成二子梁镛从河南汝阳移居四川保宁阆中，并在那里繁衍出闽中梁氏。梁镛移居此地时，据说乃父梁成也一并迁移到四川，而梁成老伴则随三子梁鉴迁居江宁葛仙。此后梁氏家族在四川、江宁等地代代繁衍，人丁兴旺，族姓大蕃。

清乾嘉年间，梁氏第十八代兆鹏为广东永安县令，兆鹏三子梁譿始自江宁迁居广西桂林。此后其子宝书、其孙承光、其曾孙梁济等皆以桂林籍得中顺天乡试。

梁譿之子宝书为梁漱溟曾祖父，1840年进士，历任直隶定兴、正定、清苑等知县，以官定兴最久。

梁宝书之长子承光，1849年十八岁应顺天乡试中举，任内阁中书，委署侍读。承光娶妻刘氏，直隶通永道贵州毕节刘延熙之女，通书史、能学问，惜毕生未育。承光后续娶侧室陈氏，没有多少文化，但为梁家生有一男，即梁漱溟尊人梁济。

梁济生于1858年，字巨川，光绪举人，历官内阁中书、民政部主事。1918年投水自杀，留有长篇遗书，引起广泛争议，《新青年》有集中讨论。

梁漱溟原名焕鼎，字寿铭，曾用笔名寿名、瘦民、漱溟，以字行。生于甲午前二年，中国进入新旧交替时期，梁漱溟在乃父影响下，不再醉心于科举考试，先后在几所新式学堂读书。1911年毕业于顺天中学堂，是为梁漱溟最高学历。但也必须注意，顺天中学堂的水准并不比同时期所谓大学低，也确实培养出一批优秀人才。

民国元年（1912），梁漱溟担任同盟会京津保支部机关报《民国报》外勤记者，出入国会、国务院，见识、交往过民初许多重要政治人物。

民国二年（1913），梁漱溟厌倦政治与世俗，萌生出家之愿，开始素食，并坚持终生；又因痛恨早期资本主义之残忍，接触并倾慕于日人幸德秋水传播的社会主义，这也是他后来亲近社会主义、共产主义思想之基础。

民国三年（1914），发表《谈佛》。

民国四年（1915），发表《究元决疑论》。因此机缘，蔡元培聘其执教北大。

民国六年（1917），开始在北大哲学门讲佛教哲学，出版《印度哲学概论》；并发誓为孔子"说法"，征集研究同好。

民国八年（1919），五四运动发生，梁漱溟发表《论学生事件》，力主为维护法治起见，参与赵家楼打砸抢的学生应主动投案，听从法庭裁决。

开始在山东、山西以及北京系统讲述东西文化，由学生陈政、罗常培记录整理成《东西文化及其哲学》一书出版。这是新文化运动中一部重要作品，主要回应反传统主义者对孔子、儒家的责难，开二十世纪新儒家先河。

民国九年（1920），春初，因读《明儒学案》恍然有悟，毅然决然放弃出家执念，回归世俗生活。年末，与黄靖贤结婚，后有子二人，培宽、培恕。

民国十年（1921），《东西文化及其哲学》由商务印书馆出版；作《曲阜大学发起和进行的情形并我所怀意见之略述》。

民国十二年（1923）秋，辞北大教席，应邀前往山东菏泽省立六中，任高中部主任。

民国十三年（1924）春，返回北京，与熊十力及山东六中部分学生住什刹海讲学。

民国十四年（1925），与师友迁居大有庄共学。

民国十五年（1926），在北京讲《人心与人生》。

民国十六年（1927）春，访陶行知晓庄师范；前往广州，代李济深任广东政治分会建设委员会主席，提出创办"乡治讲习所"建议书，为广东地方讲乡治问题。

民国十七年（1928），北上考察苏冀晋等处村政实验，转赴河南辉县参与筹办村治学院。

民国十八年（1929），出任河南村治学院教务长，主编《村治》。

民国十九年（1930），赴山东邹平筹办山东乡村建设研究院，任研究部主任。

民国二十二年（1933），接任山东乡村建设研究院院长。

民国二十六年（1937），出版《乡村建设理论》；受聘为国防参议会参议员。

民国二十八年（1939），参与发起"统一建国同志会"。

民国二十九年（1940），参与发起"中国民主同盟"；在四川璧山来凤驿创办勉仁中学。

民国三十年（1941），受民盟委托，前往香港创办《光明报》。

民国三十一年（1942），在桂林写作《中国文化要义》。

民国三十五年（1946），以民盟秘书长身份参与国共和谈；和谈破裂，回北碚继续《中国文化要义》写作。

民国三十六年（1947），创办勉仁文学院。

民国三十八年（1949），《中国文化要义》出版。

1950年，建议设中国文化研究所，作《中国建国之路》。

1953年，因总路线问题与毛泽东发生争执。

1960年，作《人心与人生》。

1966年，"文革"开始，被赶出居室，写《儒佛异同论》。

1974年，作《今天我们应当如何评价孔子》。

1975年，成《人心与人生》；作《东方学术概观》。

1984年，《人心与人生》出版，出任中国文化书院院务委员会主席。

1985年，重登讲坛，为中国文化书院第一届讲习班讲课。

1986年，《东方学术概观》出版。

1988年6月23日，在北京逝世，骨灰分葬桂林穿山公园及山东邹平小黄山。

参考文献

《桂林梁先生遗书·卷首·年谱》，3页，上海：商务印书馆1927年。

《与熊纯如书之七十五》，《严复集》第三册，692页，中华书局1986年。

冯友兰：《中国现代哲学史》，82页，广州：广东人民出版社1999年。

《梁漱溟全集》卷三，8页。

《梁漱溟全集》卷三，11页。

毛泽东：《批评梁漱溟的反动思想》，《毛泽东选集》卷五，109页，北京：人民出版社1977年。

梁漱溟：《两年来我有了哪些转变？》，《光明日报》1951年

10月5日。

梁漱溟:《我们政治上的第二个不通的路——俄国共产党发明的路》,《村治》2卷5期,1931年9月8日。

梁漱溟:《再忆初访延安》,《我的努力与反省》,318页,桂林:漓江出版社1987年。

何炳然:《欢迎梁先生继续转变——读梁漱溟先生〈两年来我有了哪些转变？〉一文之后》,《光明日报》1951年11月10日。

梁漱溟:《敬大赐教的几位先生》,《光明日报》1952年1月10日。

《中国文化要义》,《梁漱溟全集》卷三,53页。

《中国文化要义》,《梁漱溟全集》卷三,157页。

《伟大的创举》,《列宁选集》卷四,10页,北京:人民出版社1972年。

《乡村建设理论》,《梁漱溟全集》卷二,171页。

《乡村建设理论》,《梁漱溟全集》卷二,167页。

梁漱溟:《为北京〈盖世报〉出版五千号纪念所写赠词》,《村治》1卷8期,1930年10月1日。

公竹川:《对于目前乡村工作建设的意见》,《中国农村》3卷6期,1937年6月1日。

郭沫若:《中国古代社会研究自序》,《郭沫若全集》历史编卷一,10页,北京:人民出版社1982年。

恩格斯:《在马克思墓前的讲话》,《马克思恩格斯选集》卷三,574页,北京:人民出版社1992年。

《中国民族自救运动之最后觉悟》,《梁漱溟全集》卷五,109页。